江西省自然科学基金课题（20181BAA208011）
江西省教育厅科学技术研究项目（GJJ191224）资助
江西省高校人文社会科学研究项目（JC19103）

技术创新模式的演变与发展

陈红花　罗小根　林　苑　著

应急管理出版社

·北　京·

图书在版编目（CIP）数据

技术创新模式的演变与发展／陈红花，罗小根，林苑著． －－北京：应急管理出版社，2023
　ISBN 978 – 7 – 5020 – 7491 – 3

　Ⅰ．①技…　Ⅱ．①陈…　②罗…　③林…　Ⅲ．①技术革新—研究—中国　Ⅳ．①F124.3
　中国版本图书馆 CIP 数据核字（2020）第 019737 号

技术创新模式的演变与发展

著　　者	陈红花　罗小根　林　苑
责任编辑	成联君
编　　辑	贾　音
责任校对	孔青青
封面设计	贝壳学术
出版发行	应急管理出版社（北京市朝阳区芍药居 35 号　100029）
电　　话	010 – 84657898（总编室）　010 – 84657880（读者服务部）
网　　址	www.cciph.com.cn
印　　刷	天津和萱印刷有限公司
经　　销	全国新华书店
开　　本	710mm×1000mm $^1/_{16}$　印张　$14^1/_2$　字数　222 千字
版　　次	2023 年 3 月第 1 版　2023 年 3 月第 1 次印刷
社内编号	20200319　　　　　定价　68.00 元

版权所有　违者必究

本书如有缺页、倒页、脱页等质量问题，本社负责调换，电话：010 – 84657880

前　言

改革开放40年来，中国综合国力实现历史性跨越，"中国速度"令世人瞩目。在中国创新驱动发展战略下，通过采取不同的创新模式，中国的创新技术不断取得新的突破，如自主创新帮助中集集团在全球集装箱行业中掌握技术的主导权；集成创新助力"中国高铁"在世界铁路建设领域处于领先水平；整合式创新帮助中广核集团成功研发世界核电市场接受度最高的第三代核电站主流机型等。随着中国经济实力的强盛，中国经济社会发展的战略主题正在从"创新驱动"走向"创新引领"，从而对技术创新模式及应具备的创新能力需求发生改变。中国创新驱动发展战略的目标是：2020年进入创新型国家行列，2030年跻身创新型国家前列，2050年建成世界科技创新强国并成为世界主要科学中心和创新高地。这些战略目标的实现需要依靠先进且适宜的创新模式，以及综合且强大的技术创新能力。过去的40年，中国在技术创新模式及创新能力的研究方面取得了丰硕的成果，在创新领域的国际影响逐步加大，不仅拓展了国外学者提出的理论，并且提出了具有中国特色的原创性创新理论，如自主创新、全面创新管理以及整合创新理论等。

回顾改革开放以来的发展，中国技术创新模式经历了怎样的演变过程？这一过程的内在发展逻辑是什么？其发展演变的理论基础是什么？展望未来，中国的技术创新模式会往什么方向发展？回答上述问题将有助于中国近期创新战略的实现和对未来创新框架的构建。然而，学术界对改革开放以来技术创新模式的研究成果尽管较多，但大多是以单个创新模式及其相关的应用为研究内容，如突破性创新模式、用户创新模式和开放式创新模式等研究，将不同创新模式进行整理归纳以及阐述其内在演变逻辑的研究文献则较少，对中国原创的技术创新模式等理论进行整理、归纳和总结的也不多，未能很好地体现文化自信和理论自信。

基于此，本书对改革开放40年来的技术创新模式的研究成果进行了回顾，对不同时期下的技术创新模式的理论基础及中国本土化应用成功的实践案例进行了梳理，特别是对中国特色的技术创新模式的理论研究进行了归纳和总结，这既是对围绕技术创新模式的创新理论的发展历程和内在逻辑的整体梳理，也是对企业技术创新实践的原创理论的产生过程的探索，以期为中国建设创新型国家提供历史发展的理论启示和创新指导。

任何原创性理论的诞生，都是基于时代发展和实践需求的提炼、总结和升华。纵观中国创新模式的演变与发展，从早期的引进及应用国外的模仿创新、集成创新等模式，到如今的原创自主创新、全面创新和整合式创新等模式的提出与实践，这其中经历了从单一创新范式到多元范式并存，从微观走向宏观、从局部走向全面、从战术走向战略的演变历程，彰显了经济快速发展大背景下中国技术创新的蓬勃发展，标志着具有中国特色的多层次、多情境、多维度的创新理论体系正逐步形成，也反映出中国情境下创新政策、创新实践和创新理论"三螺旋"式协同演进的特征。在中国经济向高质量发展的背景下，中国学者应积极扎根中国创新实践，面向全球科技前沿、面向经济社会发展主战场、面向科技创新强国战略目标，加快完善中国特色创新理论体系，为中国实现创新引领发展的政策制定提供重要的理论支撑。

本书的出版要感谢高栋、尹西明的大力支持。限于作者水平，书中难免存在一些不妥之处，敬请读者批评指正。

著　者

2021年2月

目 录

第一篇 导论

第一章 研究背景 ································· 3

第一节 现实背景 ································· 3
第二节 理论背景 ································· 4

第二章 研究意义 ································· 8

第一节 理论意义 ································· 8
第二节 实践意义 ································· 9

第三章 研究内容及方法 ···························· 11

第一节 研究内容 ································· 11
第二节 研究方法 ································· 12

第二篇 双元性创新模式的研究及应用

第一章 渐进式/突破式创新模式 ···················· **17**

第一节 渐进式/突破式创新模式概述 ················ 17

第二节　突破式创新模式应用案例 ……………………………… 24

第二章　持续性/颠覆性创新模式 …………………………………… 32

第一节　持续性/颠覆性创新模式概述 …………………………… 32
第二节　颠覆性创新模式应用案例 ……………………………… 43

第三章　模仿性/原始性创新模式 …………………………………… 57

第一节　模仿性/原始性创新模式概述 …………………………… 57
第二节　原始性创新模式应用案例 ……………………………… 63

第四章　封闭式/开放式创新模式 …………………………………… 73

第一节　封闭式/开放创新模式概述 ……………………………… 73
第二节　开放式创新模式应用案例 ……………………………… 81

第三篇　非双元性创新模式的研究及应用

第一章　用户创新模式 ……………………………………………… 91

第一节　用户创新模式概述 ……………………………………… 91
第二节　用户创新模式应用案例 ………………………………… 96

第二章　知识创新模式 ……………………………………………… 104

第一节　知识创新模式概述 ……………………………………… 104
第二节　知识创新模式应用案例 ………………………………… 108

第三章 集成创新模式 116

第一节 集成创新模式概述 116
第二节 集成创新模式应用案例 120

第四章 包容性创新模式 128

第一节 包容性创新模式概述 128
第二节 包容性创新模式应用案例 132

第四篇 中国原创性创新模式的研究及应用

第一章 自主创新研究 139

第一节 自主创新模式产生的背景 139
第二节 自主创新模式的相关内容 140
第三节 自主创新模式应用案例 146

第二章 全面创新研究 152

第一节 全面创新模式产生的背景 152
第二节 全面创新模式的相关内容 153
第三节 全面创新模式应用案例 154

第三章 协同创新研究 170

第一节 协同创新模式产生的背景 170
第二节 协同创新模式的相关内容 171

        第三节　协同创新模式应用案例 ·· 177

第四章　整合式创新研究 ·· **186**

    第一节　整合式创新模式产生的背景 ·· 186
    第二节　整合式创新模式的相关内容 ·· 188
    第三节　整合式创新模式应用案例 ·· 192

第五篇　中国创新模式的理论演变及发展趋势

第一章　引进技术创新模式的本土化研究 ······························· **203**

    第一节　引进技术创新模式的本土化分析 ···································· 203
    第二节　引进技术创新模式的本土化演变 ···································· 207

第二章　中国创新模式的理论演变及展望 ······························· **209**

    第一节　中国原创性创新模式的演变分析 ···································· 209
    第二节　中国创新模式研究的趋势 ·· 215

参考文献 ··· 218

第一篇

导　论

第一章

研究背景

新中国成立以来，中国学者积极引进国际领先的创新模式，拓展研究和推动本土化应用，并在此基础上扎根中国创新实践，提出和应用了具有中国特色的原创性的技术创新模式，为创新驱动中国经济发展做出了卓越的贡献。在中国发展由要素驱动转向创新驱动，以及走向创新引领的进程中，中国技术创新模式历经了不同阶段的探索与发展，有效支撑了中国企业和国家创新发展。在中国特色社会主义新时代发展背景下，实现创新引领发展和科技创新强国之路，既要借鉴应用国际领先的创新理论和方法，更需要有适合中国的特色创新理论的支撑和引领。

第一节 现实背景

"创新是改革开放的生命"[①]。2018年12月18日，时值党的十一届三中全会召开40周年，习近平总书记在庆祝改革开放40周年大会上做了重要讲话。他回顾了改革开放40年的光辉历程，深入浅出地总结了改革开放的伟大成就和宝贵经验，并吹响了在新时代继续推进改革开放、为实现"两个一百年"奋斗目标、实现中华民族伟大复兴的中国梦而不懈奋斗的号角。在讲话中，总书记先后20次直接提及"创新"，16次直接提及"创造"，涉及理论、实践、制度、文化、科技创新等多个方面，凸显了创新对于改革开放的重要意义。"创新是改革开放的生命"，既是对改革开放

---

① 习近平：在庆祝改革开放40周年大会上的讲话，2018-12-18，http://www.xinhuanet.com/2018-12/18/c_1123872025.htm

40年风雨征程和取得的伟大成就的庄严致敬，也点明了40年宝贵经验的本质特征，更是旗帜鲜明地指出了在新时代继续全面深入推进改革开放的战略思想和战略理念。

党的十九大正式提出，中国特色社会主义进入新时代，中国经济已由高速增长阶段转向高质量发展阶段，正处在转变发展方式、优化经济结构、转换增长动力的攻关期，建设现代化经济体系是跨越关口的迫切要求和我国发展的战略目标。其中，"创新是引领发展的第一动力，是建设现代化经济体系的战略支撑"[1]，是对新时代高质量发展的重要战略判断和定位。伴随着全球新一轮科技和产业革命的快速推进，全球政治经济和创新格局深度调整，国家和企业创新发展面临的环境更加复杂多变、模糊不定。进入全面深化改革、进一步扩大开放的新阶段，中国与世界经济的深度融合面临着更加严峻的挑战和艰巨的任务。

在中国特色社会主义新时代和扩大开放新阶段，中国经济和中国企业的发展正在从创新驱动迈向创新引领，从落后追赶迈向追赶和引领并行，亟需从摸着石头过河，转向以自上而下的顶层设计和自下而上的探索总结相结合的发展模式。大国崛起必然伴随着理论和文化的繁荣与复兴，也呼唤着理论创新的持续支撑和引领。为实现"2020年进入创新型国家行列，2030年跻身创新型国家前列，2050年建成世界科技创新强国，成为世界主要科学中心和创新高地"[2]的创新型国家建设阶段性目标，也呼唤着中国创新学派的使命担当和具有中国特色的创新理论体系的支撑与引领。

第二节　理论背景

创新是指以现有的思维模式提出有别于常规或常人思路的见解为导向，利用现有的知识和物质，在特定的环境中，本着理想化需要或为满足

---

[1] 习近平：决胜全面建成小康社会　夺取新时代中国特色社会主义伟大胜利，2017-10-18，http://www.12371.cn/special/19da/bg

[2] 中共中央国务院印发《国家创新驱动发展战略纲要》，2016-05-19，http://www.xinhuanet.com/politics/2016-05/19/c_1118898033.htm

社会需求而改进或创造新的事物、方法、元素、路径或环境，以获得一定有益效果的行为，是把一种从未有过的关于生产要素和生产条件的"新组合"引入生产体系，并内在地驱动经济系统的发展（熊彼特，1934）。在创新领域，熊彼特提出的创新理论受到普遍认可，他认为创新包括5种方式，即生产一种新的产品、采用一种新的生产工艺、开辟一个新的市场、获取一种新的原材料供应源，以及建立起一个新的组织，从而引发了基于技术变革和产业等经济学视角的创新研究。

创新模式的概念由技术模式和技术—经济模式的研究演变而来。模式通常指阐述科学研究需要遵循的基本范例，在理论分析中被视为科学研究活动开展的基础，以及科学研究的思想工具和实用工具，进而描绘出基于模式及其变革的科学发展的动态场景。技术模式是基于发端于自然科学的高度选择性原理的、解决特定技术—经济问题的途径的场景，主要宗旨是明确创新的技术机会和制定利用这些机会的基本程序。技术—经济模式是指一系列相互联系的技术、制度和管理的变革，以描述在一个经济长波内所有产业所共有的图景或模式，从而从产业而非企业的角度考察技术发展和经济增长的过程。创新模式的概念最早由Fumio Kodama提出，即通过创新行为实现创新效益的方式或方法。本书在前人的基础上提出，创新模式是指运用独特的技术知识，解决特定的技术问题、经济问题或社会问题，并采用某种规则防止新技术扩散到竞争对手，从而获取高额商业利益的途径或方法。创新模式的研究脱离了以往的传统模式研究，主要是从国家的宏观层面上考察社会系统、技术系统和经济系统之间的交互作用演进关系，以揭示不同国家的经济增长和技术发展在创新绩效上的差异。

关于创新模式的演变研究，是基于技术创新的完善和全球经济一体化的发展。根据资源基础理论，创新动机均依靠企业拥有的独特的异质性资源来实现，企业必须独立完成从研发人员和研发设备投入、产品设计、生产制造、销售、售后服务及技术支持的所有程序和步骤，并自行承担由技术研发至技术商业化成果转化过程中所有的创新风险。此阶段的创新所涉及环节均由企业实施，即企业采用的创新模式为完全封闭式的创新模式。为了进一步满足用户需求，提高创新的成功率，Von Hippele基于产品是为满足最广泛的用户需求而开发出来的理念，提出了用户创新模式。他认为消费者和最终用户，尤其是领先用户，会就遇到的产品问题与制造商分享创意，并期待制造商能够生产出这些产品，因此，用户创新模式能促进产品及技术的创新。

随着知识分工日益精细化，企业所需创新涉及更广泛的知识领域，因而很难拥有进行技术创新所需的全部技术知识和资源来实现创新。同时，企业间的技术协作与交流在全球一体化发展形势下日益增加，企业与供应商、经销商及用户等开展技术上的合作变得普遍，开放式创新模式受到了较多的关注。2003年，切萨布鲁夫在研究中打破了组织的界限，提出了开放式创新模式，认为传统的、被严格限制在组织内部的"封闭式创新"模式无法适应全球经济一体化发展，企业需要以一种"开放"的范式实施创新活动。并且由于创新资源广泛分布于组织边界的内部及外部，企业应该更为广泛地搜寻有利于企业的创意资源，并有意识地进行内、外部创新资源的整合，快速将自身的创新成果进行商业化应用。

随着经营战略意识的提高，基于创新战略的模仿创新模式被提出。模仿创新战略是企业学习模仿率先创新者的创新思路和行为，采取引进购买率先者的核心技术或专利许可，或通过反向工程破译率先创新者的技术秘密，在此基础上加以改进完善，进行进一步开发以获取经济利益的行为。模仿创新的本质是企业有意识地避免成为新技术的开拓探索者和率先使用者，而是做有价值的新技术的积极追随者和学习者。1998年通过对新技术和新市场的技术集成来实现系统化的知识创造和应用的集成创新模式被提出。集成创新比较关注创新的中后期，重视创新成果的形成及其市场化、产业化应用。随后，国内学者提出自主创新的概念，并从发展中国家创新及后发企业创新的角度不断加以完善，认为企业通过自身的努力和探索，取得技术突破，完成技术的商品化，获取商业利润，达到预期目标的创新活动。上述不同创新模式的引入并在企业实施后，研究人员发现许多技术创新项目失败的一个重要原因是技术创新缺乏与组织、文化、战略等非技术因素方面的协同，因而全面创新的理念被提出。这种理念下在企业兴起了以战略为导向，以价值增加为目标，以包括技术、组织、市场、战略、管理、文化和制度等创新要素在内的协同实现全时空全要素的全员创新。

基于包容性增长理念，印度学者提出了包容性创新模式，指出企业面向金字塔底层（BOP）市场进行多元价值创造的全新创新形态，在创造经济财富的同时也通过为穷人提供平等参与市场的机会而缓解与降低贫困，从而在一定程度上体现了创新对商业与社会相容性发展的促进作用。印度是较早开展包容性创新的国家，其包容性创新在支持穷人创新、缓解贫困问题等方面积累了一定的经验。在分析现有创新理论与范式的基础上，中国学者陈劲基于东方哲学、中国传统文化的底蕴以及中国特色企业创新管理实践，提出了整合式创新范式，将战略视野驱动下的全面、开放与协同创新有机统一于整合式创新的整体范式中，认为企业通过顶层的愿景、使命和战略设计，能够超越一般的知识管理，突破传统的组织边界，着眼于与企业创新发展密切相关的外部资源供给端、创新政策和制度支持端，以及创新成果的需求和应用端，从而实现科技创新、绩效提升、社会共赢的综合目标。

第二章
研究意义

第一节　理论意义

目前，创新的理论基础主要是技术创新理论、资源基础理论、开放创新理论和整合式创新理论等。现有研究较少对中国情境下国内外创新理论发展与本土化进行系统性回顾和研究，为此，本书回顾了技术创新的相关理论，对用户创新模式、开放创新模式、模仿创新模式、集成创新模式以及颠覆性创新等西方创新模式的相关文献进行了全面梳理，对改革开放以来中国学者围绕创新模式的研究成果进行了归纳，特别是对中国原创性创新模式的背景、内涵与发展演变进行了总结，探索中国作为后发国家在原创理论研究上实现赶超的关键特征与趋势，为完善中国特色的创新理论体系指明方向，为促进中国创新学派发展和创新型国家建设提供理论和实践启示。从文献中可知，中国关于创新模式的研究经历了从单一创新范式到多元范式并存，从微观走向宏观、从局部走向全面、从战术走向战略的演变历程。

中国学者在国外学者提出的创新模式的基础上，相继提出了自主创新、全面创新、协同创新以及整合式创新等原创性创新模式，这是中国创新研究学者积极践行理论自觉，扎根中国改革探索的伟大实践，面向国家和企业创新挑战，结合中国国情和中国优秀传统文化积极构建中国特色创新范式和理论体系的过程，更是中国创新学派逐渐形成、担当时代责任的过程，也标志着具有中国特色的多层次、多情境、多维度的创新理论体系正在逐步形成。系统性和批判性地回顾中国特色原创创新范式的演变和发展，不但是呼应新时代高质量发展和中国企业创新发展的需要，对于进一步完善中国特色创新理论体系也具有重要的理论意义。

第二节 实践意义

习近平总书记在党的十九大报告中也指出,"实践没有止境,理论创新也没有止境。我们必须在理论上跟上时代,不断认识规律,不断推进理论创新、实践创新、制度创新、文化创新以及其他各方面创新"[1],不但强调了理论创新的重要性,也为进一步立足中国、面向全球,推进中国特色创新理论体系、完善新时代中国特色社会主义创新思想指明了方向。随着中国经济实力的强盛,中国经济社会发展的战略主题正在从"创新驱动"走向"创新引领"。同时,"2020年将实现进入创新型国家行列,2030年将跻身创新型国家前列,以及2050年将建成世界科技创新强国,并成为世界主要科学中心和创新高地"等发展战略成为中国的奋斗目标。随着中国企业的创新主体地位进一步提升,企业创新成为中国走向创新强国的最重要力量和承载者。

随着全球新一轮科技革命向纵深推进,中国改革逐步进入深水区,大批企业和产业发展所面临的关键核心技术"卡脖子"难题亟待解决,以华为公司为代表的中国领军企业的技术创新也正在步入"无人区",亟需理论创新加以引领和指导,以助力国家和企业顺应全球创新格局演变趋势,针对面向未来的科技创新重点领域、重大技术和重要环节开展超前布局。因此,中国创新学派和创新研究学者需要以新时代科技创新思想为指导,在深入研究创新的一般规律基础上,以面向"科技创新2035"和"中国2049战略"为着眼点,以推动中国和全球可持续发展为使命,加快推动中国创新学派的崛起和创新理论体系建设,更重要的是推动具有中国特色的社会主义创新理论指导中国企业的创新从而更好地在国际化中参与竞争。在这一过程中,中国研究创新的学者既要积极吸收和借鉴国外学者关于创新的理论并进行批判性思考,也要扎根中国特色社会主义改革发展和企业

---

[1] 习近平:决胜全面建成小康社会 夺取新时代中国特色社会主义伟大胜利,2017-10-18,http://www.12371.cn/special/19da/bg

创新实践。因此，对中国情境下国内外创新理论发展与本土化创新模式进行系统性回顾和总结，以便为推动全球可持续发展和建设人类命运共同体贡献更多的中国智慧、中国方案和中国力量。

第三章
研究内容及方法

第一节　研究内容

本书回顾了创新及技术创新相关理论，基于双元性创新与非双元性创新的分类对用户创新模式、开放创新模式、模仿创新模式、集成创新模式以及颠覆性创新等西方创新模式的相关文献进行了全面梳理，对改革开放以来中国学者围绕创新模式的研究成果进行了归纳，特别是对中国原创性创新模式的背景、内涵与发展演变进行了总结，阐述了中国作为后发国家在原创理论研究上实现赶超的关键特征与趋势，对中国原创性创新模式的研究与应用进行了重点论述；最后对中国创新范式的理论演变及应用作了展望。

全书由5篇共17章组成，由陈红花统筹安排并完成3章内容，罗小根完成8章，林苑完成6章。各篇主要内容如下：

第一篇，导论。首先指出了现实背景和理论背景，其次对研究的理论意义和实践意义进行了阐述，并指出了本书的内容和章节安排，勾勒出本书的整体框架。

第二篇，对双元性创新模式的研究及应用进行了回顾与梳理，重点回顾了渐进式/突破式创新模式、持续性/颠覆性创新模式、模仿性/原始性创新模式以及封闭式/开放式创新模式等，并对上述创新模式在中国企业应用的典型性案例进行了分析。

第三篇，对非双元性创新模式的研究及应用进行了回顾与梳理，重点回顾了用户创新、知识创新、集成创新以及包容性创新模式等，并对上述创新模式在中国企业应用的典型性案例进行了分析。

第四篇，对中国原创性创新模式的理论研究及应用进行了回顾与梳理，重点回顾了自主创新、全面创新、协同创新和整合式创新等，并对上述创新模式在中国企业应用的典型性案例进行了分析。

第五篇，中国创新模式的理论演变及发展趋势，包括国外技术创新模式本土化研究和中国原创性创新范式的应用，并指出了本书的缺陷与不足，最后对未来的研究方向做了展望。

第二节 研究方法

研究方法影响到研究结果的可靠性和研究的整体价值，因此，选择合理的研究方法在理论研究中非常重要。本书采用了文献研究法和案例研究法，以提高研究结果和政策启示的科学性和合理性。

1. 文献研究法

文献研究法也称资料研究或文献调查，是指通过对文献资料的搜集检索和整理分析，形成事实科学认识的方法。为了从总体上把握中国学者改革开放40年来对创新模式的研究内容和研究趋势，本书在阅读相关学术著作的基础上，通过爱思唯尔数据库（Elsevier）、爱墨瑞得数据库（Emerald）、科学引文索引（Web of Science）、伊贝思科数据库（Ebsco）以及中国知网、万方数据系统、维普期刊等不同的渠道获取与本书相关的信息，同时利用互联网搜索引擎，如谷歌学术、维基百科、百度学术等，对包括"创新""技术创新""开放创新""用户创新""集成创新""颠覆性创新""整合式创新"等在内的关键词进行了检索，对与本书问题及内容相关的理论及文献资料追根溯源和详细阅读。基于多次查询和对文献的仔细研究，整理、总结和归纳相关的现有成果，掌握其研究范畴、研究方法，以及研究最新进展。

2. 案例研究法

案例研究法作为管理学领域常用的研究方法，包含了特有的设计逻辑、特定的数据搜集及独特的数据分析方法，是一种周详而完整的研究策略，案例研究能够对案例进行述实描写与系统解构，容易掌握事件发展的动态历程与所处的场景脉络，从而获得一个较全面而整体的研究。本书的目的在于对中国不同时期创新模式的文献进行梳理，探讨"模仿创新""开放创新模式""用户创新""集成创新""颠覆性创新"等从国外引进的创新模式在中国的本土化应用与消化、中国原创的"自主创新""全面管理""整合式创新"等创新模式产生的情境、应用及发展，以及中国创新模式的理论构建中从引进到消化再到原创的过程是"如何实现"的，从而探索中国创新模式的理论演进及指导实践过程，因而较为适合采用案例研究方法。本书将在梳理各创新模式的理论基础上，对各创新模式在实践中的应用案例展开分析与探讨，在此基础上对各创新模式在应用中的运行机理和内在逻辑等展开论述。

第二篇
双元性创新模式的研究及应用

第一章
渐进式/突破式创新模式

第一节　渐进式/突破式创新模式概述

根据强度及其创新技术重要性的不同，可以将创新模式分为渐进式创新（Incremental Innovation）和突破式创新（Radical Innovation）。在中国，有学者将突破式创新译为激进式、突变性、根本性或革命性创新等，本文在以下内容中统称为突破式创新。目前，学术界关于突破式创新与渐进式创新模式的研究主要集中在内涵、差异、影响因素、能力构建以及创新模式的战略选择等方面。

一、概念、内涵及特征

按照创新结果所带来的变化大小分类，科技创新活动分为突破式创新和渐进式创新两种。其中，渐进式创新是指通过不断的、渐进的、连续的小创新，最后实现管理创新的目的。而突破式创新是指那些在技术原理和观念上有巨大突破和转变的创新。从技术的变化性角度，渐进式创新是指每一次只产生微小的技术改进，而突破式创新是指可以使相应的技术领域在短时间内发生质的突破的创新活动，其特征是在观念上有根本性的突破，是对旧模式基本内涵的否定。突破式创新过程中将面临4种不确定性，即技术不确定性、市场不确定性、资源不确定性和组织不确定性，其中组织和资源的不确定性是突破性创新所特有的。突破式创新是导致产品性能和主要指标发生巨大跃迁，对市场规则、竞争态势、产业版图具有决定性影响，甚至导致产业重新洗牌的一类创新，其核心视角和维度是技术，而且主要是指基于科学发现原理具有重大经济意义（如引起经济长波的技术性突破）而言的。渐进式创新是一种渐进的、连续的小创新，拓展已有技术或方式的边界，致力于满足"显性的客户需求"。而突破式创新则是创造出对企业或客户来说都是全新的产品与流程，意味着对新技术、新营销战略与新管理方法进行了重大改变。突破式创新的特点是发生根本性的突破，常伴有产品创新、过程创新和组织创新的连锁反应，可在一段时间内引起产业结构的变化，甚至催生一个新的产业。大量的发展中国家及其企业基于技术基础薄弱等原因，大多采取的是在技术引进战略基础上进行渐进式创新，以期缩短了与发达国家技术的差距。

综上，渐进式创新是对现有技术的改良和拓展，使企业的元件知识（关于系统构成的知识）趋于稳定，使架构知识（将元件知识进行整合的知识）得到加强，而突破式创新则往往是建立在新的工程和科学原理之上的创新，会使企业的元件知识与架构知识都得到改变。渐进式创新是一种具有线性特征的创新活动，其重要特点是对现有产品的性能、用途及外观的改变相对较小，目的在于为那些对产品性能要求更苛求、愿意使用更高端产品的消费者提供更好的产品和服务。

二、渐进式创新模式与突破式创新模式的区别与联系

相比渐进式创新，突破式创新主要区别在于创新度的不同。突破式创新基于研发时间较长（通常10年以上）、非线性的断断续续、内部依赖性、高度的不确定性和不可预测性等特点，创新产品幅度比较明显。新产品具有全新的产品特色，现有功能指标提高至少5倍以上，产品成本显著降低，一般降幅至少在30%。渐进式创新的特点主要体现在频率高和持续性，创新的投入较低、容易见成效，其创新成果往往能让原有技术得到改进或产品得到持续迭代。但是，随着渐进式创新的日积月累，最终也有可能产生质的飞跃。因此，渐进式技术创新在改进现有资源的使用效率方面有着非常重要的作用，传统产业和成熟产业的技术创新多采用此种创新模式。而突破式创新虽然出现频率不高，但其创新成果（高新技术）一旦出现，就会对社会、经济产生巨大的影响，并推动产业结构加速演变。因而，突破式技术创新才是最有可能导致高新技术产生的创新方式，这种创新模式因为应用新的科学原理，技术含量较高，但花的时间也比较长。

一般来说，突破式创新的实现受制于知识存量和技术水平等内部技术资源，以及政府政策和制度等外部条件的制约，其中内部技术资源又是企业实行渐进式创新积累的结果。突破式创新一旦完成，便会为新的渐进式创新提供机会，开辟新的发展空间。虽然渐进式创新和突破式创新是两类性质完全不同的创新，但两者相互依赖、互为促进。渐进式创新活动的开展需要按标准配置资源，而突破式创新活动则需要创造性地获取新资源与能力。

突破式创新的出现往往建立在新的工程和科学原理之上，基于新的科学原理而产生新的技术轨道，并在节约能耗和提高生产效率等方面呈现出显著优势使得市场规则和竞争态势发生改变，甚至导致整个产业重新洗牌，使采用传统技术的公司因无法盈利而退出市场，导致市场上的领先企业溃败，新企业崛起，或者新产业产生。除了在技术轨道与过程轨迹方面存在显著差异之外，对单个企业实施技术创新来说，突破式创新与渐进式创新也存在着很大的差异，创新目标、组织、过程以及不确定性等方面都存在显著的不同；在适应对象方面，突破式创新与渐进式创新也存在差异。突破式创新多发生于一些中小企业，而大型企业多从事渐进式创新。

研究发现，成熟型大公司往往被小公司的突破式创新淘汰出局，这主要是因为大企业更善于进行渐进式创新，而新兴企业往往依靠突破式创新成果产生全新性能的产品乃至开创一个新的产业。突破式创新是由供方市场开发出来的，其竞争优势在于它所提供的功能比现有的方法和产品的功能要优越得多。研究显示，两种创新模式在资产基础方面也会存在差异。渐进式创新资产包括科学研究资产、产品开发资产、工艺创新资产、产品制造资产和市场资产，而突破式创新资产除包括这些资产之外，还包括不可缺少的科学研究资产。因此，渐进式创新与突破式创新的主要区别也体现在对不同市场产生的影响不同。其中，渐进式创新是按原有设计流程进行的原有技术的改良，会使现有的市场规则、竞争态势得到维持和强化，因而影响的是主流市场，而突破式创新侧重于对新兴技术的运用而开辟出的非主流市场，在这个开辟出来的新市场聚集的是新的用户，往往出现的是新市场规则，并呈现出新的竞争格局。因此，渐进式创新要求企业对已有客户需求具有较强的开发能力，是为了满足已知的需求。而突破式创新对于探索能力的要求较高，是将新技术引入从而产生了新的市场，是创造了一种尚未被消费者认知的新需求。

通常来说，渐进式创新技术与突破式创新技术的研发并无交集，但在各种产业内部，渐进式创新与突破式创新是密切相关、齐头并进的，并且渐进式创新紧紧追随着突破式创新的脚步。一旦新旧技术之间的对抗结束，占统治地位的制式就会出现，渐进式创新和改进就又迈开了新的步伐。总之，突破式创新呈现出耗时长、非线性、不持续、内部依赖性、高度不确定性和风险性、创新度更高和功能更强、产品面向非主流市场、改变现有市场规则和竞争态势等显著特点。因而，突破式创新多发生于一些中小企业，而成熟型大型企业多从事渐进式创新，两者在研发时间、投入资源、技术基础、创新能力、创新参与者等方面都具有较大的差异性（表2-1-1）。

表2-1-1　渐进式创新与突破式创新的差异

比较项目	渐进式创新	突破式创新
研发时间	较短	较长（5年以上）
投入资源	较小	较大
创新过程	经常性的	非经常性的
技术基础	以现有技术为基础	不以现有技术为基础
技术战略	"跟跑式"技术发展战略	"跳跃式"技术发展战略
创新能力	需要较强的开发能力	需要较强的探索能力
管理模式	现有的管理模式	新的管理系统
创新目的	开发产品新性能，或降低产品成本	探索新技术，研发新产品
市场或用户	现有的主流市场或用户	新开辟的市场，前期为高端客户
创新参与者	企业正式研发团队、市场人员或用户	正式或非正式的研发团队或个人
成功确定性	有确定的程序，成功不确定性小	难以预测，成功不确定性大
商业计划	创新开始即制订计划	偶发于整个生命周期
环境及规模	适合较稳定的环境，一般为大企业	适合动荡的环境，一般为小规模企业
潜在收益	较小，遵循现有游戏规则，保持现有竞争力	较大，能改变游戏规则，提供持续竞争力

三、影响创新模式选择的因素

影响突破式创新成功的因素有市场潜在的需求、创新文化观念、创新资源、企业家精神、实施者的坚持与好运气等。由于突破式创新需要企业在组织机构和管理程序上进行相应的配合，会带来组织机构的变动、经营观念的改变，导致企业内部产生较大震动。大企业一般组织结构比较稳定甚至僵化，因而大企业领导者也就不愿意采取突破性的科技创新战略，宁愿紧张地注视着其他企业的突破式创新取得的成果，并利用大型企业所具有的充沛资源及时引进小企业的突破式创新成果，在避免组织内部发生的震荡基础上快速实现创新。

大型企业利用渐进式创新还可以从技术创新领先者的失败中得到经验和教训，开发出更为可靠的产品，避开已被市场所证实的失败创新，免遭不确定创新活动带来的损失。同时，大企业拥有在原先技术轨道取得的成功经验，使技术研发人员对自己的技术与产品充满自信，这使得大企业在进一步的渐进式创新上取得成功，但同时也成为大企业在突破式创新上成功的障碍，因而大企业难以获得从事突破式创新企业在突破性创新的过程中所积累起来的隐性知识，久而久之，反过来也会严重地影响渐进性创新企的创新效率和绩效。因此，持续的渐进式创新常常成为大型企业技术创新战略的首要选择。而小企业由于人员数量少，采取的多为扁平的组织结构，没有此前已有技术路线或产品的约束，有足够的柔性来实施突破式创新。在具有核心创新能力的创业者或技术骨干带领下，高创新积极性员工的小企业往往能快速实现突破式创新获得创新成果。因此，普遍认为小公司是突破式创新的源泉，而大公司则比较擅长渐进式创新。随着竞争的加剧，大型企业为了避免被实施突破式创新的小企业淘汰，开始在企业内部重视与实施突破式创新，他们往往采取新设独立组织或研发项目的形式，既避免创新人员在研发中受大企业组织桎梏又能享受突破式创新带来的好处。一般而言，大型企业内部组织突破式创新能否成功往往取决于上层领导的支持、核心资源配置、研发团队组织结构和员工创新激励机制设定等。

企业创新模式的选择易受环境因素影响，研究表明，环境支持因素与突破式创新频率正相关，且与渐进性创新频率的相关性不显著；而环境依赖因素与突破式创新频率负相关，且与渐进性创新频率正相关。同时，企业中的控制方式也会影响企业创新模式的选择。其中，正式控制会阻碍企业选择突破式创新，而促进企业选择渐进性创新；社会控制的作用则相反，即促进企业选择突破式创新，并阻碍企业选择渐进性创新。此外，企业内部控制机制也会对创新模式选择产生影响。其中企业内部战略控制与突破式创新正相关，与渐进性创新负相关；企业内部财务控制与突破式创新负相关，与渐进性创新正相关。突破式创新会受到许多因素的影响，包括技术性能、应用、产品、过程、市场、使用者、组织行为、速度和社会接受程度等。在战略导向、控制方式与创新模式选择的关系论中，企业家导向更加注重突破式创新并通过战略控制对其进行管理，而市场导向更加注重渐进性创新并通过财务控制对其进行管理。在特定环境下，营销能力的强弱会对创新模式的选择产生影响。当企业处于较稳定环境时，营销能力高的企业会选择渐进式创新且易获得良好的创新绩效。成熟的大企业营销能力较强，因此，往往倾向于选择渐进性创新。营销能力较弱的中小企业，现实中往往采用的是突破式创新模式。

突破式创新的高风险、高投入、长回收期与规避风险的大企业文化相冲突，同时大企业官僚化的组织结构、注重关注现有顾客是大企业难以有效开展突破式创新的重要原因。然而，中国背景下企业采取正式集权型（官僚型）的组织结构往往对开展突破式创新有利，对开展渐进性创新却不利。环境变化对经济转型时期中国企业创新模式选择的影响，被认为是快速变化的环境促使企业采用规模小、风险小而见效快的渐进式创新，而不太可能采用风险大、投入大的突破式创新。从企业家导向研究出发，学者们发现企业家导向通过不同的能力为中介对创新模式选择实施影响，在探索能力和利用能力分别为主导的两种不同情境下，探索能力在企业家导向对突破式创新的影响中起中介作用；而在探索能力为主导的情景下，利用能力和探索能力的交互作用在企业家导向对渐进性创新的影响中起中介作用；在利用能力为主导的情境下，探索能力和利用能力共同作为企业家导向对渐进性创新的中介变量。

一般而言，中小企业的知识搜索方向可分为供应链搜索、平行企业搜索和创新服务机构搜索三种。其中，供应链搜索对渐进式创新绩效的影响作用较大，平行企业搜索和创新服务机构搜索则对突破式创新绩效的影响作用更大。同时，创业者网络能力、外部知识获取以及反应型市场导向也会影响渐进式创新绩效。其中，创业者网络能力与渐进式创新绩效之间具有显著的正向关系；外部知识获取在创业者网络能力与渐进式创新绩效之间扮演中介作用；反应型市场导向正向调节了外部知识获取与渐进式创新绩效之间的正向关系。

四、能力构建及提升

突破式创新对于探索能力的要求较高，而创造性学习则是突破式创新成功的关键。因而，企业突破式创新能否成功往往取决于其核心能力、组织结构和员工的创新积极性。其中网络形状的组织结构和员工的个人自由创新行为是促进大型企业技术突破式创新的基础与动力。大型企业要具有旺盛的突破式创新活力，必须培养企业的核心创新能力和创新环境，因此需要一个有影响力的高层领导作为创新者的保护人，来协调创新所需要的各种资源和排除在企业内部所遇到的各种阻力，度过创新活动中最初的艰难期。同时，现代大型企业若要在突破式创新活动中获得成功，需要建立一个可以激发企业成员创新积极性的组织结构和管理机制，以激励企业成员的创新热情和扩大创新成果。企业可以通过给予创新者行动和资源使用的自由，以及对员工的创新失败采取容忍的态度，来激发企业成员的创新热情和激励员工的创新行为。如果企业对员工的创新失败处罚过重，就可能导致员工保守和畏惧不前，使员工失去创新活力。此外，为了使大型企业保持长久的创新活力，使企业在竞争激烈、多变的市场环境中始终保持强大的竞争力，企业还需要有一套激励人才资源潜力的机制，并对资源的使用效果进行阶段性检查，以确定创新的成果和下一阶段的资源分配。

五、存在的问题及实施举措

随着我国经济的发展，我国在突破式创新方面仍存在的主要问题有创新文化不足、创新主体结构不合理、创新研究人才结构不合理、创新经费不足等。由于成熟的大企业热衷于渐进式创新，结果是成熟公司被实施突破式创新的小公司（或新进入者）赶出了市场。因此，成熟公司要想长久地立于不败之地，必须进行有效的突破式创新。创新型企业应从组织机制上着手，采取如建立突破式创新领导小组、对突破式创新人才采用新的绩效考核方法、建立突破式创新的数据库、营造出宽容失败和鼓励冒险的创新文化氛围等，以降低突破式创新的组织和资源的不确定性，提高突破式创新的成功概率。

一个国家和企业长期采用渐进式创新战略往往会陷入技术的依附性乃至经济的依附性，造成的多重依附性危害并导致丧失创造性。无论是后发国家，还是这些国家的新兴小企业，只要定位恰当、方法科学，进行突破式创新都是可能和可行的。突破式创新是后发国家实现科技经济赶超的根本，是新兴小企业战胜成熟型大企业的利剑。从政府角度，采取相关对策提升企业的突破性创新能力，如促进政府行为方式由"政府主体模式"向"政府支持模式"转变；完善有利于创新的政策法律体系；增加基础研究的科研投入，提高研究与开发的国际化程度；创建一个具有适应性的、自我更新的加快突破式创新的系统；加强和完善科技创新激励机制，培养和留住优秀的创新人才；创建有利于突破式创新的文化，为形成创新能力提供信念和动力等。

第二节　突破式创新模式应用案例

一、案例企业概况

中国建材集团有限公司（以下简称中国建材集团）是经国务院批准，由中国建筑材料集团有限公司与中国中材集团有限公司重组而成，是国务院国有资产监督管理委员会直接管理的中央企业，是全球最大的综合性建材产业集团、世界领先的新材料开发商和综合服务商，连续10年荣登《财富》世界500强企业榜单，2021年排名第177位。截至2021年底，资产总额达6400多亿元，年营业收入达4100多亿元，员工总数约20万人。中国建材集团拥有14家上市公司，其中境外上市公司2家。水泥、商混、石膏板、玻璃纤维、风电叶片、水泥玻璃工程技术服务等7项业务规模居世界第一，超薄电子玻璃、高性能碳纤维、超特高压电瓷等多项新材料业务国内领先。中国建材集团在我国建筑材料与无机非金属新材料领域，拥有3.8万名科技研发和工程技术人员，26家国家级科研设计院所，有效专利1.76万项，55个国家、行业质检中心和行业权威检验认证机构，11个国家重点实验室和研究中心，19个国家标委会，科研实力较强。在国际化方面，中国建材集团是中国建材行业"走出去"参与"一带一路"建设的排头兵，其在德国、印度、蒙古国及非洲国家拥有大量的投资业务，水泥玻璃工程的国际市场占有率达65%。

作为我国建材行业科技创新的主导者，中国建材集团贯彻落实国家"五大发展理念"，以中国建筑材料科学研究总院为核心，构建起中国非金属材料领域内最具权威性的科技创新体系。通过实施创新驱动战略，取得了一批有影响力的标志性重大科技成果。在新型干法水泥、特种水泥与高性能混凝土、薄膜太阳能电池等方面形成了世界一流的成套技术与装备集群，形成了高性能纤维、先进复合材料、高分子膜材料等十大新材料。产品广泛用于高铁、水电核电、载人航天工程和"探月"工程等国家重点工程建设，为集团产业快速发展与转型升级、建材行业结构调整与科技进步、国防关键材料与技术自主可控、国民经济建设与前沿科技发展做出了重要贡献。

二、中国建材集团的技术创新成果

中国建材集团已形成一大批具有自主知识产权的科技创新成果，包括日产6000吨以上新型干法水泥、年产12万吨大型玻璃池窑拉丝、T300碳纤维原丝及碳丝、环保型轻工机械等一大批居国际先进或国内领先水平的核心技术与装备。中国建材集团拥有达国际领先水平的非通信用光导纤维生产技术、大尺寸高质量非线性光学晶体生长技术等；氧化铝陶瓷制品、石英陶瓷制造技术等达到世界先进水平。另外，集团还开发了陶瓷天线罩、耐磨耐腐蚀陶瓷阀门等高端产品，高岭土降黏技术及设备和石墨选矿提纯技术等核心技术达国际先进水平。正在研发和推广高性能低热硅酸盐水泥（高贝利特水泥）制备技术、混凝土耐久性关键技术、卫星用复合材料结构件制造技术、高档飞机风挡玻璃制造技术等一系列高技术含量及绿色节能环保的关键技术。

三、中国建材集团的突破式创新举措

材料升级的历史就是人类发展的历史。材料的研发与产业化水平已成为衡量一个国家综合实力的重要标志。中国建材集团为推动新材料领域的发展和创新，采取了很多方法，成功实现了突破式创新。

（一）整合集团内、外部科技资源促进突破式创新

突破式创新是在技术原理和观念上有巨大突破和转变的创新，可以使相应的技术领域在短时间内发生质的突破的创新活动，因而需要具备较完善的知识存量、技术水平等各方面的现实条件。中国建材集团成立中国建筑材料科学研究总院，大力引进人才扩充集团的知识储备量，组织承接各类课题积极探索新技术的研发，并积极推进科研成果产业化、推动产业结构调整和优化升级。中国建筑材料科学研究总院是新中国第一个建材科研机构，现有职工1.5万人，其中中国工程院院士1人、国家级专家1人、百千万人才1人、享受政府特殊津贴人员22人、教授级高级工程师110人、高级工程师约170人，高级技术人员占总人数的16.5%，硕士以上人员占比为20%。依托中国建筑材料科学研究总院，中建材集团构建起新型建材、新型干法水泥、玻璃纤维和混凝土外加剂等技术开发体系，先后承担了国家科技攻关、科技支撑计划和重大国防军工等一大批重点科研项目，在大型新型干法水泥生产线粉磨的关键装备的研发与应用、特种无机非金属材料等方面取得了较大的成果，有力地促进了建材工业绿色制造关键技术水平的提高，加快了建材产业结构调整与转型升级步伐，促进了集团内各业务板块的技术创新。

同时，中国建材集团还积极与大学、科研机构进行合作，以促进科技资源的对外合作与共享。如与北京市科委联合共建首都科技条件平台，依托集团所属科技开发中心有限公司，利用集团工程技术中心和重点实验室等优质资源，整合建立了中国建材集团研发实验服务基地，为企业开展科技服务；与清华大学、东南大学以及相关水泥企业合作，开展了水泥窑处置废弃物集成技术等一系列课题研究，先后建成了水泥窑协同处理城市

垃圾、污泥的示范线，探索水泥产业向环境友好发展的转型道路，进一步提高了科技成果工程化、产业化能力，为产品升级换代持续提供了技术支持，保持了行业先进水平。

此外，中国建材集团用市场化手段协调，在全球范围内调动市场资源，使公司成为备件制造商、备件供应商、备件研发机构和备件维护服务商的多元化公共服务平台，用少量的资金就能得到急需的市场资源。目前公司已与拉法基、史密斯及冀东电机等200多家国内外企业建立起战略合作联盟，以开发应用智能制造在建材工业发展中亟需解决的关键技术、核心技术和共性技术，打造国内一流的建材工业智能制造应用技术研发和转移平台；围绕建材工业智能制造主线，突出成果转化，打造集合工程化研发、技术转移和项目孵化功能的开放式企业化运作平台。

（二）采取兼并收购方式实现突破式创新

（1）中国建材集团积极上市，整合内外资源，发挥资本优势，做大做强新材料产业，形成上下游一体化产业集群。如中材股份有限公司（1893.HK）整合旗下两家材料制造类企业，将泰山玻璃纤维有限公司整合成为中材科技股份有限公司（002080.SZ）的全资子公司，充分利用整合效应以适应市场竞争需求的产业链和价值链，实现企业的可持续发展。

（2）联合重组地方水泥企业，提升水泥产业的技术竞争力。中国建材集团的核心业务板块之一是水泥业务。当中国建材集团进入水泥行业时，面临着与业内5000多家水泥企业竞争的局面，在竞争中处于弱势地位。为了提高在行业中的竞争力，中国建材集团通过联合重组等方式先后组建了中联水泥、南方水泥等公司，将纳入的数百家大中型地方水泥企业按区域进行整合运营，从而牢牢控制了华南、东南和西南等市场，并成为拥有世界先进水平的日产万吨级新型干法水泥生产线和集水泥熟料、水泥粉磨和商品混凝土生产基地及成套设备调试维护队伍为一体的业务板块。规模化的生产和稳定的市场为中国建材水泥产品、混凝土产品的试验研究和创新提供了条件，以科学的技术、资源充沛的试验条件和试验仪器设备进行试验研究，研发第二代新型干法水泥技术，并不断改进产品质量，开发新品种、新产品，从而提高市场竞争优势。

（3）吸收合并中材集团，提升非金属材料领域的创新能力。中材集团拥有非金属材料领域最强的科研单位、最强的建材与非金属矿勘察设计单位、建材行业最强的工程建设企业，以及业内具较强实力的非金属矿工业公司和建材地质勘查单位。中材集团是中国大型水泥制造企业之一，是中国西北地区最大的水泥制造商，全球五大、中国三大玻璃纤维制造商之一。拥有特种玻璃纤维、复合材料、人工晶体、工业陶瓷四大国家级核心技术，多项非金属材料科技成果达到国际先进水平。通过吸收合并中材集团，中国建材集团将内外的资源进行整合，成功拥有非金属材料制造业、非金属材料技术装备与工程业、非金属矿业三大主导产业和新型干法水泥生产工艺及装备技术、玻璃纤维技术、工业陶瓷技术、非金属矿深加工工艺与装备技术六大系列核心技术。这些技术代表着中国在该领域具有最高技术水平，部分技术在世界上也处于领先地位。

（三）持续创新投入助力突破式创新

突破式技术创新是最有可能导致高新技术产生的创新方式。但是，突破式创新的创新周期长（通常10年以上），具有高度的随机性、发散性、高风险性等特征，实施突破式创新的企业需要投入巨额的资金量。

为了能够满足研发机构的资金需求，中国建材集团每年都按营业收入的百分比确定相应的资金对技术创新进行投入，并将创新方面的投入预算纳入集团财务预算。同时，为了做到创新的专款专用，经费从预算到支出建立了一套完善的管理制度。以材料装备集团公司为例，2015年技术创新投入达到3.18亿元，占到营业收入的1.41%；2016年技术创新投入总计3.83亿元，占营业收入的2.02%；2017年技术创新投入达4.96亿元，占营业收入的2.54%，集团技术创新资金投入持续增长，在营业收入中的占比也在逐年提升。这些资金主要用于新型干法水泥生产线技术创新和优化。巨额的研发资金投入后，也取得了较好的技术创新成果。2017年企业申请专利76项，获得专利授权62项，30余个科研项目获得集团及行业内的科学技术奖项，4个课题获得科技部"十三五"国家重点研发计划立项。

此外，为了给创新提供更为充足的资金支持，集团还积极筹划设立新材料产业基金，如联合相关投资机构，包括国信国投基金管理（北京）有限公司、北京华夏鑫源投资有限公司、盈科创新资产管理有限公司、北京国建易创投资有限公司等，共同成立了10亿元的新材料产业投资基金，以投资新材料领域的重大技术创新成果。新材料产业创新基金主要用于集团内部科研成果孵化：一是盘活集团内部多个科研院所数年来沉淀的技术资产，降低投资风险；二是通过创投基金的模式，结合核心成员持股，激活科研人员活力；三是通过资本运作方式，实现产业升级和外延式扩张，培育新的主导产业和利润增长点。

（四）创新商业模式推动突破式创新

中国建材集团始终高度重视商业模式的创新和持续完善。近年来，中国建材集团瞄准国际化发展目标，积极创新经营发展思路与模式，注重新兴业务、高端业务、国际业务等"新引擎"的培育和发展，通过深化"走出去"战略的实施，持续提高国际资产和业务比重，立足资源配置的全球化，积极推进新的战略布局。利用已形成优势的技术装备工程业为先导，持续创新商业模式，品牌影响力和技术创新能力都得到了持续提升。同时，复制成熟商业模式实施多元化战略，从稳居全球首位的水泥生产线EPC业务向钢铁、发电等多个工程领域的总承包业务不断延伸；从具有完全自主知识产权、国际领先水平的水泥技术装备研发制造向采矿、输送等装备制造领域不断拓展。

同时，中国建材集团创新管理模式，鼓励旗下产业链的子公司优势互补，不断完善如新型干法水泥生产工艺技术等具有完全自主知识产权的新型技术，进而凭借新技术参与国际竞争并迅速赢得了市场，目前此项业务已提供成套设备并建设完成的大型水泥生产线达150余条，执行项目惠及70多个国家，连续8年在国际市场占有率中排名第一。此外，中国建材集团坚持总结分享项目实施经验，并根据后续项目实际，不断优化设计、完善，使中国建材集团承建的项目不仅建设周期短，运行更加可靠，且效益更为显著，中建材集团的标准也已逐渐成为业界标准。以旗下的南京水泥备件集团为例，为了减少库存备件和积压沉淀资金，创新设计了一套专为水泥企业提供备品备件集成服务的新模式，建立了五大中心，即备件咨询服务中心、备件采购中心、联合储备服务中心、调剂租赁服务中心和生产保障服务中心。为推动五大服务中心健康持续发展，还创新设计了包括水泥的生产管理、能源管理、装备技术等各生产要素在内的集成企业发展模式。

（五）开展双创活动以及鼓励中建材集团内部母子公司互动

理论研究表明，当企业处于较稳定环境时，成熟的大企业往往倾向于选择渐进性创新，并容易被实施突破式创新的小公司（或新进入者）赶出市场。因此，成熟的大企业要想长久地立于不败之地，必须进行有效的突破式创新。中国建材集团在无机非金属领域耕耘多年，无论技术还是市场都相对成熟，为了避免出现偏重渐进式创新而影响突破式创新给企业带来的影响，中国建材集团采取多种方式鼓励内部员工创新，促进母子公司进行交互创新，以增强集团的创新活力。

为营造有利于员工创新创业的环境氛围，中建材集团定期组织召开职工技能大赛。该项活动是中国建材集团全面实施"人才强企"战略和"职工素质工程"的重要举措。具体包括：一是连续多年由中国建材集团工会在全集团范围内组织开展职工职业技能大赛，先后举办了水泥磨工、装备制造的焊工和电工、玻璃纤维拉丝工、地勘测绘技术等多层次、多工种、多渠道的技能大赛，并组织优秀技工参加国际和全国职工技能大赛。二是各单位大力提倡员工创新并积极为员工们提供各种条件。例如，已建立的"王浩创新工作室"、泰山玻纤"温广勇劳模创新工作室"、祁连山水泥"臧永良劳模创新工作室"和宁夏建材"安全环保技术工作室"，都已被省、市级命名为职工创新机构。随着这些活动的不断深入，中国建材集团职工的技能素质和创新能力大大增强，给整个集团技术进步和产业发展打下了坚实的基础。

在突破式创新实现中，新知识、交叉知识和原创知识扮演着核心角色，而这些知识往往可以通过企业内部的交流互动来获得。中国建材集团内部子公司众多，又各有自身的业务板块和核心优势技术。为了促进不同板块的技术交互以及实现母子公司的自治型创新交互，集团作为总协调者，主导整个内部创新网络，在互动规则、机制等方面进行总体设计，使得母子公司之间进行平等互动价值共创，并促进子公司突破原有的创新依赖性，从而实现突破性创新。为此，中国建材集团采取各种方式形成不同形式的互动来增加集团内母子公司员工的交流机会。其中，自治型互动为交叉知识的创造与流动提供了使得，依赖型互动在新知识和原创知识的创造与交流方面作用突出。事实证明，集团内母子公司的自治型互动和相对依赖型互动在突破性创新绩效方面表现更佳。中国建材集团的突破式创新路径、母子公司互动策略以及知识创造方法等具有一定的可复制性，对不断探索突破式创新路径的企业管理实践有一定的启示作用。

第二章

持续性/颠覆性创新模式

第一节 持续性/颠覆性创新模式概述

1995年,克里斯腾森(Christensen)在定义维持性技术(Susatining technoliogles)与破坏性技术(Disruptive technoliogles)的基础上提出维持性创新(又被称为延续性创新、支持性创新以及持续性创新)和颠覆性创新(又被称为破坏性创新、分裂性创新和摧毁性创新),并认为颠覆性创新是一种与主流市场发展趋势背道而驰的创新活动且破坏力极为强大,包括新市场破坏和低端破坏两种基本模式。中国学者于1997年进行了跟进研究。目前,学术界关于此创新模式的研究主要集中在内涵、差异、影响因素、能力构建以及创新模式的战略选择等方面。

一、概念、内涵及特征

企业持续创新是创新主体在一个相当长的时期内,持续不断地推出和实施的创新项目(含产品、工艺、市场、管理和制度等方面的创新项目),并持续不断地实现创新经济效益的过程,是创新过程或产出具有持续性目标的创新。持续性创新是以大企业实施为主的维持并提升现有性能指标的技术创新,注重创新的领先性、系统性、制度性和效用性,具有市场性、更迭性及发展性等特点。企业持续创新具有时间持续性、效益增长持续性和企业发展持续性三个基本特性。此外,由于企业持续创新是一个多种创新类型、多个创新项目集群形成的动态系统的复杂非线性过程,因而其还具有集成特性。

颠覆性创新初始时基于破坏性技术,通过向新兴客户或低端客户提供低价、便捷等独特价值得以进入市场，并对在位的领先企业产生极大的破坏性。颠覆性创新主要以先占领低端市场或新市场为先期目标，为不需要高级功能的顾客提供结构简单、价格低廉的产品，以成本优势和技术优势破坏在位企业的竞争优势，建立起新的客户价值结构，是后发企业实现赶超的有效战略工具。后发企业可选择开辟的新市场有三种，即低端市场、全新市场和混合市场。其中，低端市场进入方式并非是创造出新的市场，而是在原有的市场空间挖掘那些对价格敏感且被主流供应商忽视的用户，并为其提供低价产品的一种市场进入行为（图2-2-1）。企业在开辟新市场时往往选择先易后难的实施路径，即先进入阻力较小的非主流市场（一般是低端或小众市场），然后再借机向主流（或大众）市场侵蚀。因此，从低端市场进入再转向高端市场是后发企业常用的方式。颠覆性创新理论认为，以市场为导向实施颠覆性创新进入市场的技术风险低、不易被察觉且前期资源投入少，因而更适合技术实力相对较弱的后发企业采用。随着互联网经济时代的到来，后发企业借助颠覆性创新，部署市场战略实现后发赶超更加成为可能。

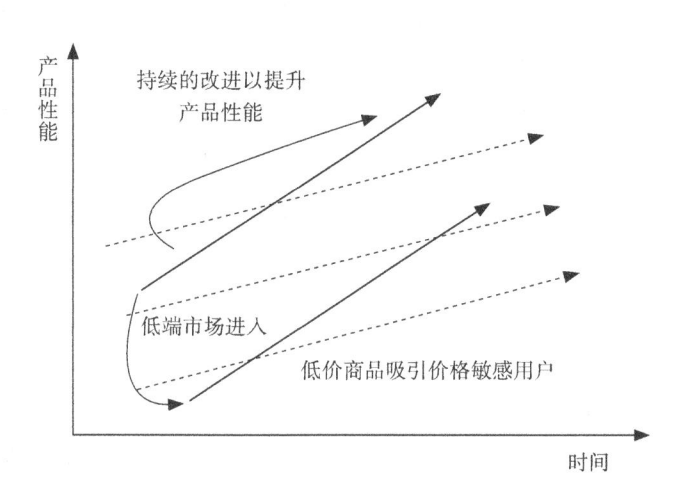

图2-2-1　基于颠覆性创新的后发企业市场进入方式

颠覆性创新基于破坏性技术，遵循"破坏—延续—破坏"的路径，根据企业进攻市场的目标差异，颠覆性创新可分为对他人市场和对自我市场的颠覆性创新。颠覆性创新是基于破坏性技术的商业化应用，目的在于开辟新的用途和新的市场，满足非主流用户的需求，容易被主导企业忽视。

颠覆性创新通过提供与现有产品性能差别较大的产品组合或者不同性能的方式来实现。在颠覆性创新发生时，原有行业主导厂家在产品开发及市场化决策时更多关注主要用户需求、市场规模、供销关系和投资获利等问题，难以做到构建新的系统、程序和组织，淘汰现有主要用户的消费观念，破坏现有技能价值，开辟新的供销关系和网络，来实现新的效用集合并创造新的市场。因此，每次颠覆性创新的发生，都是对现有主导企业的一次考验，同时也是一个残酷的淘汰过程。

持续技术创新即指企业技术创新目标的延续性、创新动力机制的持续性、创新过程的能动性、创新战略的适宜性、创新活动的时效性、核心技术的领先性和核心竞争力的持续性。持续创新活动的特点是系统性、阶段性、周期性、风险性、开放性、市场性和更迭性。相对于其他创新模式，持续技术创新更注重创新的领先性、创新的系统性、创新的制度性、创新的效用性。

颠覆性创新与持续性创新是相对立的关系。其中，持续性创新是指对已有产品、服务效用或功能的改进，特别是将市场主流顾客早已肯定及关心的产品和服务的某些方面进行改进，使之更好地满足顾客更高的需求。持续性创新既包括简单的渐进性技术改进，也包括重大突破使绩效得到飞越式的改进。颠覆性创新是当技术发展到远远超过顾客实际需求和实际使用的水平时，为不需要高级功能的顾客提供更为便宜、更简单且相当好的产品。在顾客对主导公司主流产品足够满意和顾客被服务过度的市场条件下，颠覆性创新将成为企业寻找新市场的一种新增长模式。

颠覆性创新的核心视角是市场细分和价值体系，并不一定伴随着技术突破，主要是指将破坏性商业模式与现有技术进行组合，以经济效益作为评价尺度，能创造巨大的市场，导致新企业成长和已定型企业衰败。颠覆性创新是通过推出一种新型产品或者服务而创造一个全新的市场，并对已经形成市场份额的在位企业具有破坏性的创新。颠覆性创新包括新市场破坏和低端破坏。新市场破坏是指在第三个坐标轴上产生新价值网络，与"非消费"进行竞争性的破坏，如索尼的第一台电池晶体管袖珍式无线电收音机和佳能的台式复印机。新市场破坏者面临的挑战就是创造一个新的价值网络。低端破坏是针对现有的或主流的价值网络而进行的破坏，采取的是低成本商业模式。新市场破坏和低端破坏的共同特征是都给市场现存者带来了困境。现实中，许多破坏具有混合性，是新市场破坏和低端破坏的结合。

持续性创新是指那些以满足现有市场的主流用户和高端用户的需求为目的，通过持续不断的性能改进来推动现有产品性能变得更好、品质变得更高的创新；颠覆性创新是指那些起初往往提供比较简单、更加便捷与廉价的产品和服务，吸引新的或不太挑剔的消费者而获得市场立足点，然后通过不断改进主流用户所重视的关键性能而占领更多市场空间的一类创新。持续创新有别于随机的短暂的创新过程，持续创新的五项原则包括创新的战略性原则、创新的分类管理原则、立即行动原则、创新的人本和交互原则、全方位的创新战略。同时，全方位的创新战略包括4个视角，即自上而下、自下而上、由外到内、合作与联盟，这些原则可以作为持续创新的方法论来指导组织有效地开展创新活动。因而，持续性创新是企业最常用的一种创新类型，指的是企业在现有市场中通过产品关键性能的不断改进来深入挖掘市场潜力。

根据企业进攻市场的目标差异，颠覆性创新可分为对他人市场的颠覆性创新和对自我市场的颠覆性创新，前者是企业在其外部市场引入破坏性产品，使之与非消费者或其他企业的产品展开竞争，从而开辟一个新市场或侵蚀其他企业产品的市场份额；后者是企业在其现有产品主导的市场中引入破坏性产品，自我蚕食或替代现有产品的市场份额。颠覆性创新基于破坏性技术，先占领低端市场或新市场，为非主流市场的低端或新兴客户提供不同于以往的价值体验。随着技术积累，颠覆性创新逐渐深入，向主流市场延伸，遵循一条"破坏—延续—破坏"的路径。颠覆性创新是一种非连续的技术创新或者商业模式的创新，是将不同的价值前提带入到现行的市场中。

颠覆性创新的定位是吸引一些新的消费者或被其他同行业竞争者忽视的小部分消费者，所以常常通过削弱现行市场中已经存在的主流产品的性能，来满足某些边缘客户（通常是新客户）对低价的需求。颠覆性创新具有两个主要特征：一是颠覆性创新形成的产品中，常常有一两个是主流用户认为特别重要但却表现不佳的性能，而其较佳的性能至少在开始时不被现有主流用户所重视；二是颠覆性创新能快速改进客户重视的产品性能，使其能快速占领新市场，并夺得行业的领导地位。持续性技术创新是指沿着原有的技术路线不断升级和迭代，持续提升性能，以更好地满足客户需求，不断做大现有市场。颠覆性技术创新是不以追求提高原有主流性能为目标，而是引入一条新的性能改善曲线，即改变原有技术逻辑，在技术达到拐点后进行创新加速，直至替代上一代技术。颠覆性创新的性能改善通常会使产品更方便、更简单、更便宜、更小、更容易操作，但往往在质量、性能等方面都不如成熟产品，而且市场规模小且前景不明朗、利润率低、风险大。

二、两者的联系

颠覆性创新技术的来源，既有可能出于居行业领头地位的大公司内部，也有可能是由其他小公司或科研机构发明的。小企业内部的个人收入主要取决于其创新效果，产品可自由推出，因而小企业往往更富有创新性；而大企业在产品推出上受制于技术经济分析极力避免的"自损"效应，所以大企业实施颠覆性创新较难。与持续性创新相比，颠覆性创新具有更大的不确定性和风险，包括技术风险、市场风险和管理风险。在技术风险方面，持续性创新沿着已有的技术轨道发展，并且现有技术标准支持和规范着它的发展，而颠覆性创新是一种"破坏性"的创新，它试图突破原有的技术发展轨道，开辟新的技术发展方向；在市场风险方面，持续性创新立足于现有技术产品性能的改进，市场风险相对较小，而颠覆性创新的市场风险与之相比要高得多，因为主流市场已被持续性创新所占领，颠覆性创新以对潜在市场的开发为突破口，一开始往往招致市场的拒绝，市场开发十分困难；在管理风险方面，持续性创新受已有的标准指导与规范，可被现有的价值观念接受，组织上也有保证，而颠覆性创新相应的标准需要内生，因此必须有一套有别于持续性创新的管理观念、组织结构和价值判断标准与之配合。

持续性创新和颠覆性创新的差别在于：持续性创新是主导公司针对现有的市场，通过持续创新不断提高产品和服务的性能以获得最高的边际利润，市场风险相对较小；而颠覆性创新是面向潜在的、尚不明朗的市场，在技术和市场方面具有极大的不确定性。颠覆性创新形成的产品往往以现有市场的非消费者为目标，比主流市场已定型产品的性能要差，但功能新颖、价格比较便宜、使用简单，从而能够吸引新用户，开拓全新的市场。与颠覆性创新相对的，持续性创新总是以挑剔的高端产品消费者为目标。薛捷和张振刚（2010）基于"成本—主流性能"的组合探讨了不同类型的创新侵入市场的模式，认为持续性创新是在位企业实施的从市场的高端侵入的创新策略，而颠覆性创新是新进企业实施的从市场的低端侵入的创新策略。成熟的大企业因为在人才、资源、资金和技术积累等方面具有显著优势，往往在持续性技术创新领域能长期保持领先，创新的成功率也很高，并且伴随着持续性创新的进步，成熟的大企业更愿意采取持续性技术创新路线。因而，两者在研发实施、产品特色、技术基础、用户、创新主导者、潜在收益等方面存在较大的差异（表2-2-1）。

表2-2-1 持续性创新与颠覆性创新的差异

比较项目	持续性创新	颠覆性创新
研发特点	持续研发、时间长	非连续研发
产品特色	价格高、功能多、性能强	价格低、某些性能较差、使用简便
技术基础	保持现有技术创新轨迹，进行升级迭代	现有技术的简化版或低阶版
核心视角	技术及性能	市场细分和价值体系
创新风险来源	技术风险	市场风险
创新结果	高成本—高性能；低成本—高性能	低成本—低性能；低成本—高性能
管理模式	维持现有的管理模式	新的生产、销售路径
市场或用户	主流市场中的高端客户或主要用户	新兴市场中的低端客户或非主要用户
创新主导者	主导企业（或大企业）	小企业或初创企业
成功确定性	风险低，不确定性程度低	风险高，不确定性程度高
创新评价	技术、经济、社会、分配综合评价	以经济效益评价，强调市场价值
潜在收益	技术的改良带来的商业成功	市场或商业模式的运作带来的商业成功

持续性创新和颠覆性创新都是行业发展所必需的，且两者之间存在交替出现的规律。持续性创新对产品性能改进有重要贡献。一旦持续性创新对性能的改进逐渐达到极限，颠覆性创新可能酝酿出现，颠覆性创新出现后，在市场上有了立足之地，持续性创新就会把颠覆性创新的性能指标加以改进。因此，颠覆性创新与持续性创新存在一定的转化关系，一旦颠覆性创新产品的性能超越了现有延续性创新产品的性能，颠覆性创新就可以形成明确的性能改进轨道，进而也就演变为延续性创新，其后又会出现下一轮新的颠覆性创新。因此，在技术创新不断演进过程中，随着成熟公司和新加入公司的更替，颠覆性创新与延续性创新也不断交替。

持续性创新与颠覆性创新存在相对性和替代性。没有市场上已有的主流持续性创新也就谈不上颠覆性创新的存在。持续性创新的特征是沿着企业组织主流市场中主要顾客的需求曲线提高已定型产品的性能。而颠覆性创新的发生与发展往往从起始的短期内其产品技术性能上低于原有技术产品，以后会很快超越原有技术，并产生对原有技术的替代。持续性创新和颠覆性创新有各自的适用范围和相应的前提条件，且两者之间存在一定的循环关系：由于持续性创新的不断进行，使产品的性能越来越多，过多的性能与顾客的使用能力之间产生越来越大的间隙，从而为颠覆性创新创造了机会。随着企业对颠覆性创新所产生的新产品或服务的持续性创新的实施，颠覆性创新产生的产品又逐步成为市场主导产品。因此，无论是大企业还是新进入者，需处理好持续性创新和颠覆性创新的关系，尤其是当市场发生变化及顾客期望发生转移时，必须随时改变公司的竞争态势。

三、两种创新模式的影响因素

颠覆性技术创新是实现技术跨越的必然选择。影响颠覆性技术创新的首要因素就是技术标准的制定，其次是技术主导战略和制度主导战略。颠覆性创新分为对他人市场的破坏和对自我市场的破坏，企业的既有知识资产对持续性创新和对他人市场的颠覆性创新具有推动作用；企业的高嵌入性知识资产对自我市场的颠覆性创新具有阻碍作用；企业的低嵌入性知识资产对自我市场的颠覆性创新具有推动作用；环境动荡性和独占性以及企业吸收能力对上述影响关系具有调节作用。此外，企业规模、行业差异和资源投入是企业持续创新的内部影响因素，而市场需求、竞争程度、知识外部性和专利保护是影响创新持续性的外部影响因素。

影响企业选择实施颠覆性创新的因素主要有技术预测准确性、领导者能力与决策视野、项目评价方法及组织能力等变量。颠覆性创新利用得好是企业增长的"发动机"，利用得不好是企业发展的"百慕大"，而这种差别取决于包括组织响应机制等在内的企业组织能力。企业一旦选择了颠覆性创新，可采取相应的举措，比如建立颠覆性创新的实施方法，识别创新特性，确定潜在市场；建立组织响应方法，实现组织创新和管理激励，如大企业与小企业战略联盟的形式等，从而抓住颠覆性创新的机会并利用颠覆性创新获得超常规增长。

四、创新模式的选择对企业绩效的影响

颠覆性创新迎合的是非主流市场顾客的需求，市场规模较小。因此，颠覆性创新起初会对企业的绩效产生一定程度的负面影响。随着颠覆性创新转向持续性创新，产品性能进一步改进和新开辟市场的扩大，颠覆性创新公司成长为主导公司，企业绩效会逐步增加。何郁冰和张思（2017）研究了企业技术创新的持续性对其绩效的影响，提出了关于创新持续性对企业绩效的影响和多元化强度对二者之间的关系调节效应的基本假设，并利用201家中国制造业上市公司2006—2014年的面板数据进行实证检验。研究结果表明：①中国企业更重视持续性的技术创新；②创新持续性与企业绩效之间呈现倒U形关系，二者之间的曲线关系在企业具备较高多元化强度时更加明显；③创新投入的持续性对创新产出的持续性有正向影响，但二者的协同对企业绩效的影响并不显著。

五、创新能力构建及培育方面

持续技术创新能力的提高是企业实现持续技术创新的关键。企业持续创新能力是一个多层次、多要素的综合能力体系，它的核心和本质是企业家和企业团队的持续创新能力，在相当长时期内持续地推出技术创新项目（主要是产品、工艺和原材料），并持续不断地实现创新经济效益的能力。企业持续技术创新能力由技术创新能力以及创新持续性保障能力构

成，而完善的制度结构是创新持续性保障能力的重要支撑，它对于企业持续地推出技术创新项目、提升技术创新能力起着重大的促进与支撑作用。

在支撑创新持续性保障能力的制度结构要素中，完善的企业家管理制度为技术创新项目的持续提供了重要的前提和保证；由研究与开发制度、知识产权管理制度、创新战略以及组织结构适应性组成的技术创新管理制度也是技术创新项目得以持续的重要保障。此外，企业内部制度安排效率、外部制度环境以及对创新机遇的捕捉能力，对于企业持续技术创新能力的提高也不容忽视。

企业持续创新能力是一个包括投入能力、生产能力、营销能力、财务能力、创新能力、产出能力和环境适应能力7个方面的综合性能力体系，持续创新能力是不断适应竞争环境变化和追逐新的竞争优势的能力，具体实现形式为：开发新的资产、不断改善或创新现有业务流程以提升现有能力、采用有可能损害现有地位的替代资源、为资源向新的竞争领域延伸而进行投资。企业持续创新能力能够帮助企业在一个相当长的时期内（一般为10年以上），持续不断地推出和实施符合经济、社会、生态环境可持续发展要求的创新项目，并持续不断地实现商业化，获得经济效益。企业持续创新能力是企业实现持续创新的保障，也是创新型企业建设的关键环节，它贯穿于创新型企业建设过程之中，事关创新型企业建设的成败。

在我国企业持续创新能力普遍较弱的背景下，企业应千方百计地增强企业持续创新能力，实现企业持续创新和持续发展，把企业建设为真正的创新型企业。企业持续创新能力是企业获得持续创新绩效的保障。基于市场导向的角度，企业持续创新能力被认为是在企业使命和创新战略指导下，为主动响应市场动态性变化，通过及时有效地为市场不断提供新的价值，从而使企业获得持续的经济效益和持续发展的多层次综合性能力体系。企业持续创新能力内生于企业独特的资源、知识和技能的积累及一系列激活机制，以有效满足或引导市场需求的新产品或服务来体现，具体包含四层含义：一是企业存在的环境条件是动态复杂的；二是企业持续创新能力的本质是企业内部独特的资源、知识、技能的积累及一系列激活机制；三是企业持续创新能力的目标是使企业获得持续的经济效益和持续发展；四是企业持续创新能力的强弱通过新产品与新服务的价值性反映出来。企业持续创新能力的特征是动态性、积累性、变革性，持续创新能力由外到内可分为产品、市场创新能力层、技术创新能力层和基础知识系统创新能力层，其价值创造性和持续性由外到内逐渐增强。

颠覆性创新能力的培育方式有：①创新组织结构，通过资源、流程和价值观的彻底改造获取新能力；②不改变大组织流程和价值观，通过在内部组建若干独立运作的创新团队，为这些创新团队搭建合作台，发展出适应颠覆性创新的新能力；③收购外部创新企业，尽量保证其独立性，充分尊重团队的价值观，充分发挥创新企业的"鲶鱼效应"，激发整个企业的创新活力。企业绿色持续创新可表述为企业在一个相当长的时期内，持续不断地推出、实施新的绿色创新，如绿色产品、工艺、原材料，并持续不断地实现商业化应用，获得经济效益的持续增长的过程。企业绿色持续创新具有绿色性、时间持续性、经济效益增长持续性和企业发展持续性等基本特性。通常来说，绿色持续创新能力要素主要包括产品原料创新能力、组织管理创新能力和营销创新能力等。

六、颠覆性创新的实施举措

尽管颠覆性创新能够给企业带来巨大的收益，但市场中的主导企业往往在颠覆性创新中失利，无法抓住机会。这些主导企业具有雄厚的资金实力和创新人才，因而在颠覆性技术创新中失利并非是它们缺乏相应创新的技术实力。原因主要在于：①受制于收入增长、利润增长和速度增长的巨大压力，无法从价值链的高端重回价值链的低端；②大企业的管理体系、决策流程和企业文化不支持把最优质的资源分配到前景尚不明朗的小规模新兴市场；③大企业缺乏完整的颠覆性技术识别方法和将适当的破坏性技术的商业化途径；④成熟的大企业在延续性技术创新环境中，积累的资源和经验优势主要在原有的技术轨道内，技术及资源依赖性强。而颠覆性创新是创业企业创新的切入点，是其从产业价值链低端攻击的最佳机会。因此，无论是成熟的大企业还是创业小企业，要走出颠覆性创新的窘境，需要运用积木式创新思想，从创新制度、创新能力和机遇把握等方面来提升企业创新力，形成开放包容和容错试错的企业文化，尊重个人价值和创客精神、支持冒险创新、坚持顾客至上等。

颠覆性创新战略决策时应特别注意：技术机会是颠覆性创新的基础，而市场机会是颠覆性创新成功的关键。颠覆性技术创新要对各种机会保持敏锐的反应能力。企业在颠覆性技术创新方面面临的主要问题是新技术性质的甄别。颠覆性技术与持续性技术在初始阶段容易被笼统地概括为"新技术"，且颠覆性技术在现有标准下常难以获得发展空间，很难脱颖而出。在此基础上，有学者提出了相关的建议，包括：①建立标准规范与企业的内部价值网络；②及时转换思路，成立相对独立的颠覆性技术研发机构；③收购孵化颠覆性技术的小公司，以及将颠覆性技术创新作为企业发展战略并全面推进。

此外，也有学者建议主导企业应实行一套有别于传统创新的管理体系，并采用一些科学的方法来促进内部的颠覆性技术创新，如采用内部争论法和正确提问等方法，来识别颠覆性技术及确定颠覆性技术战略；或采用实验法和跟进法进行颠覆性技术的商业化途径，以探明颠覆性技术的最初市场，以及采用合并策略或隔离策略作为应对颠覆性技术市场的组织策略等。

颠覆性创新的三种形式包括战略创新、技术创新和商业模式创新。商业模式创新是指企业通过组织重构和资源整合实现顾客价值最大化的一种价值创造方式，在表现形式上总是以某种具体的产品或服务为载体，因而商业模式创新带给市场的是全新的或改进后的产品或服务。创新技术的成功商品化，为市场提供了新产品或新服务，满足了消费者潜在需求，因而技术创新的成功往往伴随着商业模式创新的成功。但是，即便技术创新成功，创业者如果没有很好地开发出一种能挖掘技术潜在价值的商业模式，仍可能导致失败，因而后发企业可以通过商业模式创新与技术创新的融合获得更多的发展机会和更快的追赶效率。此外，由于新兴的、颠覆性的技术进行商业化所需要的商业模式与在位企业当前的商业模式存在冲突，在位企业往往因此而放弃对这种技术的开发，这给予处于资源劣势地位的后发企业一个机会：以颠覆性技术和商业模式创新为竞争优势，击败在位企业并成功实现赶超。

企业实施颠覆性创新管理的内外部落实保障机制，必须以企业为主体进行操作才能实现技术跨越。其中大企业可以发挥人力、财力和技术积累优势，通过重建内部价值网络完成对颠覆性技术的引进，并在新的价值网络成熟过程中完成新流程、组织结构和内部价值观的调整。而中小企业规模比较小，相对灵活，没有研发流程惯性的影响，但是缺乏财力支持，需要国家和地区予以必要支持。同时，为了保证顺利实施颠覆性技术创新，国家也需要出台相关的政策进行引导，并建立健全创新机制，出台相应的规范性制度和激励性机制，对相关行业的颠覆性技术创新进行激励。

在不同的历史条件下，通过颠覆性技术和持续性技术都可以实现技术跨越，但企业实施持续性创新和颠覆性创新实现技术跨越的内外部支撑条件却各有不同。中国产业技术相对落后，遵从持续性技术创新的"跟跑式"改进是不够的，必须抓住颠覆性技术创新的机遇，通过新轨道上的重新起跑，才能实现"跳跃式"的发展。

第二节　颠覆性创新模式应用案例

一、案例企业概况

2015年4月，上海寻梦信息技术有限公司创办了第三方社交新电商品牌"拼多多"，专注于C2M拼团购物电商平台运营。其运行方式主要是通过用户发起和朋友、家人等进行拼团，以更低的拼团价格购买优质商品。这种通过沟通分享形成的社交理念，形成了"拼多多"独特的新社交电商思维，即凝聚更多人的力量，用更低的价格买到更好的东西，让消费者体会更多的实惠和乐趣。本书将以"拼多多"电商平台为研究案例，来阐述颠覆性创新模式在实践中的应用。回顾"拼多多"的发展历程，其主要经历了新技术和新模式探索、"拼模式"大规模应用、上市后市场及技术持续发展三个阶段。

（一）新技术和新模式探索阶段

拼多多的前身是经营水果生鲜产品的"拼好货"。"拼好货"采取重资产的自营模式，自建供应链以保证供应商品的品质，因而平台商品品类的数量扩张速度非常缓慢。融入"拼好货"的拼团购方式后的"拼多多"，致力于打造基于分布式人工智能（Artificial Intelligence）技术的"新电子商务"平台，在为用户提供物有所值的商品基础上加入有趣互动的购物体验。此阶段的"拼多多"以其新颖的商业模式获得了网易的丁磊、步步高的段永平等人的天使投资，以及高榕资本、红杉资本和IDG等机构的资本注入。但平台技术尚不稳定，市场的关注度不高，尚处于技术及商业模式的运营探索期，在全国的影响力微乎其微。

（二）"拼模式"大规模应用阶段

"拼多多"的拼团购模式得以实现，很大程度上受益于腾讯科技的加入。2016年7月，腾讯产业基金宣告注资拼多多，并展开一系列的战略合作。依托腾讯科技拥有的庞大的QQ和微信用户群，"拼多多"的社交+电商的"拼模式"实现了社交场景和在线购物的大规模应用，二维码链接在微信群和朋友圈中被频繁地转发，"拼多多"用户量很快就突破了1亿。此时期是"拼多多"大规模应用"拼模式"获得市场高度关注时期。据百度搜索指数显示，"拼多多"此时期的关注度呈指数级上升趋势，最高峰值接近10万，均值接近3.5万。截至2018年6月30日的前12个月，平台成交总额（Gross Merchandise Volume，以下简称GMV）为2621亿元，同比增长583%；年度活跃买家为3.436亿，同比增长245%；2018年第二季度平均月活跃用户为1.95亿，较上年同期增长495%；活跃买家平均年消费额为762.8元，较上年同期增长98%；2018年第二季度的平台商接近360万家，营业收入实现27.09亿元。此阶段的"拼多多"持续受到资本市场的追捧，获得了腾讯基金及红杉资本等机构近30亿美元的资本注入。

（三）市场及技术持续发展的阶段

2018年7月，成立不到3年的"拼多多"在美国纳斯达克上市，公开募集10亿美元用于研究和开发技术基础设施及扩大业务运营。上市前后，"拼多多""3亿人都在用的APP"广告词在央视第21届世界杯足球赛直播前被反复播放，"拼多多"受到空前的关注。据极光大数据、北京麒麟天创网络技术有限公司互联网监测大数据、北京贵士信息科技有限公司大数据平台等第三方统计数据显示，"拼多多"在30天用户留存率、用户日均打开次数、用户日均使用时长等方面均持续维持行业领先。其中，2019年第二季度"拼多多"平台订单量突破70亿单，实现营业收入72.90亿元，较上年同期增长169%；"拼多多"GMV达7091亿元（其中一、二线城市占比达到

48%），较上年同期增长171%；平均月活跃用户达3.66亿，较上年同期增长88%；平台年活跃买家达4.832亿，超越京东成为中国仅次于阿里巴巴的第二大电商平台，显示了"拼多多"强劲的逆袭趋势。在强化技术能力方面，"拼多多"持续增加研发投入，并与全球多家科研机构协作，用于推进人工智能尤其是分布式人工智能技术的发展。据"拼多多"的财报显示，2019年1—6月用于研发的费用达到了11.52亿美元（占同期总收入的9.72%），以持续改进其流量匹配技术，不断提升用户复购率及匹配精准度。

二、应用颠覆性创新模式的背景

"拼多多"是一个典型的后发企业。在"拼多多"进入中国电商领域的2015年，已经有淘宝（天猫）、京东、唯品会和苏宁易购等各类电商平台，在产品的综合领域甚至是在细分领域的市场竞争都非常激烈。其中淘宝（天猫）和京东市场份额更是已经超过90%，"拼多多"面临的是寡头垄断的市场竞争局面。作为一个不可争议的市场破坏者，"拼多多"采用了不同于其他电商的分布式人工智能技术，以"拼模式"从低端市场切入，依靠低价商品短短三年就开辟出一个3亿多用户的电商低端市场，打了淘宝（天猫）和京东一个措手不及。

（一）政策背景

2015年前后，中国政府提出"六个精准""五个一批"的扶贫理念，并相继出台多项扶贫惠农政策，如发展农村物流体系、促进移动互联网普及、加大电子商务在中国乡镇的培训力度等，以解决中国的贫困问题，特别是农村的贫困问题。

（1）在农村扶贫方面：2014—2015年，中央一号文件对农村扶贫工作提出了具体举措，包括：创新扶贫开发机制和路径，广泛动员社会各方面力量参与扶贫开发制度，支持发展养殖、种植等县级特色产业，以及鼓励各类市场主体到贫困地区投资兴业等。中共中央国务院在《打赢脱贫攻坚战的决定》中倡议实施电商扶贫工程，支持电商企业拓展农村业务，加强贫困地区特色农产品网上销售平台建设，让农产品通过互联网走出乡村，以及对贫困家庭提供电商经营培训和网络资费补助、信贷支持等。

（2）在电子商务方面：国务院连续发布多项政策法规，明确鼓励电子商务进农村、中小城市和社区发展，并制定了培育200个电子商务进农村综合示范县、培育150家国家级电子商务示范企业等具体目标。同时提出实施"互联网+"行动计划，促进互联网和经济社会融合发展，开展网络提速、"降费行动"等举措。

（3）在网络建设和农村物流方面：实现乡镇以上地区网络深度覆盖，推进城乡协调发展，逐步缩小东西部差距和城乡"数字鸿沟"，促进城市和农村地区无线宽带网络的协调发展。加快完善城乡配送网络体系，推进县、乡、村消费品和农资配送网络体系建设，并要求加强农村邮政网点、村邮站、"三农"服务站等终端设施建设，促进农村地区商品的双向流通。与此同时，引导社会资本加大投入，推行城乡物流一体化共同配送；发展电商小包等新型邮政业务；推动电子商务和快递业联动发展，发展电子商务物流；支持跨区域农产品流通骨干网络等设施建设等。

上述政策法规的出台不但促进了中国的电商服务农业并惠及农民，逐步形成了互联网模式下低端消费群体应用电子商务消费的发展新态势，也为"拼多多"进入电商行业领域，开拓尚未被淘宝、京东等在位成熟企业覆盖的以农民为主体的低端市场，开展颠覆性创新提供了政策契机。

（二）市场背景

在中国经济实力整体增强背景下，中国农民人均可支配收入及消费支出都呈稳步上升趋势，这意味着相对于竞争激烈的针对一、二线城镇居民的电商交易的红海市场，针对农村和农民等的电商低端交易市场的蓝海已形成，谁抓住这个时机谁就能获得成功。与此同时，随着"村村通电话""乡乡能上网"等项目的持续深入，农村互联网普及率逐年上升，农村网民规模逐步扩大。频繁的上网使农民对网络购物的需求强烈。截至2015年12月，农村网民网络购物用户规模为9239万，年增长率达19.8%；农村网民网络购物使用率为47.3%，年增加4.1%。在市场竞争方面，主流电商平台纷纷开展消费升级行动，激烈地抢夺中高端客户，导致低端商品的网络交易市场供给缺乏。易观智库数据显示：天猫、淘宝和京东的消费群体主要分布在一、二、三线城市，其中京东一线和二线城市的用户比例最高，分别达到了19.56%和43.64%，其次是天猫，分别达到了13.95%和41.25%。但是，这三家在城镇及乡村等市场的比例都不到10%（表

2-2-2），显示出中国四线城市及以下地区的电商供应市场极度缺乏。

表2-2-2　2016年9月天猫、淘宝和京东活跃用户区域分布比例

%

区域分布	天猫	淘宝	京东
一线城市	13.95	10.93	19.56
二线城市	41.25	40.23	43.64
三线城市	18.47	19.93	16.49
四线城市	17.54	19.43	14.10
城镇及乡村等非线级市场	8.79	9.48	6.21

综上，中国农民等低端人群收入的逐步提升和中低端网购用户的快速增长，使得低端商品的网络交易市场需求旺盛，而在位领先电商企业对农村乡镇市场的忽视导致了低端商品的网络交易市场供给缺乏，从而给了以"拼得多，省得多""便宜有好货"理念的"拼多多"以可乘之机。同时，经济下行背景下小微企业的转型为拼多多打造低端电商交易市场提供了可能性。

（三）产业背景

中国在20世纪80年代实施联产承包责任制以后，农业生产大多是以家庭为单位的分散的小规模耕作。因为大多地处偏远，农民缺乏足够的市场信息，以至于在整个农业周期中，"种什么、能销售多少以及能卖多少钱"都面临着较大的不确定性。加之农产品和市场间复杂的多层分销流通结构，既增加了农产品损耗，又缩短了保质期，导致部分地区的农民被迫提早收获农产品，或用化学品处理以延长保质期，使得消费者支付了高价却获得品质差的农产品，农民往往面临丰产期利润低且滞销、歉收期利润高但无品可卖的窘境。而电商产业通过打破传统实体店线下交易的时空限制，提高了整体社会零售的交易效率，同时，随着电商及物流企业的大量上市，社会资本得以投入到全国物流网络的建设，有效解决了电商在农村的"最后一公里"配送的难题，使得偏远地区网络购物的配送越来越高效便捷。在这一背景下，"拼多多"运用基于分布式人工智能架构的深度学习模型，在"拼模式"短期内聚集大量需求基础上，模拟预测消费者未

来的需求，并将预测传递给上游农业生产者。通过对生产者数据赋能，农民有更充足的时间来安排生产，从而生产出更符合目标客群的足够好的产品。此外，通过减少中间流通环节，让农民可以保留更多利润，而平台消费者也可以得到更物美价廉的商品。

综上，在中国农业问题亟需解决的背景下，"拼多多"抓住了中国农业及相关产业变革的有利时机，通过解决农产品生产供给端与用户消费需求端的信息匹配难题，获取了中国电商市场的准入牌照，进而实现了企业的早期快速发展。

（四）技术背景

早期主流的电商企业多应用集中式人工智能技术，强调建立"超级大脑"聚集所有数据，通过算法从数据里找到一定的模型，让用户通过搜索快速高效地找到自己想要的商品并进行交易（即人找货模式）。随着互联网红利见顶，电商间的竞争更加激烈，淘宝和京东纷纷借助技术微创新，如应用AR和VR技术营造沉浸式购物体验、刷脸付款、拍照即可搜索商品和购物的应用等，以提高网上购物效率和提升用户体验。不同于已有电商的集中式人工智能技术，"拼多多"选择了分布式人工智能技术，不仅极大地降低了成本，而且把社交领域的分享、沟通的理念和游戏的乐趣引入到网络购物环节，提高消费者与商品的匹配效率，将单调的购买行为转变为更具交互性的分享购物（即货找人模式）。对此，"拼多多"创始人黄峥认为，分布式人工智能技术主张平等地利用社交关系实施蔓延式的探索，即"让你通过朋友的眼睛去探索新的世界"，从而把新的人工智能技术与生活相融合，用技术让人变得更快乐，而不是简单地让人变得更高效。"拼多多"技术总监陈磊同样认为，随着移动互联网的兴起和社交软件的普及，搜索型交易比重将不断下降，网上购物场景中的社交属性体现会更加明显。而消费者社交行为中的互相传播和推荐行为，可以被理解成一种分布式人工智能，当商品性价比达到某一个临界点时，经传播就会产生大量的订单。因此，"拼多多"应用分布式人工智能技术，通过算法总结出模型，深度优化用户体验，有效帮助用户做出是否推荐、对谁推荐等决策，在短期内聚合相似人群的需求量；在精确预测需求基础上，聚合小微生产厂家实现反向优化制造端，从而降低产品成本并提高效率。

三、实施颠覆性创新的具体措施

（一）设定企业目标和价值主张

"拼多多"是一个创新和快速发展的新电子商务平台，致力于做正确的事情为社会创造价值，并使这个世界变得更美好、更幸福。为此，"拼多多"创新地采用社交+电商的"拼模式"，利用分布式人工智能技术、大数据分析和微信、QQ等社交网络，调动中国良好的物流能力实现产地直发，将小规模工、农业生产转变为半定制批量处理，使新鲜农产品等商品直接从厂家（或农村）运送至用户，为平台买家（收入较低用户）提供超值的商品，也为平台商家（小微企业或农户）大规模定制或半定制生产创造条件，以"产品够用就好"的内在逻辑对非必要和不正常运营成本进行剥离和优化，既增加了买家的快乐购物体验，又促进了小微企业（农户）营收的提升。

为了响应中国政府"电商进农村"以及"打赢扶贫攻坚战"的倡议，"拼多多"构建了农货中央处理系统，探索出电商精准扶贫的创新模式，先后上线了"一起拼农货"和"多多农园"，精准链接起买家与农民，改变了传统的农产品等待搜索的被动局面，将农货信息通过需求端进行社交接力，让农货订单实现裂变式增长，再将聚集的海量订单分拆精准到产区贫困户，采用原产地直连城市市场的产销一体化闭环模式，使得农产品供应链精简压缩，从而解决了全国各地农产品在丰产期滞销伤农的问题。如"拼多多"通过"一起拼农货"，让因为丰产而陷入滞销的河南中牟贫困户以每斤高于市场价0.15元的价格成功售出了100万斤大蒜，避免了贫困户的损失并增加了贫困户收入。而作为助力"拼多多"农村供应端与一、二线城市需求端链接融合的"多多农园"，则是"拼多多"探索出来的扶贫助农的创新模式，实现了让农户成为全产业链的利益主体、将利益留在农村促进农村生态发展的扶贫目标，真正实现了造血性扶贫。

综上，"拼多多"秉承"使这个世界变得更美好、更幸福"的价值主张，致力于"为社会创造价值"。通过分布式人工智能技术等颠覆式技术的应用，把既有的社会资源转化为商业价值，并在创新过程促进了中国传统农业及相关产业的变革，即在创造商业利润的同时解决了社会问题。这对用户来说"足够好",对拼多多来说则"足够有意义"。

(二)服务低端客户,实施低佣金的盈利模式

"拼多多"服务的客户包括两类,即平台买家和平台卖家,与天猫、京东等中国传统的电商的买家大多位于一、二线城市不同,"拼多多"最先关注的是来自低线城市及农村乡镇的低收入群体,他们的消费需求旺盛且对商品的价格敏感,这形成了"拼多多"平台早期庞大的"低端市场"买家。据极光大数据(2018年12月)统计,"拼多多"的月活跃用户达2.73亿,其中来自三、四、五线城市及乡镇的低收入人群达到1.56亿,分别占比22.3%、23.4%和11.3%,合计占比为57%(图2-2-2)。与网易严选的供应商为大品牌制造商不同,"拼多多"平台商家多为小微企业和农户。依靠简单易行的操作和低门槛入驻条件,平台聚集了大量无法进入主流市场、提供低质低价商品和部分"三无"产品的生产厂家,这些厂家依靠"拼团"获得的销量信息大规模批量生产,以毛利润在6%~8%的价格在平台销售,从而构成了"拼多多"平台强大的"低端市场"卖家。

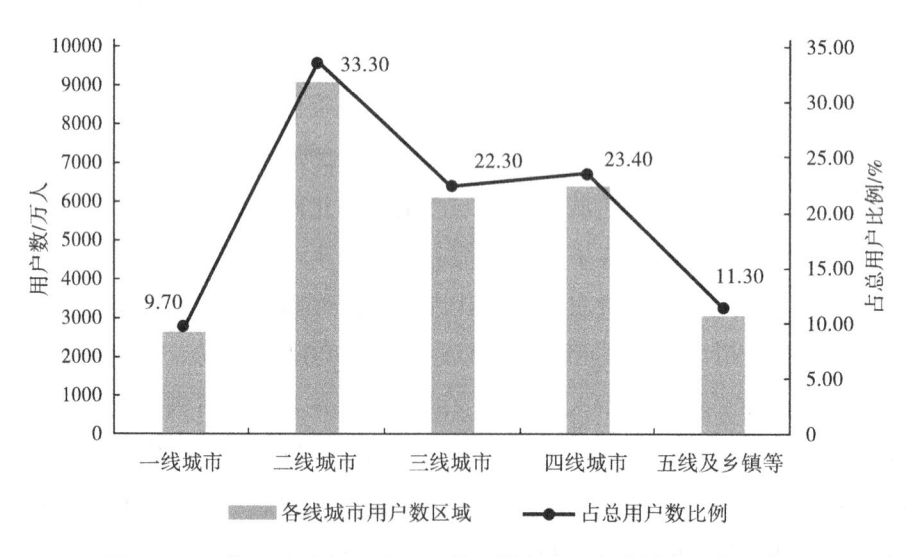

图2-2-2 截至2018年12月31日的"拼多多"各线城市用户分布图

在盈利模式方面。"拼多多"早期主要采用自营模式,盈利来自"拼好货"平台上水果等农产品的销售。2017年,"拼多多"转型为平台模式运营,物流由平台卖家直发。由于平台商家多是微利企业,因此"拼

多多"只收取商家0.6%的交易佣金,这与京东、天猫等传统的电商平台5%~10%的抽成形成鲜明对比。得益于上述低佣金盈利模式设计,"拼多多"平台逐渐集聚了越来越多的卖家,这为其开展商家横幅、促销广告、店铺引流等后续增值服务收入奠定了重要基础。在此基础上,"拼多多"进一步采取"占领农村再包围城市"的创新策略,通过设立品牌馆、电器城,引入知名品牌厂商等方式逐渐进入主流市场,同时推出"海淘""定制"等服务,将目标受众圈定在高收入人群,以获取更高额的利润。这些举措推出后,拼多多的形象得到较大改善。有超过500家品牌企业入驻、引领行业的定制化产品达到了1300款。新增用户分布城市前十名均为一、二线城市,其中2019年第一季度新增用户中来自一、二线城市的用户占比为44.2%,显示出拼多多品牌计划已经发挥了作用,高端用户数量持续增加。最新数据显示,从非主流市场逐步侵入主流市场的"拼多多"收入持续增长,2019年第二季度营业收入达72.90亿元,较去年同期增长169%,较2019年第一季度环比增长60%。

(三)充分利用资源,采取有益的核心活动

技术资源及企业家资源是"拼多多"的核心资源。在技术资源方面,创始人黄峥认为分布式人工智能技术更为前沿,不仅能实现高效信息匹配,还能模拟和调整整个空间的群体情绪,让群体购物体验更加开心,以满足用户不断演化的深层次、多样性的需求。因此,与主流的电商采用集中式人工智能技术不同,"拼多多"采用分布式人工智能技术,为电商行业开创了差异化、个性化的路径。此外,"拼多多"创始团队大多拥有计算机科学和大数据挖掘等学历背景,以及在微软、谷歌和IBM等企业从事过机器人、超大型数据挖掘等工作经历,在电商运营、大数据挖掘、机器学习功能及手游开发等方面具有技术优势;在企业家资源方面,于2015年4月推出"拼好货"APP,公司成立之初就获得网易丁磊、顺丰王卫、步步高段永平和阿里元老孙彤宇等知名创业者的天使资本,此后更是以VIE架构接受美元资本直至在美国上市,一路下来并没有走弯路,显示出"拼多多"强大的企业家资源支持。

核心活动方面。自成立以来,"拼多多"的核心活动只有一个,那就是做链接,引起用户关注。"拼多多"的所有活动都围绕着实现用户自发的更大范围的链接，目的是将商品信息以最短时间最大范围地传递出去，引起用户的关注度和购买欲。"拼多多"采取的方式主要有：①利用分布式人工智能技术的无限扩展式性能，以极富煽动力、口语化的语言，如"1元秒杀""3件9.9包邮"等吸引价格敏感用户；②利用诱导性分享机制设置如"砍价0元拿""开团1分钟抽奖"等，实现商品信息在用户及其亲朋好友的微信群中快速传播，促成用户指数级增长；③在APP首页标注拼单价和原价，其明显价差促使买家为了获得优惠而积极拼单。此外，创新性地在APP站内上线"多多果园"游戏，以闯关和偷水等趣味环节增强用户活跃度，并设置分享好友有奖环节实现用户新增。据猎豹大数据显示（2018年6月30日），"拼多多"APP的周活跃网络渗透率达到11.9%，已超过京东和天猫，并直逼淘宝（12.72%）（图2-2-3）。

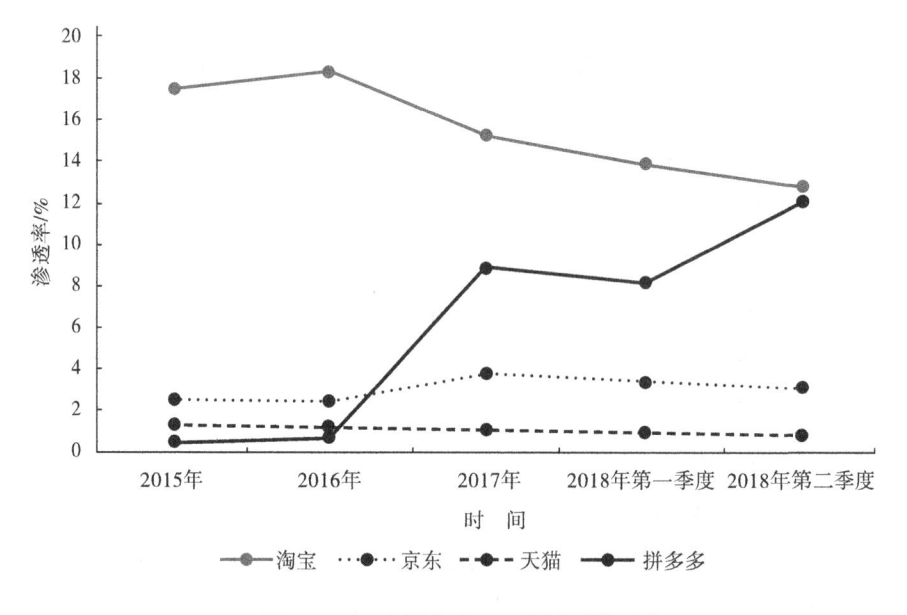

图2-2-3　主要电商APP周活跃渗透率

（四）利用战略渠道与竞争对手低成本竞争

渠道是指以什么样的方式接触用户。与天猫、京东自建渠道不同，"拼多多"的渠道主要依靠微信拥有的近10亿流量。拼多多上线不久就因其"拼模式"和对社交流量的极致利用，受到了一直想找流量出口的腾讯科技的青睐。双方展开战略合作后，腾讯科技给予的支持包括微信入口接入、支付处理和云技术等。由于微信平台聚集了中国最大数量的三、四线城市用户和农村用户，而这部分用户与"拼多多"的目标消费客群高度重合，因而在"拼多多"快速成长过程中发挥着重要的作用。此外，"拼多多"还通过开关方便、体验流畅的微信小程序，使每个买家都成为流量的分发渠道，帮助"拼多多"实现"拼模式"的快速复制。除了利用微信端流量外，"拼多多"还利用营销推广工具"多多进宝"，鼓励推手去推广商品获取佣金，最终帮商家达到销售目的。同时，"拼多多"采取赞助热播的综艺节目，以极富感染力的广告语吸引新用户的关注，如"拼得多，省得多"等，从而在短期内实现了用户聚合和成交量的上涨。

在竞争对手方面。随着电商行业中高端客户争夺战的加剧，各大电商的单位获客成本呈现出持续增长态势，尤其是作为后起之秀的唯品会，其获客成本远高于淘宝和京东。与竞争对手持续走高的获客成本不同，"拼多多"凭借着微信引流及裂变式营销手段，利用微信朋友圈熟人关系带来的高销售转化率，成功获得低线城市目标用户，有些甚至是从未用过网购的微信用户，因此，其获客成本极低。资料显示，2017年四个季度"拼多多"的单位获客成本分别为1元、3元、7元、9元；2018年增加广告投入，致使获客成本大幅涨至102元，但仍远低于同期竞争对手淘宝（279元）和京东（337元）。

随着市场覆盖由早期的低端消费群体逐渐扩至中高端消费群体，"拼多多"具有了从非主流市场到主流市场的颠覆性创新特征。在电商行业，淘宝上市（首次）耗时5年，唯品会用了8年，京东更是十年磨一剑，而"拼多多"仅用3年时间便凭借2621亿元的GMV以及快速增长的营收业绩成功登陆美国纳斯达克，并成为继阿里巴巴和京东之后的中国第三大电商。至2020年6月底，"拼多多"年活跃用户数达到6.83亿，仅次于的淘宝商城的8.74亿年活跃用户数，成功跻身于中国第二大电商平台。"拼多多"以颠覆性创新占领非主流市场并逆袭主流市场只花了4年多时间。"拼多多"采用颠覆性创新的成功经验具有一定的代表性和典型性，值得后发企业学习和借鉴。

四、"拼多多"实施颠覆性创新的启发

在全球经济一体化发展背景下,如何应用颠覆性创新在竞争激烈的国际市场中成功开辟新市场并顺利转向甚至占领主流市场,是中国多数企业最为迫切的问题。在这一方面,"拼多多"的成长历程和追赶经验为中国后发企业提供了重要的启示。

(一)后发企业如何进行危机处理

以颠覆性创新技术实施市场破坏的后发企业,大多是以低价商品占领低端市场为切入点,往往遭受市场及用户对商品质量的质疑和批判,如若处置不当则极易被市场和用户舍弃。因此,直面各方质疑、公开信息,并采取公正的行为,妥善而正确地处置危机,是后发企业必须修炼的内功。作为后发企业,"拼多多"身上已被贴满"假货""山寨""低劣"的标签。2018年,"拼多多"更是饱受诟病,网上谣言不断;因销售涉黄商品被《法制日报》和央视《新闻直播间》曝光;"6·13"被罚款商家包围总部;被创维电视官方要求停售假货;被"童话大王"郑渊洁要求停售盗版图书;被上海市区两级工商和市场监管部门约谈,甚至被美国Rosen Law Firm等六家律师事务所发起集体诉讼。

为了应对社会负面舆情带来的危机,"拼多多"采取的措施包括:①及时与媒体沟通,通报事件经过。"6·13"事件后第5天,创始人黄峥召开媒体沟通会,通报了平台罚款的资金流向,并展示打假业绩:累计下架1070万件问题商品、拦截4000万条侵权链接、主动删除商品量是权利人投诉的125倍,以及设立1.5亿元消费者保障基金用于先行垫付等,并承诺针对此事件将进行深刻反思。②更新招股说明书。2018年7月17日,在递交美证交所说明中指出"拼多多"处于成长期,将致力于保证平台商品品质。③召开假货答疑现场会。7月31日,创始人黄峥在现场会公开回应:低价临期奶粉情况,平台上存在假货但比例不高、平台上山寨商品问题严重但山寨货确实有需求等情况,以及快速处理郑渊洁反映的图书售假事件和遭投诉事件等。④积极配合工商等行政部门工作,开展自查自纠,并积极采取打假措施,包括商品下架、增加保证金、先行赔付和限制商家货款提现等。通过上述举措,"拼多多"暂时度过了危机。

（二）后发企业如何借助资本的力量进行资源整合

后发企业进入的市场大多是竞争激烈的红海，其竞争对手的技术、产品及市场稳定，且经营多年，实力雄厚。尽管后发企业以颠覆性技术独辟蹊径，在竞争对手极易忽略的非主流市场切入获得初步成功，但是其强大的竞争对手回过神来则会对其展开毫不留情的围追堵截，以试图将其扼杀在襁褓当中。因此，后发企业在非主流市场中站稳脚跟后，应迅速扩大品牌影响，占领更大范围的市场，此时，雄厚的资本支持就成为其抵抗强大竞争对手和扩大市场的底牌。

"拼多多"的逆袭成功，表面上看是社交+电商的"拼模式"的成功，但背后是分布式人工智能技术的应用和大规模资金的支持，是"拼多多"核心资源的成功整合。分布式人工智能技术早在20世纪80年代就已产生，但出于对超强大脑的精算需求，以及分布式人工智能系统的复杂性，早期电商企业普遍采用集中式人工智能技术。"拼多多"整合了创始团队在微软和谷歌研发人工智能、电商代理和网络游戏方面的技术资源，以及以资本形式整合了腾讯、顺丰等战略资源。腾讯的微信和QQ成就了其"社交电商"的美誉，顺丰的物流部分解决了电商"最后一公里"的难题。所谓兵马未动粮草先行，网易丁磊、顺丰王卫、步步高段永平等人的天使资本，以及腾讯基金、高榕资本、IDG资本等的风险资金解决了"拼多多"的后顾之忧，使其得以在巨额亏损之下仍然有资金进行广告投放。

（三）后发企业如何做到从非主流市场转向主流市场

后发企业颠覆性创新的最终目的是实现主流市场的领先地位。相对主流市场而言，非主流市场是被少数人群接受和认可的市场，这也意味着仅仅占领非主流市场的利润相对较薄，尤其是低端的非主流市场。因此，进入主流市场且获得领先地位是企业获得利润的主要路径。后发企业以低端的非主流市场切入，在市场中已被打下低质低价的烙印，需要采取非常有力举措，如广告宣传、分级服务、新品牌打造以及借势（借助知名品牌力量）等方式赢得主流市场用户的认可，实现主流市场的渗透及占领。

"拼多多"作为后发企业，为了快速切入主流市场，采取的具体方式主要有：①加大平台品牌宣传力度，赞助高收视率娱乐节目和高端体育赛事；②平台设置品牌馆，引入知名企业，如小米、国美电器、网易严选等近500家知名品牌产品,借此提升平台商品供应品质;③培育供应链中的品牌供应商,启动"新品牌计划",将扶持1000家覆盖各行业的品牌工厂,以最低成本帮助供应商创造自有新品牌,摆脱假货山寨形象;④采取消费者分级服务项目,推出"海淘""定制"等服务为高收入人群服务。"拼多多"的这些举措,目的是在提升平台美誉度的基础上提高平台供应端的商品质量,增强为平台需求端中高端收入人群的服务能力,最终实现占领主流市场,实现颠覆性创新的最终成功。

(四)后发企业如何从"足够好"到"足够有意义"

颠覆性创新理论认为解决社会问题的企业创新活动,需要创新者从用户感知的维度来考虑产品和服务的创新价值,特别是在后发企业提供更加低成本的解决方案时要考虑用户的感受。在有意义的创新理论框架下,企业在寻求商业价值的创新过程中,不仅需要利用颠覆式技术为用户提供相比于既有方案更加简便和低成本的"足够好"的替代产品和服务,满足市场需要并创造企业利润,同时应以"足够有意义"的创新实践,有意识地识别和应对社会问题,促进社会变革和引领社会进步(陈劲和曲冠楠,2018),从而反哺国家战略和经济发展,提升企业在国家经济发展中的价值和意义。

起步时期的"拼多多",因为向农村为主体的低端市场提供低价商品被误认为是淘宝网的复制,步入发展期后才让市场意识到其与众不同之处。"拼多多"以"拼模式"为非主流市场用户提供"足够好"的产品,站稳脚跟之后,随即以数据赋能上游生产者实现批量定制化生产,带动了非主流市场的整个产业链的升级。关于"拼多多"的未来,创始人黄峥表示:"我们不会做淘宝、天猫模式,现在不做,以后也不会做"。黄峥指出"拼多多"下一步的计划是投入更多的资金去扶持更多的农产品原产地、培养更多的链接农户和互联网平台的新农人,从而让更多的商品交易链的路径被缩短。"拼多多"在以高效的服务为用户提供低成本的"足够好"的产品的过程中,以其创新的"扶贫助农"模式解决了部分农村的贫困问题,并以增加对上游的投入和对整个产业链赋能的方式,实现了品牌升级和供应链升级,改变了相关产业的发展格局,促进了中国农业及相关产业的变革与进步,使其创新行为变得"足够有意义"。

第三章

模仿性/原始性创新模式

第一节 模仿性/原始性创新模式概述

1867年，英国学者德克斯（Dircks）在《发明哲学》中提出了"原始发明"（original invention）的概念，指出一项技术发展的典型模式是：出现原始发明，然后经一系列改进和再设计。1999年，以色列学者戈尔登贝格（Goldenberg）和马佐斯基（Mazursky）提出了原始性创新（Original innovation，又被称为原创性创新、源头创新等）的概念。中国学者对原始性创新的研究始于1999年，研究内容涉及原始性创新的内涵、特征、影响因素、能力培育和政策建议等方面。

一、概念、内涵与分类

模仿性创新即通过模仿而进行的创新活动，一般通过获取（购买、破译等）率先创新者的核心技术，加以研究、改进，生产出性能、质量、价格等方面富有竞争力的产品，与率先创新者竞争获取经济效益，一般包括完全模仿创新、模仿后再创新两种模式。模仿性创新的优势在于可大量节约研究及市场培育方面的费用，降低投资风险，也回避了市场成长初期的不稳定性，降低了市场开发的风险。但是，模仿性创新往往难免在技术上受制于人，而且新技术也并不总是能够轻易模仿的了。

白春礼（1999）提出原始性创新是一种更加简单有效的方式，是基础研究之魂，其产生需要与之相适应的创新土壤。原始性创新是在研究开发方面，特别是在基础研究和高技术研究领域做出前人所没有的发现或发明，从而推出创新成果。它不是延长一个创新周期，而是开辟新的创新周期和掀起新的创新高潮。原始性创新孕育着科学技术质的变化和发展，促进了人类认识和生产力的飞跃，体现了一个民族的智慧及其对人类文明进步的贡献。原始性创新是研究者首次提出的、具有原始性和唯一性两个基本性质的研究思想和方法。其中，原始性是指创新的结果能开拓一个新的领域，并在深度和广度、时间和空间、宏观和微观等方面不断为科学带来新的发展；唯一性是指在此之前从未有第二人提出或实践过此研究思想和方法。原始性创新就是贡献出以前从未出现过、甚至连名称都没有的东西，原创性科学理论往往能引起科学技术领域一系列的重大发现、发明，可能导致科学观念的变革和科学方法论的飞跃，为今后的科学和技术的发展提供储备，也是培养和造就科技人才的摇篮，它代表着一个国家真正的科学技术实力。

原始性创新是通过研究开发做出前所未有的、具有突破性的、拥有自主知识产权的新发明和新技术，也是在遵循自然科学内在规律的基础上首次提出的基础或关键性技术发明及其应用，或提出新的解释或建立新理论，在基本概念、基本规律方面有所突破，是通过科学实验和理论研究探索事物的现象结构、运动及其相互作用规律，或者运用科学理论解决经济社会发展中关键的科学技术问题的过程。其目的是提高国家的核心竞争力，促进经济社会的可持续发展。原始性创新是最根本的创新，是最能体现智慧的创新，其成果一般在当时很难看出其应用价值，可能是通过理论研究取得重大理论突破或创建新理论，也可能是通过对实验事实敏锐的观察和独具创意的实验得到的重大发现。原始创新是创造出能提高、改进人类的生存质量，是促进社会发展进步的、前人没有的知识、技术或艺能的活动，是通过科学实验和理论研究探索事物的现象或者运用科学理论解决经济社会发展中关键的科学技术问题，是指企业依靠自身的努力和探索实现核心技术或核心概念的突破。

原始性创新的内涵应包括：①事物独创性的、原始性的品质或状态；②独立地以个性化的方式思考、表达、创造的能力；③科学认识论中的发现因素或唯一性。原始性创新的新是指第一次系统地提出以前所不存在或没有预见的基本概念、基础理论和技术方法，或首次做出重大发现，并且创新成果在世界范围内是突破性的，能够推动常规学科的变革，或开辟新的研究方向、研究领域，或开创新的学科。原始创新可以根据时间序列分为4个阶段，即原创孕育、原创激发、原创验证和原创扩散，使原创性知识在个体知识与群体知识、意会知识与明晰知识中流动。原始性创新是一种产生于组织内部，具有高难度、高资源消耗、高风险特性的活动，其实现步骤包括创新想法的产生、创新完整概念的形成、创新技术知识的学习、创新原型的完成，最终达到成功商业化的目的。企业原始技术创新则是指以企业为主导从事的能够形成新的创新浪潮的基础性、根本性的源头技术创新，既能开拓新的技术轨道，又能扩展科学认识的边界。原始技术创新的创新主体是创新者与企业组织的集成，是具有创新需求和创新能力，并借助于一定的中介变革创新客体的能动的活动者。

企业原始性创新是知识创新、制度创新、组织创新等方面的综合，必须围绕获得核心技术和独立知识产权而进行。企业原始创新模式一般可划分为搜寻型原始创新、合作型原始创新和独立型原始创新。企业合作型原始创新是指当企业仅凭自身内部资源和能力难以实现原始创新时，通过委托高校和科研机构，由企业主导与之合作共同完成原始创新的过程。这种创新模式对于处于社会主义初级阶段的我们具有一定的意义。

二、特征

原始性创新在世界范围内是突破性的，以此为起点，吸引一大批研究人员做扩展性或跟踪性研究，从而推动学科的变革，开辟新的研究方向、新的研究领域或开创新学科。原始性创新会引起一大批研究人员对该理论的完善和发展，也会带动一系列相关研究领域的发展，进而导致一批新技术的不断发明，带来重大技术革新和技术革命，开辟新的生产领域，因此，原始性创新具有很强的带动性。此外，原始性创新还具有如下特征：①原始性创新是一种不连续事件和小概率事件；②原始性创新在基本观念、研究思路、研究方法和研究方向上有根本的转变；③原始性创新往往在一段时间内与相关的创新群或知识生产进行"连锁反应"；④原始性创新效果通常不是短时段内能够准确估量的。原始性创新是长期积累的产物，具有很强的探索性和不确定性，原始性创新超出了现有的学术模式，成果往往具有超前性，很难用现有的学科知识来评价，其学术价值被承认存在的滞后性。苏屹等（2016）引入复杂系统理论作为理论基础，结合青蒿素研发的全过程，从初始条件、远离均衡态、偏差放大、分形4个方面对原始创新的产生过程进行了分析，得出原始性创新成果的产生并非传统认为的间断性、突发性过程，而是一个连续的渐变过程，即原始性创新成果的产生可以是微小变化引起的结果。而基础研究型原始创新是科学之本、技术之源，对经济社会发展起着支撑和前瞻引领作用，其创新思想具有独创性、非共识性和转化性，创新过程具有探索性、不确定性、长期性，创新结果具有首创性、超前性和承认的滞后性，并具有研究牵引性、高技术先导性和产业发展带动性的作用。原始性创新是科技创新的较高层次，是对基础研究领域中做出的全新的发明或创造，是科技创新的源泉，同时也是促进科技进步的重要力量。

三、影响因素

原始性创新是国家创新系统的核心，而国家创新系统则为原始性创新提供重要保障。原始性创新过程蕴含着明显的协同效应，原创性创新的协同效应主要体现在原创过程中的环境激励、创新文化、核心能力（即学术带头人的水平和团队协作）等方面。原始性创新通常会受内部因素和外部因素两个方面的影响，是在原始积累、核心人物、创新文化、激励机制、原创技巧、科研兴趣以及团队协作7个影响因素的综合作用下发生的。其中，内在因素有原始积累、核心人物、团队协作、原创技巧、科研兴趣；外在因素包括创新文化、激励机制（包括经费支持、合理的立项审查和成果评价体系、待遇等政策体系及相应制度等）。杨卓尔等通过对中国303家企业的调研数据分析，发现资源冗余和资源柔性对企业原始创新均具有直接促进作用，两者的交互作用对原始创新具有积极影响，原始创新能够有效促进企业竞争力的提升，企业战略独特性正向调节原始创新对企业竞争力的作用。陈劲和汪欢吉选取了清华大学、北京大学、复旦大学和中国科技大学的4个原始性创新案例，研究得出了原始性创新的重要影响因素有个人层面（海外背景与职位荣誉、浓厚的科研兴趣和长期的知识积累）、团队层面（坚持不懈的精神、创新方法、环境和跨学科团队合作）和制度层面（合理的激励机制）等。邢丽微和李卓键基于311家企业样本数据，研究了组织忘记对原始性创新的影响机制，认为组织忘记能够摆脱旧有规范的束缚，产生新的理念、新的方法和新的思路，因而对原始性创新具有直接正向影响，还通过组织柔性对原始性创新产生间接影响。从而，提出组织忘记—组织柔性—原始性创新是一条有效的原始性创新路径。企业如果不能凭自身完成原始性创新，可以寻求与外界合作，并实证检验了互惠性、知识共享与企业合作型原始创新三者之间的内在关系，表明互惠性与企业合作型原始创新之间呈正相关关系，知识共享在互惠性与企业合作型原始创新之间起到部分中介作用，能力柔性在知识共享与企业合作型原始创新之间起到显著的正向调节作用。同样，良好的成长环境有利于原创人才的创新人格、创造性思维和创新技法的形成，从而有效提高原始性创新的绩效。因而，政策制度环境也会正向调节创新人格、创造性思维和创新技法对原始性创新绩效的影响。

四、能力的评价与培育

企业原始创新能力是以企业为主体，整合企业内、外部各种创新资源，应用科学理论解决关键的技术创新问题，打破技术封锁与技术垄断，做出前人没有发现或发明的任务，获取自主知识产权和核心技术的原创性创新能力。有学者以原始性创新能力为基点，分别从诺贝尔奖获奖情况、科技论文发表、基础研究和开发的投入情况等几个方面，对目前我国基础研究的现状和存在的问题进行了实证性的分析和思考并作了总结，认为我国的基础研究缺乏重大原始创新成果，基础研究的国际竞争实力较弱。同时，有学者研究了产学研联盟对企业原始创新能力的影响，结果表明产学研战略联盟的成立在短期内对参与企业原始创新能力的提高具有正向作用，但是功效尚未充分发挥出来。因此，在成立产学研战略联盟后，各项合作活动的开展都应有相应效果的考察评价，组织者和成员单位都应对实施效果进行相应的反映、反馈。在衡量企业原始创新能力时，主要的测度方法是实地问卷调查，选取客观指标进行测度。测度企业原始创新能力的评价指标有科技支撑能力、科技投入能力、科技产出能力、环境保障能力等，投入能力、产出能力、核心能力、实施能力以及原始创新环境支撑5个维度，以及企业发明专利申请或授权数量。目前，我国的原始创新能力不容乐观，这主要表现为原始科技创新进步迟缓和对经济贡献不足。与发达国家相比，我国的原始性创新能力还相对薄弱，每年要流失大量外汇去引进许多产业领域核心的技术以及关键设备，使得我国在这些领域处于不利地位。因而，原始创新能力的大小会决定一个国家经济与社会发展的高度。要提升原始创新能力，应从机制体制上予以加强或创新，如深化国家科技体制改革、搭建原始创新交流的平台、完善高标准的能力评估体系及增强社会组织原始创新的软能力。相对于模仿性创新，原始创新在研发时间、投入资源、创新目的、创新参与者、风险来源和潜在收益等方面都具有较大的不同（表2-3-1）。

表2-3-1 模仿性创新与原始性创新的差异

比较项目	模仿性创新	原始性创新
研发时间	较短	较长
投入资源	较小	较大
技术基础	引进的技术	无基础
技术发展	很低的技术创造性和市场创造性（多用反求工程）	打破旧的技术模式，研发根本性的革命性的技术
创新能力	较强的模仿能力	较强的探索研发能力
管理模式	现有的管理模式，需要动态协调能力	可能是现有的也可能是新的管理系统
创新目的	生产出新产品，或降低已有产品成本	探索新技术，研发新产品
市场或用户	现有的主流市场或用户	新开的市场，高端客户
创新参与者	企业正式研发团队	正式或非正式的团队或个人
成功确定性	有确定的程序，不确定性小，风险小	难以预测，成功不确定性大，风险大
风险来源	陷入落后—引进—模仿—落后的循环	研发失败的风险
商业计划	有目的地进行技术模仿	有组织的研发活动
环境及规模	技术、经济环境较弱，尤其缺乏人才等	科学技术能力发达，技术、经济环境良好
潜在收益	较小，遵循已有的规则，具有短期利益	较大，能制定规则，具有长远利益

五、存在的问题及建议

对已有原始性创新进行研究分析，我国原始性创新主要有以下几方面存在问题：①原始性创新概念定义仍然有较大的差异；②基础研究的原始性创新与企业的原始性创新存在较大的差别；③原始性创新实证研究仍然缺乏。同时，原始创新缺乏监督与规范机制，存在分配制度不均、科研机构行政化、科研人员浮躁并缺乏批判精神等问题。我国的基础科学水平与科技发达国家的差距，实质是基础研究创新能力的差距，具体表现为跟踪性创新、积累性创新多，原始性创新少，需要重视和增强原始性创新能力，克服不利因素，坚持有所为、有所不为的发展方向，努力营造和培育创新思想产生的环境和土壤。因此，要提高基础研究的原始性创新，需要遵循科学研究规律，改善科研评价体系，给予研究人员自由探索的环境，并培养和发现一流的研究人才。我国企业技术创新战略应从以技术引进、模仿创新为主的技术发展向以原始技术创新为主的技术发展转变，关键是建设由原始技术创新的策划人才、创新源选择人才、创新研发人才、创新产业化人才与创新支持人才组成的企业原始技术创新团队。原始性创新成功与否是决定企业自主创新战略成败的关键，通过原始性创新发明新产品或新技术并进行商业化，是提高我国企业核心竞争力的根本性途径。在中国经济逐步迈进"发展新常态"背景下，原始性创新成为企业可持续发展的关键。企业若想展开原始性创新活动，关键是构建"忘记型组织"，打破旧惯例、旧观念的束缚，使企业更加适应外界环境与市场的变化。

第二节　原始性创新模式应用案例

2015年10月，屠呦呦因发现对抗疟疾的青蒿素，获得了2015年度诺贝尔生理学或医学奖。该奖项是中国医学界迄今为止获得的最高奖项，也是中医药成果获得的最高奖项。屠呦呦也成为中国首位获得科学类诺贝尔奖的中国本土科学家。青蒿素是治疗疟疾耐药性效果最好的药物，以青蒿素类药物为主的联合疗法是当下治疗疟疾最有效、最重要手段。青蒿素的衍生药复方蒿甲醚是第一个由中国发现的全新化学结构的药品，也是目前在国际上获得广泛认可的中国原创药品，是目前为止唯一被世界广泛承认并在世界广泛销售的中国专利药品。以青蒿素的发明为案例来阐述原始性创新具有典型性和代表性。

一、青蒿素发明的历史背景

青蒿是一种菊科植物，生于低海拔、湿润的河岸边砂地、山谷、林缘或路旁。青蒿在中国是一种常见的植物，在农村房前屋后，都长有青蒿。农村有的小孩流鼻血，大人就抓一把青蒿叶揉一揉，塞在鼻子里止血；也有的农户把青蒿叶晒干，点燃了当蚊香使用。全球高含量青蒿素的富集区在中国的重庆酉阳，这里的青蒿平均青蒿素含量高达8‰。该地区也成为世界上最主要的青蒿生产基地，被称为"世界青蒿之乡"，全球80%的青蒿原料都出自该地。

对青蒿的研究源于对治疗疟疾的药物研究。疟疾在民间又被称为"打摆子"，在我国有数百年的病史，主要表现为全身发冷、发热、多汗，周期性规律发作，长期多次发作后，可引起贫血和脾肿大。感染者经蚊虫叮咬或输入带疟原虫者的血液而感染疟原虫，疟原虫进入人体后寄生于肝脏和红细胞内，并以血红蛋白为养料生长发育，当疟原虫把红细胞胀破时，人体就会出现先冷后热的病理现象。如果没有适当的药物治疗，病毒又会进入新一轮的繁殖周期，并再次引起病人的寒热发作。19世纪，法国化学家从金鸡纳树皮中分离出抗疟疾成分奎宁。随后，科学家又找到了奎宁替代物——氯喹。奎宁、氯喹也成为治疗疟疾的主要药物。不过，由于奎宁对人体的肝功能损伤较大，氯喹一度成为抗疟疾的特效药。随着抗疟疾药物的广泛使用，疟原虫对大多数抗疟疾药物都产生了抵抗力。其中，恶性疟作为最严重的疟疾，对氯喹也产生了抗药性，导致当时治疗恶性疟的药都不起作用。

20世纪60年代，疟疾再次肆虐东南亚，几乎蔓延到无法控制的局面。也就是在这一时期，美国发动了越南战争。随着战事升级，美越双方人员中感染疟疾的人数不断攀升。当时侵越美军的疟疾年发病率高达50%，1967—1970年的4年中，感染疟疾的侵越美军人数达80万人。为此，美国不惜投入大量财力、人力，筛选出20多万种化合物，也未找到理想的抗疟疾药。

1967年，正值中国"文化大革命"期间，几乎所有的科研工作都未能正常开展。受越南政府的求助及解决社会主义阵营困难，毛主席和周总理下令由国家科委（今科技部）与总后勤部牵头，组建疟疾防治研究领导小组，启动研究防治疟疾新药项目"523"项目，目的是要集中全国科技力量研发抗疟疾新药。1969年，屠呦呦以中国中医研究院科研组组长的身份加入"523"项目。1969—1971年是中国疟疾高发年，其中1971年就有4000多万人感染了疟疾。在1972—1975年，中国江苏、安徽、湖北等地暴发了大规模疟疾疫情，广东和云南等地疟疾疫情防治的形势也比较严峻。屠呦呦与同事一起查阅了大量药方，找到了东晋葛洪的《肘后备急方》中记载的抗疟疾草药青蒿及方法："青蒿一握，以水二升渍，绞取汁，尽服之"。随后，她们发现青蒿提取物对鼠疟原虫有60%～80%的抑制率。1971年下半年，经改良提取方法后，对鼠疟疾和猴疟疾的抑制率均达到100%。1972年，科研团队成员成功提取出了分子式为$C_{15}H_{22}O_5$的无色结晶体，将之命名为青蒿素。

二、青蒿素联合疗法和青蒿素衍生药品

青蒿素为无色针状结晶，是一种有机化合物，分子式为$C_{15}H_{22}O_5$，相对分子质量为282.34，熔点为156～157 ℃，几乎不溶于水，但易溶于氯仿、丙酮、乙酸乙酯和苯，可溶于乙醇、乙醚，微溶于冷石油醚。青蒿素是中国研制的第一个植物化学药品，标志着我国新药研发取得历史性突破。治疗疟疾快速、高效、抗药性小的青蒿素，被国际誉为抗疟药研究史上的里程碑。在抗疟市场上，普遍应用青蒿素联合疗法，青蒿素的衍生物主要包括蒿甲醚、青蒿琥酯和双氢青蒿素。

（一）青蒿素联合疗法

青蒿素高效的杀虫期只有限的4～8小时，但却是治疗疟疾耐药性效果最好的药物。自被发现以来，青蒿素衍生物一直作为最有效、无并发症的疟疾联合用药。以青蒿素类药物为主的抗疟疾疗法，是当时治疗疟疾最有效、最重要的手段，也是世界卫生组织（以下简称WHO）大力推广的青蒿素联合疗法。青蒿素在人体内半衰期（药物在生物体内浓度下降一半所需时间）很短，仅1～2小时，而临床推荐采用的青蒿素联合疗法疗程为3天，较传统氯喹疗法减少了4天。

随着在柬埔寨等东南亚国家在疟疾感染者中采用青蒿素联合疗法的

增多，疟原虫清除速度出现缓慢迹象，并产生对青蒿素的抗药性。部分有耐药的原虫会利用青蒿素半衰期短的特性，改变生活周期或暂时进入休眠状态，以规避敏感杀虫期。同时，疟原虫对青蒿素联合疗法中的辅助药物"抗疟疾配方药"也会产生明显的抗药性，使青蒿素联合疗法"失效"。为此，屠呦呦率领团队继续深入，终在"抗疟疾机理研究""抗药性成因""调整治疗手段"等方面获得新突破，提出了新的治疗应对方案：一是适当延长用药时间，由3天疗法增至5天或7天疗法；二是更换青蒿素联合疗法中已产生抗药性的辅助药物，经新疗法治疗后的疗效显著。

近年来，使用青蒿素为基础的联合疗法的范围越来越大。截至2016年底，已经把青蒿素为基础的联合疗法作为一线治疗方法的国家达到80个。

（二）青蒿素的衍生物

青蒿素的衍生物主要包括蒿甲醚（复方蒿甲醚）、青蒿琥酯和双氢青蒿素。由于长年单独使用氯喹作为基本药物，导致疟原虫产生了抗药性。为了避免可能引起对青蒿素的耐药性，市场上运用的青蒿素制剂均是复方制剂。蒿甲醚和本芴醇是我国科研工作者开发出来的抗疟疾药物，它们构成的复方药剂是抗疟疾药物的又一个重大突破。复方蒿甲醚是第一个由中国发现的全新化学结构的药品，也是目前在国际上获得广泛认可的中国原创药品，主要用于抗氯喹恶性疟及凶险型疟疾的治疗，抗疟疾作用为青蒿素的10~20倍。复方蒿甲醚在人体内代谢和排泄的主要部位是肝、肾，其在体内转运迅速，排泄快，静注后24小时或72小时后大部分药物被代谢，尿中几乎找不到原形药物，毒性小。自1991年开始，中外双方相继在63个国家、地区和相关国际专利组织申报复方蒿甲醚专利。至2002年，已获得包括中国、美国、日本等49个国家和地区的复方药物发明专利权，成为我国率先在国际上获得专利的化学药品，也是世界复方类药物中拥有发明专利保护国别最多、专利覆盖面最大的药物之一。

双氢青蒿素是青蒿素的第一代衍生物，对疟原虫红内期有强大且快速的杀灭作用，能迅速控制临床发作及症状。双氢青蒿素能够干扰疟原虫的表膜、线粒体功能，通过影响疟原虫红内期的超微结构，使其内膜系的结构发生变化，阻断疟原虫的营养摄取，当疟原虫损失大量胞质和营养物质而又得不到补充时，很快就会死亡。双氢青蒿素具有的独特的含过氧基团的倍半萜内酯结构，对抗氯喹和哌喹的恶性疟同样具有疗效，其抗疟药效高于青蒿素10倍，是高效、速效、低毒的抗疟药。

在双氢青蒿素对新适应症的探索研究中，经北京大学第三附属医院、北京大学医学部和中国药品食品检定研究院进行的药理毒理学实验，初步确证了其在治疗红斑狼疮中的有效性和安全性，获得中国发明专利授权。2004年，"双氢青蒿素片治疗红斑狼疮"获得药物临床研究批件（批件号：2004L0208），后按现行药品审评规定，补充完善了药学研究及部分药理毒理临床前研究内容，2016年重新获得药物临床试验批件（批件号：2016L02562）。

近年来，随着研究的深入，青蒿素的其他作用也越来越多地被发现和应用研究，如抗肿瘤、治疗肺动脉高压、抗糖尿病等多种药理作用。此外，除了以青蒿素为代表的中医药研究取得了突破，此次抗疟疾药物的研发还发现或发明了数十种驱蚊灭蚊药物和方法。疟疾预防药物成功研发并得到应用，恶性疟疾的临床救治方法的确立并完善，疟疾免疫的病理、药理研究，乃至系统科学的疟疾防治方法，都可以说出自"523任务"之功。

三、原始性创新视角下中国青蒿素被发现的原因分析

原始性创新是科学之本、技术之源，具有研究牵引性、高技术先导性和产业发展带动性的作用，其创新思想具有独创性和转化性，创新过程具有探索性、不确定性和长期性。同时，原始性创新有很强的首创性、超前性和被承认的滞后性，其学术价值很难用现有的学科知识来评价。影响原始性创新的因素有政策及制度体系支持、时间和空间跨度大、跨领域的广泛协作、核心人物等。

（一）政策及制度体系支持

青蒿素的发明是中国政府主导的科技攻关的成果，是应对国际、国内疟疾疫情形势严峻下的产物。1967年5月23日，"全国疟疾防治研究协作会议"在北京召开，紧急启动"523"项目并制定了3年的科研规划。当时处于"文化大革命"期间，国内几乎所有的科研活动都未正常开展，但基于军事背景和外交的特殊性，"523"项目作为一个援外备战的军事科研任务，快速组织起来并深入云南、四川等省份展开科研行动。整个科研涉

及了北京、云南、四川等7个省市，中医研究所、中药研究所、中科院上海药物研究所和上海有机化学研究所等全国60多家科研单位的500多名科研人员。可以说，青蒿素及相关药品的科研成功受到当时从上到下的全力支持，是举国体制支持下集中力量对世界难题的攻克。

（二）时间和空间跨度大

抗疟疾青蒿素的研发从1967年组团攻关到2015年团队核心成员屠呦呦被诺贝尔奖认可，时间上跨越了近50年，在地域上从山东横跨四川，从北京到云南、海南，甚至到越南战场及柬埔寨边境。青蒿素的临床试验主要集中在广东、云南两省，云南几乎参与了整个青蒿素及相关药物的二期、三期临床研究。时间之久、区域之广、人数之众令人瞩目。1967年开始组队研发抗疟疾新药。1972年从青蒿里提炼出有效抗疟疾提取物"青蒿素Ⅱ"。1973年从青蒿中分离出抗疟疾有效成分青蒿素。1977年成功研制出青蒿素的第一个衍生物蒿甲醚；1978年测定出不含氮的青蒿素的结构，突破了60多年来西方学者对"抗疟疾化学结构不含氮（原子）就无效"的医学观念，并在《科学通报》上发表了论文，公开了青蒿素的化学结构。1978—1980年的近3年时间里，蒿甲醚在国内疟疾流行区进行临床试验，共治疗疟疾病人1088例，其中致命的恶性疟疾829例，治愈率达100%。1990年，解放军军事医学科学院研究院周义清科研小组完成了蒿甲醚和本芴醇复方抗疟疾新药的研发；1999年，诺华成为全球第一家推出固定剂量复方蒿甲醚的制药公司；2001年，WHO建议在疟原虫对传统抗疟药物产生抗药性的国家使用青蒿素复方制剂；2002年，复方蒿甲醚被列入WHO基本药物清单。不难看出，获得抗疟疾青蒿素原始性创新的成功需要投入大量的时间及人力成本。

（三）跨领域的广泛协作

青蒿素源于中药，但属于化学药。青蒿素及衍生药的研发成功是西医学、中医学、有机化学等跨领域学科紧密合作的成果。在青蒿素的研发过程中，研究人员用现代的研究方法对数千份植物提取物通过动物筛选，再从中分离、鉴定其中抗疟疾有效成分，找到近十种抗疟有效单体，将它们的抗疟疾活性、毒性、化合物稳定性和资源情况进行综合比较，最后得出明确的分子式。即青蒿素是遵循了现代药理学和化学的方法，经历了严格的提纯—再试验—测定化学结构—分析毒性药效—动物试验—临床试验—提取工艺优化—生产工艺制药流程，且在青蒿素类抗疟药的临床试验中也全部使用了双盲法后得到的纯化学药。

青蒿素是经历过无数次试错后的结果。"523"项目中最先取得成果的是西医方向上的化学合成药协作组，很快研制出了防疟疾1号片、2号片、3号片，预防效果可长达1个月。而在中医治疗方面，却屡受挫折。中医治病方法被人们形象地称为"一根银针一把草"。"银针"指针灸，"草"即草药。"523"项目团队中的中医研究院（现中国中医科学院）针灸小组深入疟疾高发地区，试图以针灸方法治疗疟疾。组长甚至以身染疟疾来验证针灸方法的可行性。针灸方法失败后，项目引入中药所。屠呦呦以中药所课题组长身份加入"523"，课题组成员在4万多种药及处方，以及含胡椒、鹰爪、青蒿等上万种药材中筛选，而青蒿在复筛时，因为效果不行也数次被舍弃。

直到屠呦呦改进青蒿提取方法再次试验，到第191次时获得的中性提取物在鼠疟疾、猴疟疾模型试验中达到了100%的抑制率。随后，屠呦呦亲自试药证明其无毒才逐步展开临床试验。项目组进行分子测试后，发现青蒿提取物晶体是一种由15个碳原子、22个氢原子和5个氧原子组成的化合物，在有机化学中属于倍半萜类化合物，从而揭开了青蒿素的面纱。随后，中科院上海药物研究所成功研制出了青蒿素的第一个衍生物——蒿甲醚，解放军军事医学科学院研究院完成了蒿甲醚和本芴醇复方抗疟疾新药的研发。

应该说，青蒿素的研究涉及药材筛选、有效成分提炼、临床试验、结晶获取、结构分析、人工合成直至新药研发等过程，它的发现犹如众多来自不同领域的科研人员环环相扣的接力赛，每一棒都功不可没。

（四）核心人物的引领

原始性创新因创新过程的长期性和不确定性，往往需要在创新中有核心人物的引领及坚持。青蒿素的发现及青蒿素衍生药的发明成功是举国体制下的集体研发人员付出的成果。正如领奖台上的屠呦呦所说："它属于科研团队中的每一个人，属于中国科学家群体"。但这个成功更离不开核心人物屠呦呦。她以中西医的学识背景、耐心和细致的科研态度、持续研发不放弃的科研精神，为青蒿素的发现和青蒿素联合疗法的发明做出了巨大的贡献。

屠呦呦出生于浙江省宁波市。其父摘引《诗经》"呦呦鹿鸣，食野之蒿"，为她取名呦呦，意为鹿鸣之声。屠呦呦自北大药学系毕业后，脱产学习了两年半的中医医药系统，具有深厚的中西医理论基础。在屠呦呦的带动下，研发人员从中医药医学本草、地方药志等开始系统整理古方，从4万多种中药材中挑选了重要的十几种进行试验。即使是中途陷入困境，她仍然能够乐观坚定地引领大家从品种、药用部位、采收季节、提取等方面寻找突破，特别是在青蒿素的提取方法上作了改进，终于提取到了191号中性提取物，成功把研究带上了正途。

为了尽早得知临床毒理结果，在疟疾多发之前赶制药物，屠呦呦不惜以身试药来证明提取药物的安全性。随着青蒿素及其衍生药被研制成功，并被作为最有效、无并发症的疟疾联合用药治疗疟疾。在疟原虫对青蒿素产生了抗药性并使青蒿素联合疗法效力受到影响后，屠呦呦再次率领团队在"抗疟机理研究""抗药性成因""调整治疗手段"等方面展开研究，并提出了延长用药时间、更换辅助药物等应对方案。

作为发现青蒿素及在青蒿素衍生药物研发中做出了贡献的核心人物，屠呦呦还在继续探索。在对双氢青蒿素的深入研究中，屠呦呦团队发现双氢青蒿素对红斑狼疮具有独特效果。同时，在青蒿素的其他生物活性研究方面，也已从抗疟疾扩大到抗血吸虫病及其他寄生虫病、抗肿瘤、免疫抑制等多个领域。

四、青蒿素系列药品研制成功的启示

（一）需要对原始性创新中的专利及时保护

原始性创新具有高经济效益的特点，但如果不对创新成果进行专利保护，则前期创新的成果难以得到有效保护，也难以在经济上获得应得的回报。青蒿素在1978年研制成功，并很快在中国科学院院报《科学通报》上发表了论文，公开了青蒿素化学结构。随后，参与"523"项目的国内科研机构的论文也开始一篇篇发表。但中国的科学家们对知识产权的概念还基本处于"集体无意识"的阶段，国家更没有健全的知识产权保护制度，对青蒿素这样重大的发明竟没有人想到注册专利。这种没有知识产权保护的成果公开后，让中国发明的青蒿素成了外国制药企业的"免费午餐"。国外机构在中国青蒿素研究的基础上进行了新的开发，如瑞士罗氏药厂对青蒿素进行了人工合成、美国华尔特里德研究院分离出青蒿素并测定了理化常数等。同时，在国际医药市场上，青蒿素类药物已经开始作为抗疟疾特效药大行其道。直到中国蒿甲醚—本芴醇复方研发成功，才于1990年申报中国专利保护，1991年申报国际专利保护。

（二）需要配套产业发展的完善与发展

原始性创新的成果具有产业带动性等特点，但如果没有相关产业的完善和发展，也难以发挥出其产业带动性的优势以及带来的相应的经济价值。1978—1980年，青蒿素被应用于临床试验，并在治疗疟疾中取得了成功。青蒿素治疗疟疾的科研成果，很快引起了WHO和国外机构的注意。1980年，鉴于多种抗药性恶性疟原虫株蔓延带来的世界性严重威胁，WHO提出帮助中国进一步发展这类新药。1982年，中国与WHO达成初步合作协议：中方为了提供药物给国外临床试用和国际注册，计划在两年内完成三个青蒿素类制剂，包括质控标准、毒理实验，以及总共三期临床等6项课题研究。

因为中国两家生产青蒿素的制药厂在生产上缺乏严格的管理制度，特别是制剂车间的无菌消毒和测试方法还缺乏科学依据；在厂房设计与设备维护方面也不合理，未能达到GMP的认证标准，所以中国企业在很长时间都没有在WHO采购青蒿类产品的名单内。中国虽然发明并生产出了青蒿素系列药产品，但因为生产条件未达到国际GMP标准等原因，中国产的青蒿素类抗疟药物难以走出国门。中国药厂只得与国外企业合作，利用国外设备生产青蒿素药剂，以及尽快完成国际药物注册。在蒿甲醚—本芴醇复方药研制出来后，与诺华公司签订了为期20年的专利许可协议，蒿甲醚—本芴醇复方产品冠上瑞士诺华的商品名，于2002年被载入WHO基本药物目录，成为中国药品中以国际水平的研究成果走向世界的一个先例。但即便如此，中国也只是作为青蒿素的原料药供应国，甚至还受到了印度在原料上的低价竞争，从青蒿原料生产到加工、青蒿素提炼、青蒿素衍生药生产及销售等产业却并未发展起来，不能不说是我国的一大损失。

（三）基础性研发的政府主导性

青蒿素和双氢青蒿素的成功研制，不但为我国消灭疟疾做出了巨大贡献，也使世界抗疟疾事业翻开了崭新的一页。青蒿素的科研攻关是在政府主导下的集中资源展开的，彰显了政府在基础性研究中的主导作用。"523"项目的成果汇编摞在一起能有几尺厚，其中具备国内外先进水平的科研成果总共有89项。"523"项目的成功既是科研人员努力奋斗的成果，也是国家高度重视和大力支持的结果。在研制任务久未见效时，时任总理的周恩来同志亲自电报指示与勉励，并将"523"项目的领导关系提升为由"三部一院"（化工部、卫生部、总后卫生部和科学院）领导。中国抗疟疾药青蒿素的研制成功依赖的是"大科学计划、大协作"模式，这种模式的优势是可以在短时间内汇聚不同领域的专家，既按专长分工又能快速协作，相关的信息资源及创新成果集体可以共享。

青蒿素及相关衍生药是中国首次发现的全新化学结构的原创药品，体现了中国原始性创新在生物医药领域的成功，但与发达国家相比，我国的原始性创新能力还相对薄弱，政府有必要制定相应的激励政策和制度，以营造自由探索和鼓励原始性创新行为的文化氛围，提高原始性创新能力，提升原创实践的成功概率。

第四章

封闭式/开放式创新模式

第一节 封闭式/开放式创新模式概述

2003年，切萨布鲁夫（Chesbrough）明确指出20世纪80年代流行的封闭式创新模式（Close Innovation model）已不能适应全球经济一体化发展的新需求，进而提出开放式创新模式（Open Innovation model）。开放式创新模式的研究主要包括概念及特点、过程与分类、优势与劣势、创新开放度研究，以及对创新绩效的影响以及开放式创新模式的应用研究等方面。

一、概念及特点

美国的第一代创新模式被称为是封闭式创新模式。在封闭式创新模式下，技术创新只能由企业自己去发现新的产品和服务，从而保证技术保密和独享，进而在技术上保持领先地位。因此，创新被严格限制在组织内部，企业必须自己研发技术并生产、销售产品。封闭式创新模式下，内部研发是企业的战略性资产，通过雇用大量的最具创造性和最优秀的科技人才，给予优厚的待遇和完备的研发设施，投入巨额研发经费，来进行大量的基础和应用研究；科技人员产生许多突破性的思想和研究成果后，也是由企业内部独立开发这些研究成果，进行设计、制造新产品，并通过自己的营销渠道进入市场，使之商业化，获得巨额利润。随着经济的发展和合作的频繁，创新资源广泛分布于组织边界的内部及外部，企业应该更为广泛地搜寻有利于企业的创意资源，并有意识地进行内、外部创新资源的整合，快速将自身的创新成果进行商业化应用，即实施开放式创新模式。开放式创新理论的研究者认为在开放的环境下，企业的边界是开放的，技术创意及资源可以从边界进行渗透，并把研发视为一个向外界开放的系统，第一次将企业外部技术源的重要性提高到与企业内部技术源同等的高度，认为有价值的知识随着专业技术人才的流动而广泛分布，使得即便是最具有创新能力的研发组织也必须重视识别、获取和利用外部知识。企业采用开放式创新模式，可以从外部如高校、科研机构、新兴科技公司以及用户那里通过购买、合作研发、并购等方式获得技术及创意资源，同时可以采取技术许可等方式将企业的技术应用于外部新市场，从而充分提高创新绩效（图2-4-1）。

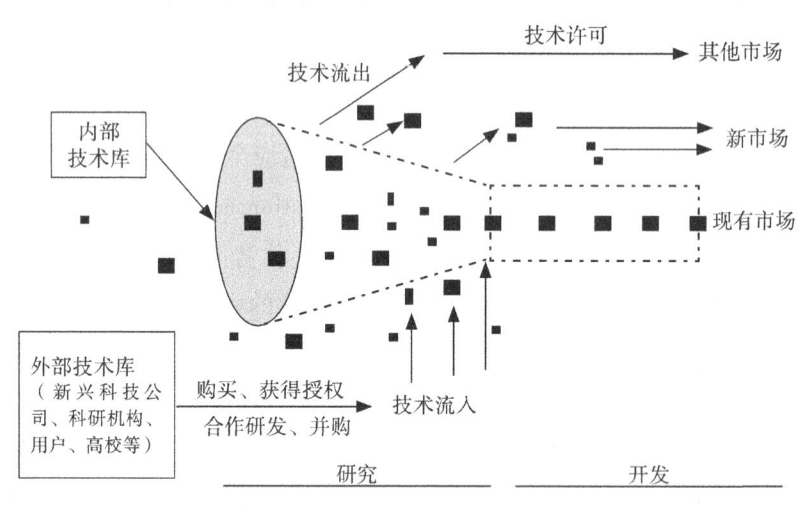

图2-4-1 开放式创新模式机理

封闭式创新模式强调线性推进，说明了一定时期和条件下的创新过程。开放式创新模式特征主要表现为企业边界是模糊的。企业内部的创新思想可能来源于企业内部的研发部门或其他部门，但也可能来源于企业外部。企业内部的创新思想可能在研究或发展的任何阶段通过知识流动、人员流动扩散到企业外部，有些不一定适用于企业当前经营业务的研究项目却可能会在新的市场发现其巨大的价值，通过外部途径使之商业化。比较封闭式创新和开放式创新的特征，发现企业开展开放式创新的动机主要在于获取外部的创新资源，企业与终端用户和伙伴资源之间的协作关系的好坏较大程度上影响企业开放创新的绩效，因而企业需要考虑业务流程中的开放程度，在此基础上，还要着重研究技术开放创新协作模式和伙伴资源动态优化机制，包含：①技术开放创新过程中的外部资源分类；②促进合格资源流入和不合格资源流出的优化措施。

与将技术紧紧地控制在企业内部的封闭式创新不同，开放式创新模式实现的核心在于拥有一个将内部创新与外部创新相联结的商业模式，有效地把技术决策和经济产出联系起来。即在开放式创新模式下，企业更加强调外部知识资源对于创新过程的重要性，并要求从内部和外部两个渠道加快企业技术研发和商业化速度。开放式创新引导的是一种新理念，即在技术、产品研究的各个阶段，企业应积极寻求内部、外部创新资源，组合成一个利用各方力量的、各施所长的创新模式，实现在最少的资源投入下最大化创新产出。开放式创新的本质是一种开放的创新网络组织，基本内涵是企业通过与利益相关主体之间主动的知识公开与交换，整合内部、外部创新能力和资源进行创新的过程。从对外部创新资源获取的视角，将开放式创新划分为获取、整合、转化、互动四个阶段。

二、过程与分类

有许多学者对开放式创新的过程与分类展开了研究。如切萨布鲁夫等（2009）认为开放式创新是有目的地利用知识的流入与流出，以促进企业内部技术创新、扩大市场范围，从而将开放式创新视为企业通过创新过程系统地进行内部、外部的知识开发、知识保持和知识利用等活动。切萨布鲁夫等（Chesbrough，2006）将开放式创新分为内向式和外向式两种，其中内向式开放创新是指企业将外部的创意、技术整合到企业中来进行创新；外向式开放创新是指企业将内部的创意、技术转移到外部，进行商业化应用的过程。

在内向型和外向型开放式创新过程中，企业采取何种组织模式才能有效利用内部和外部的知识或技术是企业成功实施的关键所在。内向式开放创新企业在市场分析、产品分析和技术分析三个阶段，可分别采用非股权战略联盟、购买技术服务和购买技术授权的组织模式来实现；外向型开放式创新企业在技术分析、产品分析和市场分析三个阶段，可分别采用非股权战略联盟、提供技术服务和提供技术授权的组织模式来实现。借助技术路线图帮助企业在内部技术开发和外部技术开发之间进行决策，寻找到创新战略的最佳均衡点。研究人员发现，创新主体对创新模式的选择受公平偏好特征的影响目前，有4种不同的公平偏好类型，即狭义的自利性偏好、竞争性偏好、差异厌恶性偏好和社会福利偏好。当创新主体具有狭义的自利性偏好时，封闭式创新和内向式开放创新被选择的比例相当，并且高于外向式开放创新被选择的比例；当创新主体具有竞争性偏好时，封闭式创新被选择的比例又明显高于内向式开放创新；当创新主体具有差异厌恶性偏好时，外向式开放创新被选择的比例会明显降低；当创新主体具有社会福利偏好时，内向式和外向式开放创新被选择的比例又会显著增加。

三、开放式创新模式的优势与劣势

开放式创新战略是一种通过整合外部知识和内部能力保持竞争优势的创新战略。随着知识密集领域的竞争加剧，知识产生过程的科学技术和智力能力的结合通常会超越单个公司而产生研究上的突破，大量的企业转向与外部组织的合作，以获取新的创意和新知识。

开放式创新模式的优势有：

（1）满足企业对互补性资产或新知识的需要。从资源基础理论来看，单一的企业不可能拥有全部创新所需的专业广度，不能够快速且低成本地把先进的产品带到市场。因而，获取企业所需的互补性资产或互补性知识是企业与外部合作的主要驱动力。如果所需的互补资产是必需的但不是专有的或特别的，企业就能够通过外部的合作伙伴来获得。对于大企业而言，除了获取互补资源或知识外，还可能通过合作获取或掌握新的知识和工艺。

（2）满足企业分摊高额的研发成本和风险的需求。开放式创新下的合作，使双方整合资源实现优势互补资源共享，既能分摊创新成本又能降低创新中的不确定性风险。施密特（2005）通过分析加拿大的创新调查数据发现，企业采取创新合作能够获得外部知识的流入、实现创新成本的分担、快速的商业化转化，并且能够实现产品规模经济给企业带来高的效益。

（3）达到缩短创新时间快速占领技术市场的目标。创新时间往往是企业技术创新成功的关键因素，领先一步企业往往能获得技术垄断权进而占领市场。因此，研发企业必须在竞争对手之前抓住技术机会，并在技术机会窗口关闭前获得技术上的突破。出于时间因素的考虑,企业选择与外部组织合作以获取所需的技术资源或知识,从而快速实现技术的创新成功。通过开放式创新,企业与外部的合作能缩短技术的开发周期,从而减少企业在一项根本性创新的开发时间,使得更多的根本性创新产品能获得更好的发展。自从有了互联网,所有行业的战略周期、产品周期、技术周期都在急速地缩短,企业需要快速套现的能力和快速反应的能力,而合作可以依靠技术及资源优势互补,缩短创新时间,因此时间成本是企业与外部合作的重要考量之一。

开放式创新模式的劣势包括:

(1)获取成本及交易成本的增加影响创新绩效。企业从外部获取资源,节约的是部分研发成本,但付出的是技术的获得成本。据交易成本理论,企业在与外部不同组织的合作创新中,为了维持与外部组织间的良好合作关系,企业不得不在合作模式、合作契约制定以及违约诉讼等方面投入大量的人力及财力,从而给企业增加大量的搜索、议价及协调成本。

(2)企业的资源及注意力分散导致创新效率下降。基于企业注意力理论认为管理者的注意力是组织内部的稀缺资源,是企业适应外部环境的变化及引进新产品和新工艺的关键因素。为保持与外部资源的深度交互,企业不得不构建一种易于双方理解、分享的合作模式,这需要企业投入大量的内部资源及注意力,如果企业太依赖于外部组织(即开放深度过度),则企业会因不得不支付高昂的成本而影响创新绩效。

(3)采用开放式创新模式的企业,在与外部的合作中,不可避免的大量的实验研究等会加速知识的转移,合作中的知识分享也难免会超过合作范围导致自身的专有性技术不能很好地得到保护,给企业带来核心技术的泄露风险。当企业与过多的外部创新主体进行合作时,可能面临自己创造的技术知识或创意被复制被侵占的风险。

(4)依靠从外部获取技术信息及资源,企业在短期内可以弥补自身技术的短缺问题,但长期而言,企业如没有实现技术的二次创新或未能拥有自己的核心技术,则易对外部技术源养成依赖。在开放深度达到较高的程度时,企业在关键技术上易受到合作伙伴的控制,失去议价能力,影响企业绩效,甚至丧失自身研发技术的动力,以及失去技术赶超的机会,容易陷入"落后—引进—再落后—再引进"的恶性循环，给企业带来长期的发展隐患。

四、创新开放度的研究

开放式创新模式研究的重点是创新开放度。作为衡量企业技术创新时对外部开放的指标，创新开放度是用来描述企业向外部搜寻资源的程度。随后，开放度的内涵逐步演变成为企业对外获取及利用资源的程度、对外部资源的依存程度、和外部伙伴合作完成研发项目多寡的程度、对外部创新参与者的依赖程度及对外部组织的接纳程度等多种不同界定。技术创新开放度作为企业应用开放式创新模式从外部组织获取技术资源的程度，可以从创新开放广度和创新开放深度两方面来测度技术创新开放度。其中，技术创新开放广度是企业在技术创新中从外部组织获取技术资源的广泛程度，技术创新开放深度是企业在技术创新中从外部组织获取技术资源的深入程度。

开放广度的度量包括：列举16种创新渠道（如大学、用户、协会等），有合作关系计1，没有则计0，得出开放广度的分值在0~16之间；列举10个外部创新要素（如领先用户、供应商等），有合作关系计1，没有则计0；列举5类外部创新合作机构（包括用户、竞争对手等），采用李克特7级量表打分；列举17种创新来源（如行业协会、主管部门、竞争对手等），用李克特7级量表打分。显然，现有研究中国内学者在开放广度的测量中只聚焦于企业获取外部资源的渠道数量的广泛性，对获取技术资源本身的广泛性（如种类、数量），以及对技术资源获取方式的广泛性（如与外部组织合作模式）并未关注。

同样，开放深度的度量限于企业与不同渠道的合作频次，测量时采用"0""1"二分法或李克特7级量表打分法，采用上述方法并不能涵盖本书对开放深度所做的"企业从外部组织获取技术资源的深入程度"的定义。技术创新开放深度的度量至少应包括两个方面：企业从外部组织获取技术资源的频度，以及企业从外部组织获取的技术资源与企业所需核心技术的距离。因而，企业为了获得创新优势唯一的方法是深入关键技术或市场，制定相应的开放式创新战略，要考虑从广度和深度两个方面建立联系。

五、开放式创新模式对企业绩效的影响

研究开放式创新对企业绩效的影响的学者主要有陈劲、陈钰芬、何郁冰、赵付春和冯臻等。如基于开放式创新和信息技术能力理论，构建了信息技术能力、社交媒体利用度、开放式创新能力与企业绩效作用关系机制理论模型，发现开放式创新能力是信息技术管理能力对绩效影响的中介变量；社交媒体利用度正向影响组织绩效，但对开放式创新影响不显著；信息技术能力是开放式创新的基础，但对社交媒体利用度则没有直接影响。有学者从智力资本角度展开关于资本与技术战略对绩效的影响的研究表明：结构资本与技术领先战略正相关，人力资本和关系资本与技术领先战略的正相关效应不显著；人力资本、结构资本和关系资本都与开放式创新战略正相关；技术领先战略和开放式创新战略均正向影响战略绩效和财务绩效；技术领先战略与开放式创新战略对智力资本和企业绩效存在中介效应。

内向式开放创新模式对企业创新绩效会产生较大的影响，决策中心性与知识产权保护对这个影响过程产生调节性作用，两者对创新绩效均有显著的正向影响。同时，知识产权保护、决策中心性与内向式开放创新对创新绩效的三阶交互效应正向影响显著，即当知识产权保护机制更为健全时，决策中心性在内向式开放创新对根本性创新绩效影响中的正向调节作用会被显著增强。在开放式创新对绩效的影响研究中，隐性知识在创新过程中也起到了明显的正向调节作用。因此，企业应在从外部获取创意的同时积极通过授权等途径将技术、专利外部商业化，并注重隐性知识的获取与积累，从而放大开放式创新对创新绩效的促进作用。

开放式创新模式下，影响创新绩效的有资源应用的约束性、开放式创新行为与程度、创新速度和创新质量等。研究表明，外部知识丰富性与开放式创新绩效呈倒U形关系，即资源应用的约束对知识搜索广度有正向影响，并对搜索深度有负向影响；外部知识丰富性对知识搜索广度和深度均有正向影响。而开放式创新行为与程度均对企业创新绩效有显著的正向影响。此外，研发投入强度、是否有国际认证和是否从国外引进技术对企业创新绩效均有显著的正向影响。基于企业能力理论，有学者探讨了创新速

度和创新质量与新产品市场绩效的关系，发现内向式开放创新通过创新速度和创新质量影响新产品市场绩效；外向式开放创新通过创新速度对新产品市场绩效产生影响；内向式开放创新对新产品市场绩效的总效果大于外向式开放创新。

六、开放式创新模式的应用研究

依托互联网平台，企业的边界更为广阔，与外界的交流更为便捷，从外部获取知识的成本大大降低，在研发过程中同多个供应商、经销商、同行、用户、科研机构等进行广泛合作成为可能，从而使企业具备在全球范围内利用资源的实施条件。曹勇和贺晓羽（2010）应用开放式创新分析了知识密集型服务业，研究结果表明：知识密集型服务企业在创新过程中应用开放式创新，不仅有利于其拓展创新过程中的技术创意及知识来源渠道，提高其与创新参与者间的互动程度，还非常有利于降低创新中的不确定风险，从而使创新绩效能够得到更有效的提高。同时，信息技术的不断提高促使更多隐性知识显性化，降低了知识共享的难度。企业的技术创新网络扩展到全球。基于互联网的技术外包、技术众包等模式拉近了企业在技术创新中与网络参与者的距离，从而能快速获取外部市场的信息资源和技术资源，以弥补企业内部创新资源的不足，进而提高创新绩效，这也是开放式创新模式最突出的特点。

由于外向式开放创新可以为企业赢得巨大的战略利益和收益，企业需要在技术商业化过程中同时兼顾内部和外部的技术开发，并寻找二者间的均衡点。但由于越来越多的企业通过内向开放式创新从技术市场上获得其所需技术，以加快创新的速度，但却面临着如何在内部技术开发和外部技术引进之间进行决策的难题。为此，盛济川等（2013）在企业应用案例引入技术路线图方法，提出了外向式开放创新技术推力路线图（TPROOI）和内向式开放创新市场拉力路线图（MPRIOI），并进行了整合，以期帮助企业在产品市场和技术市场中寻找制定创新战略的最佳路径，为企业实施内向开放式创新提供了有效的工具。

随着互联网的高度普及和全球互联互通，基于互联网络平台的开放式创新将成为创新模式的发展方向。开放式创新是在全球化大发展中专业人才国际化流动、新技术使跨地域合作成为可能、知识产权机构及技术交易日趋完善等背景下提出的，顺应了经济和社会发展的需求，因而受到了众多学者及企业管理者的青睐。开放式创新是企业依赖于其内部动态能力的系统基础，搜寻、获取及整合外部创新资源贯穿于技术创新的整个过程，最终目的是完成企业自身的技术创新任务。

开放式创新对企业能力的要求较高，如技术水平高、创新搜索能力强、内部研发能力强的企业有更多机会与其他企业进行合作。同时，企业的创造能力、吸收能力、转化能力、连接能力、创新能力和解吸能力对开放式创新的开展具有重要作用。从上述的描述中可以看出，相对于封闭式创新，开放式创新的用人理念、研发方式、合作态度和企业要求等方面都呈现出较大的差异性（表2-4-1）。

表2-4-1　开放式创新与封闭式创新的差异

比较内容	封闭式创新	开放式创新
企业边界	封闭的企业边界	开放的边界，技术资源可以流入流出
用人理念	自己聘请最聪明的员工	需要借助外部聪明的人为企业所用
创意来源	主要来源于企业内部	充分利用外部创意源，并整合内部资源
研发方式	研发中所有步骤由企业全部完成	方式多样：自行研发或合作研发、技术授权、技术并购或技术外包等
合作态度	非合作	合作获取所需技术，向外输出闲置技术
优势来源	研发形成技术专利，市场垄断	快速实现技术突破，技术商业化转化获利
专利管理	严格保护，自行使用	多种管理方式：专利保护、专利授权、专利入股或专利售出
企业要求	自主研发能力强，技术知识积累丰富，资金雄厚	资源配置能力强，技术协同能力强，组织协调能力强

第二节　开放式创新模式应用案例

开放式创新模式源自美国斯坦福大学的切萨布鲁夫教授基于宝洁、因特尔等大型企业集团创新实践的理论提炼，现已成为知识经济全球一体化时代下企业技术创新的主要模式，国际上壳牌、巴西国家石油公司、GE等著名跨国企业应用开放式创新均取得了瞩目成就，中国的互联网公司——深圳市腾讯计算机系统有限公司（以下简称"腾讯"）采用"互联网+"的策略，建立开放创新平台，以"开放的态度"拥抱互联网产业链上的众多创新公司，通过创新加速器和创意大赛等方式积极整合内、外资源，以其技术能力和获取的微信、QQ等数据，帮助传统制造业实现产业流程再造，提高效率。同时，构建智慧产业生态平台，推出"人工智能生态计划"，助力人工智能产业发展。腾讯产业加速器以腾讯产业生态投资为抓手，与合作伙伴共同打造产业互联网解决方案，并从资本、技术、培训等多方面为企业提供加速包，加速产业的转型升级。

一、企业案例概况

腾讯成立于1998年11月，由马化腾、张志东、许晨晔等5位创始人共同创立，是中国最大的互联网综合服务提供商之一，也是中国服务用户最多的互联网企业之一。腾讯多元化的服务包括：社交和通信服务（QQ及微信）、社交网络平台（QQ空间）、腾讯游戏（QQ游戏平台）、门户网站（腾讯网）、腾讯新闻客户端和网络视频服务（腾讯视频）等。2004年6月16日，腾讯在香港联交所主板公开上市（股票代号00700），是香港恒生指数成分股之一。

腾讯自上市后，无论是经营业绩还是产品服务，都实现了快速发展。2010—2019年营业收入持续上涨（图2-4-2），2019年全年营业收入达

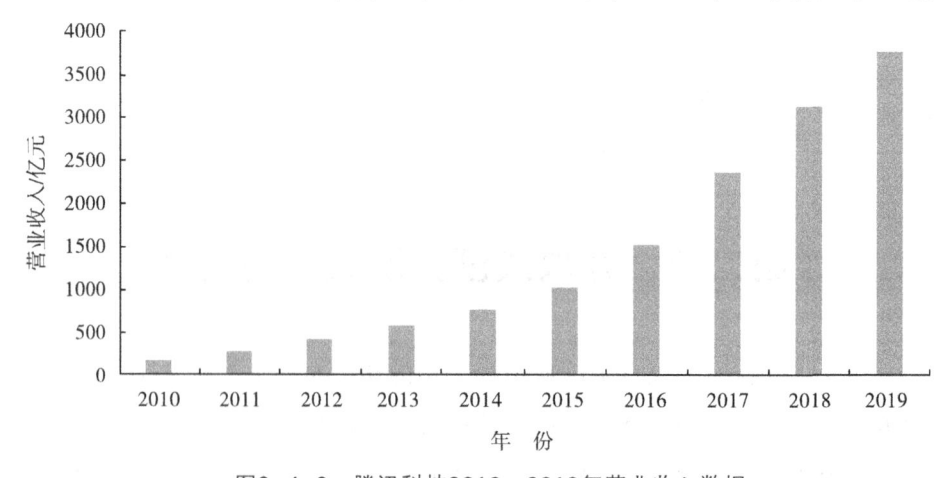

图2-4-2 腾讯科技2010—2019年营业收入数据

3772.89亿元，同比增长21%；净利润943.51亿元，同比增长22%。微信月活跃用户达11.648亿，商业支付日均交易笔数超过10亿，月活跃账户超过8亿；腾讯视频的订购用户达到1.06亿。2020年，受疫情影响，"无接触经济"兴起，进一步利好在线文娱、远程办公和在线教育等产业链。2020年一季度，腾讯文档月活跃用户突破1.6亿，已累计创建超5亿份文档；2019年12月上线的腾讯会议，日活跃账户数超过1000万，在获得经济利益的同时，也为疫情之下中国的教育及办公等做出了相应的贡献。

2018年12月，腾讯在世界品牌实验室编制的《2018世界品牌500强》中排名第39位；在2019年《财富》世界500强中位列第237位；在2019年中国服务业企业500强榜单中排名第32位；在2019年福布斯全球数字经济100强榜单中位列第14位；在2019年《财富》未来50强榜单中排名第12位；在"一带一路"中国企业100强榜单中排名第14位；在2019年胡润全球"独角兽"活跃投资机构百强榜单中排名第2位；入选"2019年中国最佳董事会50强"和"中国品牌强国盛典榜样100品牌"；2019年《人民日报》发布中国品牌发展指数100榜单，腾讯排名第4位；在2021年中国民营企业500强榜单中排名第6位。

二、开放式创新举措

（一）转变思维

腾讯自成立后，创新一直都是比较封闭的，在社交平台领域，腾讯几乎无所不做，内部有很多的团队做各式各样的产品，而且极少和外面的企业进行交流。在腾讯科技与360之间爆发"3Q大战"时，互联网网民和行业领袖质疑腾讯科技是一家封闭、自私、不顾及用户利益的大企业。"3Q大战"后，以360公司CEO周鸿祎为代表的创业者纷纷指责腾讯科技垄断和抄袭，称"腾讯让我们无路可走"。腾讯开始反思自己的商业模式。2011年初，腾讯邀请了数十位国内知名意见领袖、法学专家、行业专家等参与系列讨论，倾听社会各界的建议、忠告和批评。连续举办了10场"诊断腾讯"研讨会，讨论的主题是"垄断与开放""山寨与创新"。研讨会中大部分人认为，随着腾讯用户数不断增加，靠一己之力已难以满足用户的所有需求，而且用户年龄跨度大，个性多样化、需求多元化，用单一的产品根本无法满足需求,特别是在一些细分领域,腾讯不一定比竞争对手或者合作伙伴做得更好。每一场研讨会,创始人马化腾都亲临现场,在笔记本上密密麻麻地写满笔记。在对外纳言的同时,腾讯还在内部员工中开展了自我批评,管理干部实施了新的360度考核办法。

(二)构建开放平台

腾讯以"开放的态度"拥抱了互联网产业链上的众多创新公司,在QQ闪耀的舞台上,不再只有小企鹅在姗姗独舞,一些拥有天才创意的小公司也出落成明星,而且明星的名单还在不断被拉长。腾讯正在逐步完成真正意义上的开放式"华丽转身"。

2011年6月,在腾讯召开的"开放大会"上,邀请了1000多个合作伙伴,马化腾顶着业界对其抄袭、垄断的质疑声,提出了"关于开放的八个选择",希望打造一个规模最大、最成功的开放平台,并公开承诺腾讯将提供开放的平台与开发者合作共赢,分享上百亿的市场空间,从而吸引了来自互联网众多细分领域的从业者加入,涵盖了游戏开发者、生活工具、电子商务、视频领域的合作伙伴。截至2012年底,腾讯开放平台吸引了60万名的开发者、30万款注册应用。第三方应用的日活跃用户突破2亿人,90%的开发者有收入,第三方开发者已经从QQ空间开放平台拿到超过20亿元的分成,其中部分开发商拿到的分成已超过2000万元。

在腾讯开放平台里,真正实现了腾讯与合作者的共赢。以"胡莱三国"游戏的开发者互爱科技有限公司为例,在游戏开发早期只有不到10人的开发团队,将游戏接入腾讯各大社交平台3个月后,日活跃用户就超过了1000万;和腾讯合作后,注册用户数增长了10倍,收入增长了40倍,不到半年,月收入就突破了5000万元。2012年,酷溜科技的"欢乐淘"在腾讯开放平台上线两个半月,每天成交超1万单,月销售突破100万元。除了社交类游戏受到用户青睐外,休闲类应用也是后劲十足,像"小小阿狸"已经拥有700万用户,日活跃用户近50万;"塔防三国志"由6人的小团队开发,2个月的时间月均收入就达到200万元。

腾讯开放平台要做的是如何让第三方合作伙伴与腾讯一样,服务于海量客户。因此,如何让涌入腾讯开放平台的成千上万的开发者得到快速受理,其开发的产品能快速上线,以及如何帮助第三方开发者解决规模小、带宽、机房申请等问题，就成为腾讯首当其冲要解决的问题。为此，腾讯推出了一站式的平台服务，分享服务海量用户的经验；并考虑到合作伙伴遍布全国乃至海外的实际情况，创新使用电子流合同和接入机制，从而使开放初期的合作者从申请到上线只要一天内就可以完成，大大提高了合作效率。至今，腾讯已积累了丰富的经验，从小规模到大规模、从云端到IDC支撑、从数据库到维护都实现了无缝对接。腾讯创始人马化腾认为开放不仅是愿意把家里的东西和别人分享，还是商业模式和产业链下的要求，是和商业逻辑结合在一起的。腾讯将面向移动互联网，进一步推广开放平台战略，将开放深层的结构，让更多的中小企业甚至个人用户能够享受腾讯的技术架构和社交能力。马化腾在2012年互联网大会上说，"未来腾讯平台会更加深化开放，坚持有所为有所不为。腾讯会把云计算能力、运营能力、服务能力和平台能力都贡献出来，和开发者一起成长，打造一条健康的生态产业链。"

2014年开始，腾讯又打造了实体众创空间，帮助创业者解决办公场所等问题。腾讯众创空间是在开放平台的基础上的升级，不仅延续在开放平台中为创业者提供的服务，还将联合社会资源从软硬件和创业条件打造更好的创业环境。与其他国内创业孵化器不同，腾讯众创空间具备包括线上、线下5种核心能力——流量加速、开放支持、创业承载、培训教育和辐射带动，满足创业者对资金、成长、场地、营销和流量的需求。腾讯众创空间还携手地方政府、金融机构、法律服务机构等合作伙伴，为创业者提供多方面支持。2015年，腾讯又推出了创业服务平台，为创业者提供软性服务的资源。沿着开放的思路，腾讯也将开放式创新模式运用得越来越炉火纯青。

在中国，实施开放式创新模式的并不只有腾讯科技，还有如吉利及阿里巴巴等在内的许多公司也都是应用开放式创新实现创新高收益的先行者。他们应用开放式创新模式，充分利用企业内部及外部的创新资源、创新人才等加速企业的创新，同时也利用外部的渠道进行技术的商业化应用及开发，进一步提升企业的创新收益。

（三）构建"开放互联网+融合创新"

中国政府明确提出数字经济顶层国家战略后，数字经济作为一种全新的经济形态，将互联网、大数据、人工智能与传统产业融合，以跨界方式打通各行业，集成优化各个生产要素，构成链接一切的商业新生态，形成生态共赢。腾讯基于互联网生态，也在将自己的能力开放给合作伙伴，实现各行各业升级转型的需求。为此，腾讯科技以连接器为定位，以平台和基础设施的角色帮助传统企业更好地利用互联网技术开展工作。

腾讯科技拥有12亿微信用户和5亿多QQ用户，以及QQ浏览器、应用宝、腾讯网、QQ音乐、手机卫士、QQ空间、QQ邮箱、腾讯视频等多款上亿用户的产品，具有很强的用户触达能力。同时，腾讯具有较强的基础技术能力。在腾讯云、大数据、移动支付、安全等领域，腾讯都有着深厚的技术积累，以及海量的数据，如用户活跃数据、支付数据及合作电商数据等。这些基础技术能力和数据有助于腾讯将产业链的上下游，包括开发者、用户、合作伙伴、政府单位等整合起来，帮助传统制造业实现产业流程再造，提高效率。腾讯云以"互联网+"形式给传统企业带来三方面的价值，包括：大数据分析能力、服务应用的能力、安全能力。腾讯利用"互联网+"技术赋能传统领域，旨在融合和帮助实体经济打造属于企业领域的多方生态共赢，加速企业产业结构升级，全面推动中国实体经济数字化进程。

在科技发展的大浪潮下，国家将人工智能上升到国家战略，预计到2030年使中国人工智能理论、技术与应用总体达到世界领先水平，成为世界主要人工智能创新中心。腾讯通过腾讯全球合作伙伴大会，披露了人工智能的整体布局，推出"人工智能生态计划"，开放腾讯的人工智能计算能力，助力人工智能产业发展。主要举措包括：针对中小从业者与合作伙伴，通过腾讯开放平台，将算法、数据到模型等人工智能基础能力开放，并为从业者提供方便易用的以应用程序编程接口（API）和软件开发工具包（SDK）为主的人工智能服务解决方案，赋能中小从业者和传统产业；针对传统行业，通过"行业人工智能+X"计划，扶植人工智能领域的创业者，推动人工智能在更多垂直领域落地。基于整个互联网生态，腾讯探索和研发人工智能能力，并与多省市医疗机构合作促进医疗人工智能的应用。据相关数据显示，腾讯觅影已与全国多个省市10多家三甲医院建立了联合实验室，与全国近百家医院达成合作意向，通过人工智能技术应用推动传统医疗行业智慧升级。

（四）腾讯产业加速器项目

腾讯产业加速器将以腾讯产业生态投资为抓手，背靠丰富的C端及B端资源，和各个合作伙伴共同打造产业互联网解决方案，并将从资本、生态扶持、平台赋能、技术、培训、商机等多方面为企业提供加速包，加速产业的转型升级。随着产业数字化转型迎来关键转折点，通过网络提供软件服务（Software-as-a-Service，以下简称SaaS）正广泛地影响着更多行业的信息化进程，一些新上市的SaaS服务商增速可观，但相较于中国广大企业的数字化需求，SaaS企业还有广阔的发展空间。为此，腾讯科技推出SaaS加速器，通过包括激活包、蓝图包、展示包（Demo）、落地包、拓展包五步加速法，致力于成为SaaS企业成长的助手，推动各产业数字化转型升级。腾讯产业加速器包括人工智能加速器和SaaS加速器。

腾讯产业加速器作为腾讯云启智慧产业生态平台的重要组成部分，将连接更多合作伙伴，与腾讯共建智慧产业生态。除了人工智能与SaaS之外，未来产业加速器还将增加更多的赛道，加速产业智慧升级。值得一提的是，腾讯还发起了"腾讯云"全球创新大赛，涵盖技术、企业服务、数字政务以及智慧产业等产业互联网赛道，为腾讯科技产业加速器遴选更多优质项目。

（五）举办各类大赛，以汇聚国内外创新资源

1. 腾讯游戏创意大赛

腾讯游戏创意大赛是由腾讯游戏学院发起，面向全球游戏开发者的年度赛事，旨在搭建一个开放的游戏创意合作平台，发掘还未发行的有潜力的游戏demo，并帮助项目团队打磨项目品质，最终与腾讯的发行平台对接。该大赛题材不限，参赛者个人或公司身份不限，国籍不限，只要在线提交作品，包括PPT、视频及完成度在60%以上的demo，就有机会获得腾讯游戏学院提供的游戏扶持服务和在腾讯游戏平台发行的机会。

2. 腾讯电竞运动会

腾讯电竞运动会（简称TGA）是针对竞技用户的综合性竞技游戏平台，提供专业赛事、直播资讯、解说培养，让所有玩家都能享受到竞技的乐趣。腾讯从2010年开始筹办TGA大奖赛，采取双"3+1"赛制进行，即每个

月三场周赛+一场月赛,每个赛季三场月赛+一场总决赛,是一项基于腾讯游戏竞技平台的重要品牌赛事。赛事全面整合了腾讯游戏旗下众多竞技产品和单项赛事,将线上赛事和线下赛事进行有机融合,形成了一套专业、完善的赛事体系。其中,TGA全能赛是TGA平台首创的大型混合电竞赛事,融合了腾讯旗下的CF、QQ炫舞、QQgame及QQ音速等人气竞技游戏。腾讯依靠强大的用户群和丰富的游戏项目,已筹办10年的TGA大赛,既为中国的电竞事业做出了贡献,也通过该大赛更紧密地把腾讯游戏的开发者、爱好者等连接在了一起。

3. Next Idea腾讯创新大赛

Next Idea腾讯创新大赛是腾讯于2012年发起的青年创新人才计划,旨在以青年创意活化传统文化,让经典的全球文化IP在数字时代焕发全新光彩,致力于不断探索传统文化在新时代传承的有效载体及形式,更好地促进文创产业的发展。Next Idea腾讯创新大赛发展至今,已拓展为包括文创设计、音乐创新、漫画创意等11个子赛事在内的创新大赛平台。Next Idea腾讯创新大赛的每条赛事均设置了万元级的现金奖励,部分赛事的奖金更高达10万元。除了有现金奖励激励之外,参赛人还有机会获得在腾讯实习、校招特定岗位的机会。腾讯通过大赛,既提高了自身的品牌美誉度和影响力,还能招聘到全球最优秀的创新人才、获得好的创意,更是通过孵化优秀的创意为社会提供新产品,来不断提高自身的竞争力。

第三篇

非双元性创新模式的研究及应用

第一章

用户创新模式

第一节 用户创新模式概述

1986年，冯希佩尔（Von Hippel）提出用户创新的概念，将领先用户从普通用户中区分出来，强调了领先用户在创新早期过程中的作用，并使得企业能够通过系统化的领先用户研究方法迅速完成创新产品和服务的商品化过程。冯希佩尔认为消费者和最终用户，尤其是领先用户，会就遇到的产品问题与制造商分享创意，并期待制造商能够生产出这些产品。因此，用户创新模式能促进产品及技术的创新。用户创新模式在中国的研究主要包括用户创新的概念及特点、步骤、优缺点、影响因素等。

一、用户创新的概念

用户创新是开放式创新领域的热点问题，也是企业创新的重要组成部分。用户创新模式区别于传统产品创新模式的主要之处在于，创新主体是产品的消费者，即用户。在用户创新模式下，厂商交给用户进行产品创新所必需的工具，并从用户那里获得几乎完全成熟的设计方案，从而将产品创新的责任部分地转移到了用户端。用户创新是一种在充分了解用户的需求、与用户密切合作的、成功满足用户需求以及化解市场风险（信息阻塞）的方法。用户创新是用户受内在愿望驱使和外部因素激励，借助外部资源和信息，同时基于自身需求而进行的改进和发明活动。用户创新可以理解为制造商通过外部寻源的方式，将与用户需求信息相关的开发任务外包给用户。因此用户不仅是企业的顾客，还是企业的智力资源，企业需要采取恰当的措施对这项资源进行有效的保护和管理。

用户驱动型创新改变了传统创新的思维模式，是技术创新的重要方法之一。用户驱动型创新是在产品创新过程中，围绕用户的需求和感受设计产品，并且在可能的情况下让用户参与到产品的设计、研发以及试验过程，从而挖掘用户的潜力和能动性的过程。在此过程中，极大地提升了企业的创新能力、来源和动力，不仅节约了产品推广的成本，而且更好地满足了用户的需求，使创新走向平民化，为营造全民创新提供了良好的平台。用户驱动型创新改变了技术创新链的次序，由过去的"研发机构—市场—用户"，即产品的设计由厂家和研究机构来进行，以及在产品生产出来以后由市场部门来推广，改为"用户—研发机构—市场"，即根据用户的需求来设计用户满意的产品，甚至在产品的设计、试验阶段都邀请用户参加并根据用户的体验不断更新和提高产品的满意度。同时，用户创新中的试错过程也是由用户完成。

二、用户创新的主体特点和作用

与传统创新不同，用户创新的主体是用户，尤其是领先用户。在实际工作中，用户作为价值创造者的作用已经受到学者和企业家的重视，其中先进的同类领域的、目标应用市场的、与目标市场中用户面临的问题的重要属性有关的三个关键领域范围的领先用户应当重点关注和接触。用户创新的用户具有较早察觉到需求和期望收益较高两个特征，而领先用户则具有提前的新产品或服务需求，并能敏感地发现及提前开发新产品或服务，因此实施领先用户研究的4个阶段，主要包括：选择项目的中心和范围；确认趋势和要求；从领先用户处收集需求和方案信息；和领先用户一起开发概念。

领先用户实施创新的主要动因包括获取利益、信息黏滞、领先用户个性化的需求，以及制造商的培养和邀请。基于用户在知识服务创新中的交互参与，应以用户为导向，鼓励用户积极参与到知识服务创新过程中，并积极对合作创新中的用户进行开发与管理，同时，企业要为用户提供一定的创新补贴和奖励，激励用户积极参与创新活动。企业积极实施用户创新，构建基于用户知识能力、双方参与意愿和创新任务水平的"三维度关键用户知识源识别体系"，实现从海量的大众用户中识别出能胜任企业创新任务的关键用户，其中用户知识能力通过知识积累、交易历史和服务水平评价；双方参与意愿可以通过信任水平、任务奖励力度和信息沟通强度评价；创新任务水平则通过任务难易程度、知识匹配程度和组织吸收能力评价。

三、用户创新工具箱

要实现用户创新，就需要为用户提供界面友好的工具箱，使生产流程更加柔性化，仔细选择使用工具箱的早期用户，以及不断地改进工具箱满足领先用户的需要。基于用户创新的工具箱实际是一个产品设计系统，是指厂商将新产品开发任务分为与用户需求相关和与企业能力相关的两部分，通过提供用户创新工具箱，将与用户需求相关部分的任务交由用户完成。用户创新工具箱具有的优势在于能更好地满足用户复杂微妙的需求，提高产品开发速度，降低产品开发成本。在当今以用户为中心的竞争时代，用户参与创新的价值已经得到了创新企业与用户的一致认同，而用户创新工具箱作为一种可以帮助用户完成创新活动并能提高其满意度的工具，为企业提供了一条创造价值的新途径，其价值也受到了理论界和企业界的日益关注。用户创新工具箱具有明显的优点，如通过用户创新工具箱，制造商可以将设计任务转交给用户，从而加快了设计速度，降低了设计成本并提高了顾客满意度；用户运用创新工具箱进行自主设计，可设计出能够满足自己需求的产品。

用户创新的过程，归纳起来就是"干中学"的过程，目的是为了能够自行设计和开发产品的应用特性部分。因此，对用户创新的分析可以从信息理论、"干中学"理论和人力资本理论三个角度进行，企业应该实施相应的以人力资本为核心的组织创新来避免用户创新可能为企业带来的弊端。根据用户创新工具箱的技术特征，以及用户拥有的信息资源与空间定位，应用知识型、感知型和智能化三种基本的用户创新技术辅助路线，可以让用户在不具备专业研发技能的前提下借助工具完成创新工作。

四、用户创新模式的种类及优缺点

用户参与产品创新就是通过供给与需求、技术与市场的配合来实现制造商与用户之间的互动式产品开发。用户参与的互动式产品创新方式主要有两种,即领先用户参与创新、基于工具箱的用户参与创新。目前,用户创新有三种模式,包括用户自主创新、用户合作创新和用户主导创新,并且不同模式有不同的形成条件,如创新意愿、创新能力、代理成本、制造商支持和项目复杂度等。企业若要更好地利用用户创新,则需要重视用户创新源,鼓励用户参与,及时获取并分享用户创新资源;降低用户参与创新的门槛,以及建立用户创新激励机制。

与传统模式相比,用户创新优势还体现在:①用户需求信息处理和产品试用等都要节约大量时间以及资金,有助于节约产品推广的成本,更好地满足用户的需求;②能够极大地减少新产品上市的风险,有助于创新走向平民化;③有助于创新资源的前端整合,将商品、服务的设计者和使用者有机联系起来,弥合社会需求、用户需求与企业产品开发行为间的错位,增强了一个企业和国家整体的创新能力。但用户创新也存在缺点,如用户作为外部创新源来参与创新会加剧创新过程的复杂性,同时用户创新战略实施过程中的产品开发成本也比较难控制,与提供创意的用户之间存在关于知识产权的风险界定等。

五、用户创新绩效的影响因素

影响用户创新绩效的因素主要有内部及外部因素。其中,内部因素有用户创新动机、领先用户状态、创造性自我效能和创造性认知过程;外部因素有用户创新工具箱、用户社区、用户知识和经验的水平等。用户参与度和企业的集成能力对用户创新绩效的影响也比较明显。研究结果证明,用户参与度对服务创新绩效有显著的正面影响,特别是对创新方案的独创性和用户价值有显著贡献。用户参与度可以用参与深度和参与宽度两个维度来衡量,企业具有的知识集成能力越高,越能够提高用户参与研发过程的深度和宽度,从而提高企业产品创新的绩效。此外,参与企业创新的用户数量,尤其是领先用户的数量,也会极大地影响用户创新的绩效。企业和领先用户的开发行为与具有相同需求的用户数量有关,当用户数量很少时,企业没有开发动力,领先用户会自己开发新产品以满足需求。随着用户数量逐渐增加并超过一定值时,企业愿意进一步开发,领先用户也愿意选择参与企业开发并换取产品上的优惠。如果用户数量庞大，领先用户就愿意自己将产品创意商业化。因此，企业要特别重视及激励领先用户开发的新产品，要抢在竞争对手之前将领先用户的创意为己所用。

六、用户创新研究的应用

苏楠和吴贵生（2011）以神华集团主导高端液压支架创新过程为例，提出了领先用户主导创新模式，认为本土领先用户主导创新是我国装备制造业自主创新的有效模式，且该模式对创新理论和我国实践应用都具有现实意义。华为科技和海尔集团在创新中也充分应用了用户创新模式，如华为科技构建了基于用户创新的后发企业追赶策略，促进了诸多领域关键技术的突破；海尔集团在建开放创新平台时，通过与用户特别是领先用户关于新需求和新创意的互动，激发用户参与创新的热情，从而使产品的创新迭代速度大大增加，也在无形中提高了用户作为消费者的购买意愿。

用户创新的研究被较多应用于图书馆的服务。知识经济时代下，用户知识是图书馆服务创新的基石，用户知识管理正日益成为图书馆服务创新战略成功实施的关键。图书馆服务创新过程包括服务创新的概念产生、设计、营销和评估4个阶段，每个阶段的服务创新都建立在用户参与基础上。在实际的图书馆服务创新过程中，用户充当的角色是变化的，且不是独立发挥作用。因此，图书馆要分析用户参与服务创新过程的角色及其重要性，选择恰当的用户参与服务创新模式，让用户了解其角色的重要性和角色要求，构建用户参与服务创新途径，吸引和鼓励用户参与，利用用户资源完成服务创新目标。同样的，图书馆在审视与用户之间的关系过程中，要引入领先用户的概念，并充分发挥领先用户在图书馆服务创新中的关键作用，通过构建领先用户的识别机制、培养机制、参与机制及评估和奖励机制，以实现服务创新。

随着社会化媒体的兴起，用户参与创新的方式由线下逐步转向线上，使用户参与创新日益向分布式、网络式和协作式转变。在"企业—顾客"共创价值创新理念指导下，"企业—顾客"交互创新模式越来越为实践者推崇并引起理论界的广泛关注。

第二节 用户创新模式应用案例

小米科技有限责任公司（以下简称小米科技），成立于2010年3月，是一家专注于智能硬件和电子产品研发的全球化移动互联网企业，同时也是一家专注于高端智能手机、互联网电视及智能家居生态链建设的创新型科技企业。小米科技的产品开发模式是：用户就是小米产品的产品经理，通过小米产品用户开发平台，听取用户声音，快速试错，快速迭代更新，让用户深度参与到小米产品的开发过程中。依靠用户参与的创新模式，小米手机在上市后短短2年内就做到 20 亿美元的销售额，随后开发了小米电视、小米盒子等产品，在短短的几年内，小米科技就成为家喻户晓的上市公司。因而，以小米科技为案例对用户创新模式展开研究具有较强的典型性和代表性。

一、小米科技概况

小米科技创造了用互联网模式开发手机操作系统、发烧友参与开发改进的模式，获得了用户的快速认可，在经营上也获得了优异的成绩。自2012年起，营业收入逐年上涨，2019年的营业收入达到了2000多亿元（图3-1-1）。2018年7月，小米科技在香港交易所主板挂牌上市，成为在港交

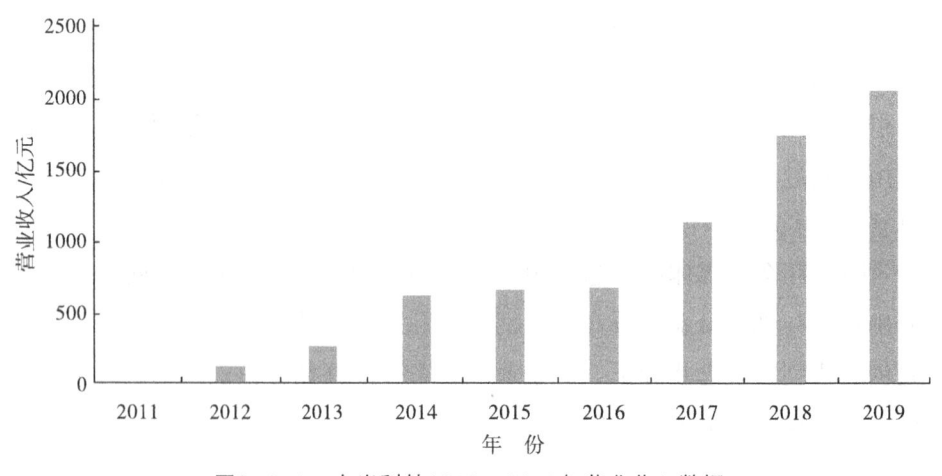

图3-1-1 小米科技2012—2019年营业收入数据

所上市制度改革后首家采用不同投票权架构的上市企业。

小米科技的产品主要有小米手机、小米盒子、小米路由器等。小米手机坚持将全球最顶尖的移动终端技术与元器件运用到每款新品，手机自2011年8月正式发布至今已有十多个型号，每个型号都凭借其超高的性价比和与用户要求的完美契合度备受热捧，其操作系统采用小米自主研发的MIUI操作系统，实行独特的开发版和稳定版共存模式，支持26种语言版本，223款适配机型，深受用户的喜爱和推荐。小米盒子是一款可以看互联网视频的设备，用户不仅可以将手机、平板电脑、电脑内的照片和视频通过WiFi投射到电视上，还可以在电视上通过小米盒子付费或免费观看网络视频、电影和电视剧。小米路由器能实现类似NAS的功能，作为家庭数据中心来使用，内置硬盘来存储数据，并支持远程下载。

二、小米科技用户创新实施的背景

随着中国互联网的快速发展，网上阅读、网上购物、网络支付以及网络社交等网络活动逐渐融入人们的日常生活。随着中国社会经济的稳步发展，国民的生活质量逐步提高，消费水平也有明显上升。人们对电子产品的消费能力大幅提升，在一、二线城市高端手机的需求量，以及三、四线城市，特别是一些县级城市、乡镇等农村市场中低端手机的需求量日益增加，智能手机的销售增长空间巨大。同时，人们对于优质国产手机品牌寄予很大希望。

在中国的智能手机市场中，国际品牌主要有苹果、三星、LG、索尼等，本土品牌主要包括华为、中兴、魅族等。小米进入手机市场，将面临激烈的竞争。一方面是像苹果这种高端的手机制造厂商，苹果手机以其独特的操作系统和支付方式形成闭环，牢牢占据了中国的高端用户市场。另一方面是国内手机厂商的威胁，如华为以国货精品的概念，采取多机型全覆盖策略，赢得了大量的中低端客户，尤其是一年内不同系列产品的分阶段发布给小米的产品生命周期造成了威胁；魅族品牌在硬件和价格方面与小米势均力敌。这些都给国产小米手机带来了极大的挑战。

随着手机技术的提高，手机的功能，特别是智能手机的功能越来越丰富，但一些核心技术掌握在跨国手机企业手里，中国手机企业为了生存和发展，通常采取与国外品牌商及技术供应商合作的方式。部分企业如华为，虽然在芯片等技术设计上具有一定的研发实力，但与国际上的前沿技术还存在较大差距，无论是在外观设计、操作界面、音质等软硬件配置方面都需要不断升级和研发创新。同时，由于中国国内手机厂商大多采取代工模式，从手机的设计、操作系统、芯片和处理器供应商、按键电声等均由供应商负责，导致了部分手机的功能和使用习惯难以达到用户的需求。

基于上述条件，资金实力相对单薄的小米科技提出要"以用户为中心"，研发出满足用户需求的手机产品，贯彻以消费者为基础，用户体验为上的"用户模式大于一切工程模式"。在保证手机方便实用的基础上，更加注重外观设计，给消费者最佳的使用体验，以满足消费者的不同需要和偏好。

三、小米科技实施用户创新举措

小米科技快速发展最核心的因素是抓住了用户参与，即以用户创新为主体，通过激励机制的建设充分发挥用户特别是核心用户的作用为其产品创新服务。小米所有的产品都是以让用户参与开发为基础进行研发的，从初期的MIUI系统的研发，到中短期的产品创新规划，小米科技通过与用户的亲密接触，从与用户的互动中发现碎片化的需求信息，从而快速找到定位市场需求，产生关键的创新思想。通过小米产品用户开发平台，听取用户声音，快速试错，快速迭代更新，让用户深度参与到小米产品的开发过程中。

（一）思想上重视用户的需求与反馈

小米科技成立之初并没有立即做手机，而是着手 MIUI 系统，吸引顾客参与研发，在提升用户体验的同时培育核心用户。最初的核心用户主要由技术爱好者构成，也是典型的"手机发烧友"。这些"发烧友"对手机行业、系统和软件有独特的见解，对市场上现有产品不满，想要一款自己喜欢的手机并且渴望实现自己的想法。小米科技充分认识到这一点，并将之应用到产品创新当中。小米科技创始人雷军曾明确表示："用户就是小米产品的产品经理，通过小米产品用户开发平台，听取用户声音，快速试错，快速迭代更新，让用户深度参与到小米产品的开发过程中"。小米联合创始人黎万强也说，"在一个企业内部，最多能建立一个 200~300 人的开发团队，但是如果扩大到互联网，那就是上万人帮你一起来开发"。正是基于这个理念，黎万强提出了"10 万人互联网开发团队"构想，以充分激发出这些"发烧友"内在的个性化需求，以及自我实现的需要产生的内驱力，帮助小米科技一起研发完善包括小米手机、MIUI 系统等一系列产品。

小米科技极其重视用户创意及用户意见反馈，不仅鼓励用户积极提问题，对用户提出的创意、问题和意见积极回应，还将产品研发的权限向核心用户开放。小米科技的研发团队每天在各论坛发广告，寻找手机极客和资深用户参与 MIUI 开发，并吸引用户在 MIUI 论坛上通过发帖方式，频繁而随意地向小米科技公布他们的创意或发明，鼓励社群其他用户以点赞或吐槽等方式参与讨论。同时，小米科技研发团队的成员对论坛上的每个用户提出的问题或反馈都要在 15 分钟内进行回复。小米科技的荣誉顾问在小米产品创新中具有极大的权限，可以获得"小米产品用户开发平台"访问权限，跟工程师直接接触，提交用户需求、问题以及意见，全程参与产品研发和测试，还可以优先体验新产品。

（二）机制上鼓励用户参与产品创新

小米科技将自己定位成"为发烧而生""用户是我们的朋友"，雷军更是直说"小米卖的不是手机，是参与感"，这样的理念和行为大大地触动了用户的内心，激发了用户的参与感，也增强了用户与小米科技的信任关系。同时，听从用户的创意和意见，快速迭代产品的理念真真实实地体现在小米科技的组织层面。为促进顾客对小米科技产品的参与，公司积极采取多种措施，从信任机制和保障机制着手，来激发用户特别是核心用户对产品研发的深度参与。一方面，小米科技实施了"工程师泡论坛"等一系列措施，要求工程师每天至少花 1 个小时通过论坛与用户直接沟通交流，以切实加强研发团队成员与顾客的沟通效率。另一方面，小米科技的用户可以免费或者使用极低成本体验到小米最新的产品，用户要做的事情就是根据自己的使用体验写测评报告，从而使得众多用户在公测、使用、评测、反馈等环节帮助小米工程师找到更多提升空间，改进即将上市的小米产品。

小米科技还通过用激励机制增加了用户的黏性，吸引和维持用户参与的积极性。小米科技在小米社区设立了勋章等各种荣誉，如小米达人、智者勋章、小米荣誉顾问团、小米社区荣誉建设者等，来满足用户对个人声望、地位、荣誉的追求，以提高用户的参与感和积极性。为了体现公平，还设定了社区积分的计算方法："发帖数×0.1+精华帖数×50+经验×1+威望×5+在线时间（小时）×0.1"。用户获得积分后，可以获得小米科技的特权及相关福利。如获得专属荣誉顾问团身份和勋章、更高的论坛发帖编辑权限、有机会加入小米科技、有机会登上爆米花杂志被千万米粉认知等特权，以及优先获得小米T恤、玩偶等周边产品、小米热销产品F码特权；受邀参加米粉节、新品发布会活动的机会等福利。此外，小米科技还激励用户积极参与创新竞赛，如公司以10万元作为资金征寻壁纸，结果征集到4.5万张精美壁纸。正是这些激励机制的实施，使众多用户积极地参与到各期的研发过程中而乐此不疲。

对于用户在创新中的作用，小米会通过一些活动以示感谢。如会让用户率先使用和购买小米科技的新产品，定期举办粉丝节、见面会、共享会等。为了感谢用户对小米科技创新的帮助，小米还拍摄了微电影《100个梦想的赞助商》，以表示对最早帮助MIUI系统迭代的100位铁杆粉丝的感谢。

（三）线上线下结合吸引用户创新

小米科技通过创建在线社区吸引及留住用户，如小米在线社区、MIUI论坛、微博、微信等。

小米在线社区于2011年8月1日正式上线，包括小米官方社区、产品社区、玩机综合区、我是米粉、活动专区、服务专区等板块，并开通了酷玩帮、随手拍、学院、开源硬件、ROM下载、刷机频道等热门频道。用户可以在小米社区相应的产品板块、问题反馈板块、米粉杂谈等板块反馈问题和意见，以及交流产品功能和使用感受。在开发小米产品新功能或者新产品之前，小米科技也会通过论坛提前向用户透露一些想法，征询用户的意见。比如小米手机的无锁刷机系统功能，就是基于用户在论坛上的建议而增加的功能。"酷玩帮"频道致力于贯彻小米互联网开发模式，是小米科技新品以及优秀产品的公共测试平台，"酷玩帮"举办过小米平板1元公测、小米路由MINI免费公共测试等活动，其中小米路由器就是经过了三轮公共测试后才正式发售的。从小米盒子到小钢炮蓝牙音箱，再到小米路由器都是从这里诞生的。

MIUI论坛是所有MIUI系统用户和潜在用户参与产品创新和讨论的论坛，包括机型专区、MIUI专区、谈天说地、站务专区几个板块。小米科技以"动员全互联网的安卓手机发烧友跟小米一起开发一款大家很喜欢的操作系统"，号召用户特别是核心用户重新编译定制MIUI系统。用户可在MIUI专区上传手机系统运行中出现的错误并与其他用户开发者交流。小米科技设计了"橙色星期五"的开发模式，让MIUI团队和资深核心用户共同参与MIUI操作系统的研发和内测，并做到系统的每周更新。这些获得小米科技授权的核心用户和小米内部研发人员同步拿到版本，同步测试和反馈问题，然后由工程师根据用户意见和建议选择功能进行研发。借助这种模式，小米科技在研发人员匮乏的情况下解决了复杂的测试环节，实现了定期更新系统及时改进功能，使MIUI系统得到不断优化。MIUI系统的开放赢得了众多用户的追捧，很多用户因为MIUI系统而成为了小米产品的忠实用户，在MIUI系统推出的第一年时间里，小米就借助MIUI论坛积累了来自20多个国家的50万用户，而积累到1000万用户数量只用了849天。

微博也是小米科技重要的与用户互动的社交媒体平台。小米科技把微博当做网站一样去运营，包括小米科技、小米社区、MIUI、小米手机、红米手机、小米电视、米聊、小米盒子等在内，几乎每个产品都有专属微博。为了运营好微博，小米科技专门在微博上组建了一个数十人的团队，保持与用户一对一的沟通。这些微博在聚集用户、提高影响力方面起着关键的作用。在小米科技，包括雷军在内的几位高管都是微博高手，他们习惯了在微博中回复及解决用户提出的问题。比如，有用户通过微博提出想要银色小米手机的想法后，创始人黎万强立即与手机生产部门做沟通。仅过了3小时就发送微博，表示将新增银色版1~20000台。借助微博平台，小米科技了解用户意见变得快速，也由于公司高管与用户的直接沟通，让领导层了解用户意见变得非常简单和直接。除了利用微博平台外，小米科技对后来的微信、百度贴吧等也增加了服务团队，针对这些线上平台上大量用户的碎片化知识，小米科技设计出简单恰当的帖子辅助功能，以便快速收集和整理碎片化的信息。

除了采用小米社区、MIUI论坛以及微博、微信等线上平台外，小米科技还积极开展线下互动活动。"米粉"是对小米社区"发烧友"的称谓。一方面，小米科技给这些核心"米粉"提供了一个可以参与到小米的操作系统研发的平台，围绕粉丝用户的习惯和需求，形成了这种以一周为单位的多频次、小改进研发模式。在小米手机出来之前，小米科技授权核心"米粉"率先试验MIUI系统，从而使得MIUI论坛为小米社区提供了一批忠心的元老粉丝。另一方面，小米科技在线下积极开拓了线下"爆米花"等互动活动，为这些"米粉"和"发烧友"们举办线下座谈研讨聚会，通过"多渠道，做内容"的方式深化用户关系，以此建立亲和形象，增加与用户的信任关系。

（四）用户创新中的流程及风险控制

创新中依靠用户能够节约研发成本，并快速获知市场需求和产品缺陷，从而做到产品的快速迭代更新以满足用户需求。但是，用户的参与势必会打破原有的组织形态与流程，对组织的设计与产品流程的设计有着较高的要求。为此，小米科技根据用户的技术能力设立相应的岗位，并确立职位说明书，如根据某用户提出的外观意见并采纳后可以由其负责外观方面的相关工作。如产品设计的外形上，2016年发布的小米手机5就针对用户需求开发了一种紫粉色，以满足更多女性用户的需求；选用陶瓷新材质及双曲面的设计使用户手握手机舒服度更佳。同时，产品的创新流程也不是一成不变的，由于用户的加入，创新流程的各个环节也融入用户。如在产品开发环节，小米邀请有专业技能的用户成为产品开发者，对每个递交的改进点进行初级判断，最后将有效的反馈和意见列入系统改进的排列序表中。小米科技还将一些非核心功能外包给粉丝来开发，鼓励粉丝在MIUI系统开发增值软件，如小米粉丝帮助翻译了25种语言的版本，并为小米适配了143款机型等。

然而，用户毕竟不是公司的内部员工，用户创新的过程和知识产权的风险难以控制。基于此，小米科技采取了相应的流程对用户创新过程实施控制，主要体现在两个方面：一方面是对用户参与到小米产品创新的各个环节的控制。如针对用户设岗，明确职位要求及各岗位间的衔接与工作进度的推进；另一方面是对技术流失的风险控制。小米科技通过与用户签订相关知识产权协议来解决，协议中标明关键技术的来源，以确定技术来源的归属，减少因知识产权的归属带来的风险。对于创新成果知识产权归属的问题，若由用户创新而来的技术，小米科技会根据公司需求，通过购买的途径来解决。在知识产权的保护上，小米科技会及时申请相关专利。

第二章
知识创新模式

第一节 知识创新模式概述

1993年，美国学者艾米顿在《知识经济的创新战略》一书中指出了"知识创新"的概念，认为知识创新是通过创造、交流等方式将新思想与经济服务等活动融合以促进企业获得成果、国家和社会进步的一种手段和过程。1995年，日本学者野中郁次郎和竹内弘高基于日本国内的创新实践提出了知识创新模式（Knowledge Innovation model），将知识创新定义为隐性知识和显性知识间螺旋上升的转换过程，并提出了知识转化经典模型。1999年，中国学者肖希明在论述知识创新的重要意义的基础上，提出了强化和优化知识信息管理的若干建议。随后，中国学者们对知识创新模式的概念及内涵、模型构建、影响因素及建议等展开了研究。

一、知识创新的概念及内涵

知识创新是技术变革的基础，与技术创新和制度创新共同构成了创新行为演进的主要形式，它们是同一创新过程中的不可分割的三个方面。知识创新是一个复杂的、隐含规律与秩序的演化过程，是知识创造、演化、转移和应用的动态过程，是通过基础研究来获取新的知识的过程，包括认知思维模式与认知成果的一切变革，也是企业内部的群体成员之间以及这些成员与企业外部的上下游企业、用户之间共同分享隐性知识，创造出新的产品和服务概念的一个系统化的过程。知识创新的驱动力来自个体在知识创新过程中所建立的三元（组织元、个体元、学术元）融合动态目标，该目标促使个体聚焦研究问题，产生主动创新行为，实现组织目标。常规化知识创新可以分为两类：一类是市场上的创新，表现为投资的回报；另一类是组织内部创新，表现为持续的工艺与管理革新。根据创新的发展程度，知识创新模式可以分为生产需求型、产业集群型和创新网络系统型三种，分别从知识吸收、知识生产、知识共享、知识转移和知识应用等环节构建知识创新综合体系，为企业竞争力的提高提供机制保障。

二、SECI经典模型的作用、存在缺陷及改进

野中郁次郎和竹内弘高（1995）提出的知识转化经典模型即SECI模型，包括潜移默化（Socialization）、外部明示（Externalization）、汇总组合（Combination）及内部升华（Internalization）。SECI模型通过对企业知识生产过程进行深入探究，详尽描述知识转化的过程，从而达到揭示知识生产的起点与终点，使企业认识到组织成员中的个人化的隐性知识，通过共享化、概念化和系统化，最终升华成为组织所有成员的隐性知识。但是，SECI模型在应用中也存在较多的不足，如SECI模型过分强调隐性知识的相互转化，对显性知识的共享、对知识创新的促进作用重视不足；忽视了显性知识和隐性知识的组合化过程；对知识创新的复杂性，对个体、组织、行业之间的知识交互、创新过程阐述不清；对知识创新过程中知识创新方向、速度、路径等的分析与论述不够严谨。同时，SECI模型是一个封闭的模型，未充分考虑企业在复杂多变的环境下与外部知识交互形成的新知识，对知识的分类也过于极端，对介于隐性与显性之间大量的亚显（隐）性知识或假显（隐）性知识考虑不够充分。为此，中国学者在经典SECI模式的基础上进行了修正，如将知识创新的过程划分为6阶段，即知识获得、知识选取、知识融合、知识创造、知识扩散和知识共享，并建立了扩展的知识转换模型；针对知识创新中的知识具有的原生性、稳定性、群合性、统摄性和遗传变异性等特征，以及知识都存在一个发酵的过程，有学者提出了知识创新的知识发酵模型，以揭示组织学习和知识创新活动的核心过程。此后，针对SECI模型的不足，中国学者们相继提出了知识创新的碗装模型、IDE-SECI模型、知识创新ERG模型、隐性知识显性化模型、量子知识创造模型（Q-SECI模型）等。

三、知识创新的过程

知识创新的过程一般分为非时间连续的4类阶段，即创新匮乏阶段、初步创新阶段、规律创新阶段和混沌创新阶段。在知识创新视角下，知识具有"波粒二象性"，即知识既是存量又是过程。因此，知识创新的过程就可以用粒子突破障碍的过程来描述，从而基于此构建知识在不同环境中的创新机制。在组织学习过程中，知识创新经过知识的创造、知识的具化、知识的运用及知识的扩散这四个阶段不断螺旋上升。尤其在信息技术飞速发展的时代，隐性知识体系作为知识创新的关键，以前所未有的态势影响着产业集群中的知识创新进程。隐性知识快速转化为显性知识可以促进产业集群知识的吸收和再创造。党兴华和李莉（2005）提出知识创新的一般过程是：组织内外有大量的信息，从这些信息中整理得出相应的知识，将这些知识转化为组织的行动，并获得行动的经验，然后在组织内实现检验的协同与共享，最后实现知识的创新。然而，企业的知识创新并不是一蹴而就的事情，需要从知识沉淀、共享、学习、应用做起，最终达到知识创新。

四、知识创新的影响因素

基于社会网络理论，企业知识基础具有的一致性与多样性，使得企业的知识创新容易受企业内部合作网络密度的影响。学者们深入研究了网络影响知识创新的机理，表明网络中心性与知识创新正相关，但这种正相关关系同时受到个体以往绩效的正向调节作用，而这种调节作用同时又受到网络异质性的负向调节；从外部知识利用的角度研究了知识深度和知识创新的曲线关系，知识深度与知识创新之间存在倒U形关系，而主体所处的网络规模和关系嵌入强度均能削弱这种曲线关系。网络规模越大，知识深度与知识创新的倒U形关系越平缓；关系嵌入强度越强，知识深度与知识创新的倒U形关系越平缓，从而揭示出网络与知识创新的深层关系，为企业实施知识创新指明方向。

五、知识创新能力

知识创新能力的提升是企业进行知识创新及保持竞争优势的主要途径，企业应保持适当惯例，有效进行外部知识搜寻，增强合作意愿，提高自身知识吸收水平，通过促进知识域耦合以提升知识创新能力。影响知识创新能力的关键因素包括知识属性、知识吸收和知识共享。其中知识属性通过知识共享意愿对知识创新能力产生间接影响，知识吸收通过知识共享意愿或网络异质性间接影响知识创新能力，网络异质性与知识共享意愿直接影响知识创新能力。企业知识创新能力的影响程度大小为：知识吸收>网络异质性>知识共享意愿>知识属性。知识创造过程中的社会化、外化、综合化和内化4个维度在商业中呈现出来的特征，通过影响组织的管理流程和业务行为，从而对产品创新能力的提升产生积极的推动作用。由于知识共享是知识创新的前提和基础，学者们通过对企业内部知识共享与企业知识创新过程的解读，借助柯布—道格拉斯生产函数，构建企业知识创新能力提升动态模型，分析产学研合作中企业知识创新能力提升的影响因素，在此基础上，提出了对策和建议。

六、知识创新激励与创新绩效

知识创新既是创造新价值的最根本途径，也是产生和维持供应链中竞争优势最为可行的战略。已有的实证研究表明，知识创新能够有效提高协调整合能力和重组转型能力，并最终对组织绩效具有直接正向影响，从而为企业如何有效增强知识创新以提升动态能力和改善组织绩效提供有益的借鉴。企业要实施知识创新，应把知识创新作为创意企业的核心管理职能，将知识创新引入创新激励。知识创新激励的方式有产权激励、市场激励、政府激励和企业激励4个方面，分别从组织和个人层面更好地了解和挖掘知识创新的潜力。针对供应链协同知识创新中的基本博弈，企业应重新设计成员参与共享知识库建设的激励机制，和限制供应链成员在知识创新合作中"搭便车"的激励机制，以达到通过科学制定激励制度，推动系统动态循环并最终提升企业绩效。

知识创新虽然已成为当前的研究热点，但是国内外学者尚未真正展开对组织学习方式与隐性知识创新相关关系的研究。知识创新模式作为实现知识创新的一套方法、流程或者理论，但在研究中仍然存在不少问题，如缺少对知识创新基本问题的系统研究、缺少整体知识活动的模式构建，以及针对知识创新的细分对象较多，导致涉及本身全部功能和活动的研究较少。

第二节　知识创新模式应用案例

华为技术有限公司（以下简称华为公司）是全球领先的信息与通信技术（ICT）解决方案供应商，产品和解决方案已经应用于全球170多个国家，服务全球90%的运营商和全球1/3的人口。过去10余年，华为公司持续投入创新，已累计投入2400亿元进行研发创新，获得有效专利数超过8.5万件。目前，在全球有16个研发中心，28个联合创新中心，加入177个标准组织和开源组织。除了强劲的通信设备和手机业务，华为旗下的产品也表现优异。2020年，华为的智能产品获得"艾媒金榜"的有：智能路由器品牌排行榜TOP15第1名、智能手表品牌排行榜TOP15第1名、智能手环品牌排行榜TOP15第2名、十大智能音箱品牌排行榜单第3名、十大智能电视品牌排行榜第8名，以及2020"618"中国电商消费十大3C数码品牌排行榜单的第1名，显示出华为公司雄厚的技术创新实力和优异的知识管理水平。因而，以华为公司为知识创新的应用案例符合案例研究中的聚焦性、典型性和代表性原则。

一、案例企业概况

华为公司，由任正非先生创立于1987年的广东省深圳市龙岗区。公司成立之初是一家生产用户交换机（PBX）的香港公司的销售代理，1989年公司开始自主开发PBX，后逐步走上拥有核心自主知识产权的科技发展道路。1998年，起草达3年之久的《华为基本法》正式实施，成为华为公司经营的总纲领，也是中国第一部总结企业战略、价值观和经营管理原则的"企业宪法"和制度体系。此后的华为公司进入了一个基于技术创新的快速发展的全球化扩张阶段。

2009年，华为公司的无线接入市场份额跻身全球第二，并率先发布从路由器到传输系统的端到端100G解决方案。2010年，华为公司超越了诺基亚西门子和阿尔卡特朗讯，成为全球仅次于爱立信的第二大通信设备制造商，在全球部署了超过80个商用网络。2012年，华为公司发布了第一款手机"Ascend D quad"。该手机搭载了华为旗下子公司海思自主设计的四核移动中央处理器K3V2，该四核处理器也是同期业界体积最小的处理器。华为公司因此成为国内第一家推出手机移动中央处理器的手机厂商，并一举打破了高通、德州仪器TI以及nvidia对手机CPU的垄断。2019年，华为公司在全球30个国家获得了5G商用合同，5G基站发货量超过10万个。2020年4月30日，中国移动联合华为公司首次实现了5G覆盖珠峰峰顶，双千兆网络覆盖到了6500米高度。

华为公司提出"把数字世界带入每个人、每个家庭、每个组织，构建万物互联的智能世界"，把"开放、合作、共赢"作为企业发展的重要基石，致力于为全联接的信息社会打造良性生态系统，为运营商和消费者提供有竞争力的ICT解决方案。并围绕政府及公共事业等客户需求持续创新，在帮助企业提升通信、办公和生产系统的效率，降低经营成本的基础上实现公司的收益。在为客户提供高性价比产品及高质量服务的同时，华为公司也收获高的收益，连续10年稳定快速增长，营业收入从2010年的不到2000亿元上涨到2019年的8600多亿元（图3-2-1）。2019年年度报告显示，华为公司当年实现全球销售收入8588亿元人民币，同比增长19.1%；净利润

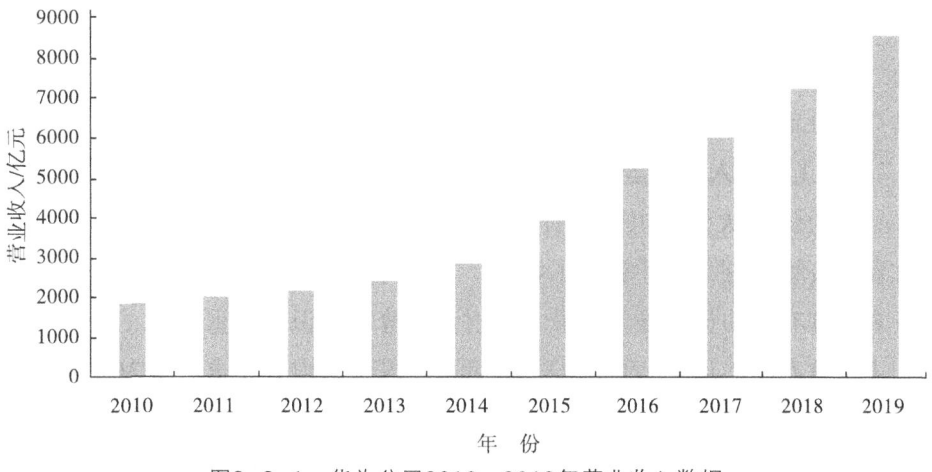

图3-2-1　华为公司2010—2019年营业收入数据

627亿元人民币，经营活动现金流914亿元，同比增长22.4%。

营业收入连年增长的华为公司，严格按照《华为基本法》中研发资金不低于10%的规定，持续加大研发投入。2019年，华为公司的研发投入达1317亿元，占营业收入比为15.3%（图3-2-2）。研发人员的数量也逐年攀升，华为公司共拥有来自163个国家和地区的超过17万名员工，其中研发人员占总员工人数的45.36%。

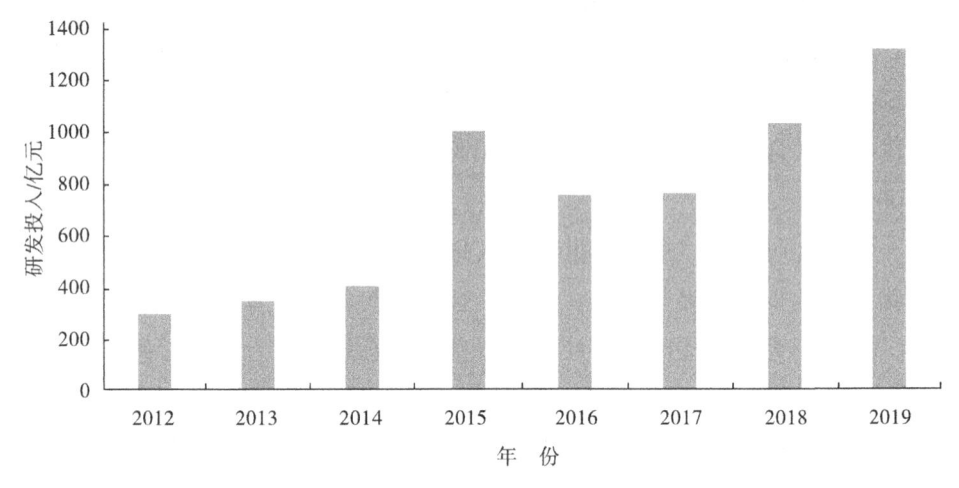

图3-2-2　华为公司2012—2019年研发投入资金数据

二、华为公司的创新理念

华为公司以"开放、合作、共赢"作为企业发展的重要基石，致力于实现未来社会信息互连。华为公司坚持稳健经营、持续创新，在电信运营商、终端和云计算等领域构筑了端到端的解决方案优势，获得了"中国最具竞争力品牌"和"最受赞赏的知识型企业"大奖。

（一）尊重人才，坚持知本主义

华为公司认为知识就是资本。过去，是资本雇佣人才，而现在是人才雇佣资本，有了人才就有了资本。《华为基本法》第二条提到，认真负责和管理有效的员工是华为最大的财富。尊重知识、尊重个性、集体奋斗和不迁就有功的员工，是我们事业可持续成长的内在要求。华为公司提倡与员工建立一种契约信任的关系，主动打破中央集权制，实行分层授权，"让听得见炮声的人呼唤炮火"。同时，在人才培养机制上主张人才跨岗位轮换，循环流动，以培养面向未来的跨界人才。华为公司主张"宰相必起于州郡，猛将必发于卒伍"，在实战中选拔人才，并以责任结果贡献为标准考核人才。《华为基本法》第十七条中提到，用转化为资本这种形式，使劳动、知识以及企业家的管理和风险的累积贡献得到体现和报偿；积极探索知识资本化与适应技术和社会变化的有活力的产权制度。正是华为公司对知识、对人才的重视，使华为公司在创新的过程中所向披靡。

（二）坚定不移专注通信领域

华为的追求是在电子信息领域实现顾客的梦想，并依靠点点滴滴、锲而不舍的艰苦追求，成为世界级领先企业，为了使华为成为世界一流的设备供应商，将永不进入信息服务业。华为公司自1987年创立时以代理生产用户交换机进入通信设备领域，一直坚定不移地在通信领域进行深入耕耘。正如华为总裁任正非说："我们成长起来后，坚持只做一件事，在一个方面做大"。华为公司每年拨付500多亿元持续在通信领域研发投入，最终达到了在全球通信设备领域的领先水平。正是华为公司始终专注于通信领域，才能集中资源持续创新。

（三）以客户为中心，为客户创造价值

《华为基本法》第二十五条中提到："华为向顾客提供产品的终生服务承诺。我们要建立完善的服务网络，向顾客提供专业化和标准化的服务。顾客的利益所在，就是我们生存与发展的最根本的利益所在。我们要以服务来定队伍建设的宗旨，以顾客满意度作为衡量一切工作的准绳"。始终坚持为客户创造价值，并将其做到极致是华为公司坚守的信念。即便是华为公司在成为通信设备领域的领先者后，创新进入"无人区"，华为公司仍然强调以客户为中心的开放式创新，通过对客户需求的分析，提出解决方案，以这些解决方案引导开发出低成本、高增值的产品。同时，在产品技术创新上，定义清楚创新的边界，做到保持技术领先。此外，掌握商业发展趋势和开发节奏，以客户需求为中心做产品，以技术创新为中心做未来架构性的平台。

（四）重视基础研究，拥有核心技术知识产权

华为公司极其重视基础研究，并将其列入《华为基本法》。其中第二十七条提到："在相关的基础技术领域中，不断地按'窄频带、高振

幅'的要求，培养一批基础技术尖子。把基础技术研究作为研究开发人员循环流程的一个环节。没有基础技术研究的深度，就没有系统集成的高水准"。正如任正非所言："板凳要坐十年冷。高科技领域要沉得下心，没有理论基础的创新是不可能做成大产业的"。华为公司从做交换机起步，接着做传输、无线、数通，现在是IT、终端，几乎把通信领域的所有产品都做到了业界领先，在这些领域取得了数以万计的技术专利，相当一部分是基础研究领域的专利，从而将"我们的目标是发展拥有自主知识产权的世界领先的电子和信息技术支撑体系"落到了实处。为了取得上述目标，长期以来华为公司按销售额的10%拨付研发经费，有必要且可能时还将加大拨付的比例。自成立以来，华为公司的研发投入累计已达4800多亿元。这是一个把金钱变知识的过程，即把广泛的信息转换成与华为公司战略相匹配的知识。正是华为公司重视基础研究，舍得投入去获得参与市场竞争所必需的知识储备，不断积累基本专利，并积极参与国际标准的制定，推动自有技术方案纳入标准，才能成为一个在多个领域取得成功的有全球竞争力的平台型企业。

三、华为公司知识创新的管理举措

华为公司以拥有自主知识产权的世界领先的电子和信息技术支撑体系为技术发展目标，以日本产品的低成本、德国产品的稳定性和美国产品的先进性为赶超基准，积极建立起广泛的战略伙伴关系和以互利为基础的多种外部合作形式，采取多种举措支持员工把出色的创意转化为顾客需要的产品，从知识吸收、生产、共享、转移以及应用等环节进行知识管理，从而提升了企业竞争力。

（一）设定利益机制，激发知识的产生与转化

华为公司建立了利益分享机制，实行员工持股制度，从而结成了公司与员工的利益共同体。在华为公司，持有股份的员工真正为公司着想，一心一意地扑在工作上，公司内部形成了巨大的凝聚力和知识转化产品的动力。同时，实行"CEO轮值"制度和优胜劣汰机制。一方面把权力彻底关在了"笼子"里，避免"成也萧何败也萧何"，实现了从依赖个人到以制度化进行管理的转化；另一方面，员工能上能下、优胜劣汰，使最优秀的人

拥有充分的职权和必要的资源去实现分派给他们的任务，并按贡献进行考核，更大限度地以压力和动力双线激发了员工知识的产生与应用。

（二）以客户需求为导向的知识生产与应用

华为公司早期以追求纯粹技术创新为导向，忽视了通信行业客户的一个基本需求趋势：对已成熟技术的继承，是提高产品稳定性和降低成本的关键，开发出的交换机和传输设备遭到了运营商的大量退货和维修要求。为此，华为公司提出实施满足客户需求的创新，为避免盲目创新，华为公司要求研发人员研发时应该着眼于市场及客户需求、以往产品的技术成果，以及对外部知识资源的整合，在财力有限的情况下要始终以管道战略聚焦主航道，逐步实现关键部件和技术的替代。对于科学家们研发出来的新技术，是否投入使用，什么时候投入使用，也要基于客户的反馈，包括今天的需求、明天的需求、未来战略的需求，才能确定掌握的技术该怎么用，以及投入市场的准确时间。这就要求华为公司对所有的创新和尝试，都是基于公司业务的主航道而做出的选择。即所有创新项目的选择，必须通过以客户需求为导向的战略来做出筛选。只有把与客户需求相关的知识转化为华为公司的技术、产品与服务，才能让华为公司既具有持续的市场竞争力和战略上的领先能力，还能妥善地解决了短期与长期发展的平衡问题。

战略上，华为公司提倡以顾客价值观的演变趋势来引导产品方向，以及相应知识的生产与转化。为了近距离接触客户，并为客户提供性价比高的新产品和新服务，华为公司摸索出了一套新的管理模式，即"铁三角组织创新"模式。"铁三角"指由客户经理、解决方案专家和交付专家组成的面向客户的作战单元，分别负责前期与客户沟通、中期产品设计和后期交付。华为公司在总部实施高度中央集权，在一线则按项目铸造了一个个的"铁三角"，总部既实施对一线项目的管理，又赋予其相应权力，形成以项目为中心的团队运作模式，真正做到以客户需求为导向的技术与产品创新。

（三）全球化视野的开放合作实现知识共享与知识吸收

华为公司遵循自主开发开放合作的原则，广泛吸收世界电子信息领域的最新研究成果，虚心向国内外优秀企业学习，在独立自主的基础上，开放合作地发展领先的核心技术体系，用卓越的产品自立于世界通信列强之林。为此，华为公司建立起了一个全球创新体系，与全球逾百所高校及研究机构合作，与2位诺贝尔奖获得者、100多位院士以及数千名学者同行。

1. 管理知识的吸收与应用方面

为了引进及吸收世界上先进的管理知识，华为公司锁定IBM作为自己通向世界级企业道路上的学习榜样和战略合作伙伴。为此，华为公司投入约5000万美元，花费5年时间，在大约50位IBM管理咨询顾问的指导下改造内部管理与业务流程。为了改造后的管理流程能被内部人员快速吸收，华为公司制定"先僵化、后优化、再固化"的变革指导思想，还组建了一个300人的管理工程部配合IBM顾问的工作。吸收IBM流程运营知识的华为公司，即便是管理7万人的研发团队，仍能做到在显性的客户需求与隐性的客户需求基础之上的理性决策，从而降低了失误率，节约了成本，减少了组织对个人的依赖程度。

2. 创新理论知识的吸收方面

为了实现全球视野的能力构建，促进全球先进技术知识向华为公司迁移汇聚，华为公司在全球布局人才引进策略，实施围绕着人才设立机构的原则，即"在有风的地方筑巢，而不是筑巢引凤"，把资源布局在人才集聚的地方。一般的做法是，华为公司在全球范围搜寻人才，一旦发现匹配的人才后即为其建立一个相应的团队。如华为公司在俄罗斯发现一个数学家，即为其设立华为俄罗斯数学研究院，就地开展研究工作。后来该数学家研究出来的数学逻辑算法，突破了2G到3G的技术壁垒，并产生出多项关键数据和压倒性指标，实现了华为公司在该竞争领域的领先地位。创新理论研究及基础研究不仅仅要持续地投入资金，更需要非常强大的耐心和韧劲。一方面，华为公司以自由的心态对待科学家们的创新，由科学家们按其自身的喜好关注或研究技术，愿意怎么想就怎么想。"不求他们归华为所有，不限制他们的人身自由和学术自由，不占有他们的论文、专利……只求跟他们合作"，这是华为公司以开放的心态对待科学家们的最好写照。华为公司的26个全球研发中心汇集了世界主要的技术潮流，拥有700多个在职的数学家，800多个物理学家和120多个化学家。

3. 行业技术知识的吸收与共享方面

华为公司采取全球设立合资公司、分支机构、研发中心和联合实验室等方式来增强全球知识的吸收和共享能力。在全球设立合资公司方面，与3Com公司合作成立合资公司专注于企业数据网络解决方案的研究；与西门子成立合资企业针对中国市场开发TD-SCDMA移动通信技术；与赛门铁克合作成立合资公司开发存储和安全产品与解决方案；与全球海运合作成立合资公司提供海缆端到端网络解决方案等。在法国和俄罗斯设立了数学研究所，在瑞典斯德哥尔摩设立了3G技术研究所，在德国和芬兰设立研发中心，在比利时鲁汶设立了华为欧洲研究院等。在联合试验方面，与摩托罗拉合作在上海成立联合研发中心开发通用移动通信系统技术，在香港科学园设立华为诺亚方舟实验室围绕人工智能展开研究。此外，华为公司积极与领域内的技术优势企业展开专利交叉许可，修宽航道。如华为公司已经成为全球最大的专利保护社区OIN社区的被许可方和成员，已和高通公司、爱立信、苹果、三星等签订了专利交叉许可协议，从而在全球范围内与这些技术优势企业进行知识的共享。

第三章

集成创新模式

第一节 集成创新模式概述

1997年，美国的马可·伊恩斯蒂发表了《技术集成》一书，提出了技术集成的概念。1998年，唐克从创新动力学和创新组织的角度提出集成创新（Integration Innovation）的概念，指出集成创新是通过对新技术和新市场的技术集成，将不同领域的知识大量集成到一个相对稳定的产品模型中的过程。集成创新较关注创新的中后期，重视创新成果的形成及其市场化、产业化应用。中国学者们主要从概念及特点、优点、模式分类、集成创新能力以及集成创新绩效等方面展开研究。

一、集成创新的概念及特点

集成创新是创新行为主体采用系统工程的理论与方法，主动优化创新资源使有机整体功能倍增的一种创新过程，是一种把各种不同的创新要素有机集成的创新方式或创新战略。集成创新是指创新的融合，通过把企业创新生命周期的不同阶段、流程以及不同创新主体的创新能力、创新实践、创新流程和竞争力集成在一起，从而形成能够产生新的核心竞争力的创新方式。集成创新涉及技术、组织和管理领域，其结果是新产品、服务或流程，甚至可以是概念、方法、技术、组织、制度、管理、营销和文化的融合，也可以是以上形式的结合。集成创新不仅将创新看成是交叉职能的联结过程，还把它看作是一个企业技术流路径所织成的复杂网络。在集成创新过程中，各类创新主体可以实现优势互补，形成独特的创新能力及优势。

集成创新的重点是融合多种现有的技术资源从而形成新的竞争优势，其根本点在于融合，而不是多类技术资源的简单叠加。同时，集成创新强调集成过程而非被集成的原始技术资源，客观上表现为对已有技术资源的融合，从而与原创性技术资源为核心的创新活动有明显的区别。与传统创新相比，集成创新具有持续性、系统性、结构性和集成性等特征。从时间上看，集成创新更加注重创新后期的效果以及竞争力是否具有持续性；从水平层次上，集成创新关注不同创新主体、人员整体的集合力量，并且尽可能使之系统化；在垂直方向上，集成创新更加关注围绕企业和产品生命周期的集成和创新。集成创新具有的创造性、融合性和系统性的特点，能够优化配置创新资源，促进创新主体的有效合作以及创新主体与创新环境的融合。具有集成放大效应的技术集成创新是指将公知技术、有效专利和部分自创技术系统化地组合集成为一个新的具有创造性的技术方案，直至获得实际应用，并产生良好的经济和社会效益的商业化全过程的活动。技术集成创新的特点是技术来源多样化，权利状态复杂化。

复杂产品系统集成创新体系是组织集成、战略集成和技术集成的复合体。复杂产品系统集成创新体系的组织构成主要包括三个子系统，即基础技术创新体系、产业技术标准创新体系、产业链网络创新体系。在组织结构维度中，还包括各主体间的组织关系，各子系统及相互间的组织构成等。基于复杂产品系统集成创新活动具有的多主体性、多层次性、非线性和系统性等特点，构建出超循环复杂产品集成创新体系，可以有效改进创新效率，提高综合竞争力。

二、集成创新的过程及影响因素

集成创新不同于一般性的创新资源汇聚，而是强调创新的灵活性和开发速度，重视研发质量和产品多样化。集成创新在创新过程强调从线性走向网络化，包含了集成主体主动性的优选行为，体现了其有目的、有意识的比较选择，是一种群体性、集成性活动。技术集成创新的过程主要包括三个阶段，第一阶段主要是吸收知识的能力、知识的相容性、多样性技能人才等；第二阶段主要是现有的知识技能存量、领域本体、知识来源的品质等；第三阶段主要是新知识的应用及其与预期目标的融合。针对三阶段知识黏性的不同表现，应当有针对性地采取克服知识黏性的措施来提高集成创新的效率。

技术创新成功的前提是技术创新应该由合适的组织变革或组织开发伴随，因而环境要素在技术集成创新活动中起着非常重要的作用。在技术创新过程中，若无计划合适的组织变化伴随技术创新，或组织创新与技术创新集成不协调，都会导致技术创新失败。产业集成创新是整合区域资源、加快区域产业结构升级的有效途径，区域产业集成创新的影响因素包括集成创新动力、集成创新能力和集成创新环境。

三、集成创新的形式与组织模式

集成创新是技术创新的重要形式和方法，集成创新的模式经历了从个体创新到联合创新再到技术创新协同的演变。集成创新的形式主要有水平化集成、垂直化集成和网络化集成三类。针对装备产品的技术构成和产品创新特点，从技术依存度和模块化程度两个维度出发，集成创新模式一般有架构设计型、模块更替型、内部一体化型以及许可改进型4种。而从宏观和微观角度来看，集成创新模式主要有基于企业层面的集成创新、基于企业之间协同价值链的网络集成创新、基于产业层面的技术集成创新、基于创新系统各执行主体有效合作基础上的集成创新、基于产学研相结合的集成创新、基于区域创新体系和国家创新系统宏观层面的集成创新等。从产业集群共生角度出发，技术集成创新的模式又可分为外力诱发型（政府推动模式）和内力驱动型。

集成创新是涉及多个层次、多个部门、多个阶段、多种技术的复杂创新活动的组织形式。一般而言，集成创新存在着三种组织模式：一是针对特定的需要，以战略为主导，以产业、技术或产品为平台，以计划、项目为主要组织形式，并辅以相应的技术手段和管理手段支撑的一种综合的创新管理模式。二是通过创新环境的建设，创造一个良好的集成氛围，推动系统内各创新主体在资源、技术、知识等方面的融通和交流，促进研究开发、生产与市场的沟通，从而引起系统整体的演化和进步。三是介于以上两种组织模式之间所形成的一种创新主体与环境互动而产生的各种网络集成模式。究竟采取何种集成创新模式，面临着多样化的选择，这取决于进行集成创新的主体所处的层次、看待这一问题的视角和进行集成的目的等。

四、企业集成创新及其系统

企业的集成创新是一个从新产品概念—科学研究—技术开发—商业化的不断反馈和互动的过程，伴随这一过程的则是企业内、外部各种资源的集成。企业集成创新具有复杂多变的创新网络、集成放大的整体功能、开放动态的演进过程等特征。企业集成创新的动因包括技术的复杂性、现代科学的交叉融合性、竞争环境的加速动态演化以及企业发展的原动力。企业集成创新的构成要素包括战略集成要素、知识集成要素、技术集成要素和组织集成要素。从管理角度看，企业集成创新的战略模式是在各要素的结合过程中注入创造性的思维，在产品技术集成、知识积累和组织集成的管理过程中不断升级，最终使企业拥有核心能力和充分的自主创新能力。陈劲（2002）从战略集成层面、知识集成层面、组织集成层面阐明了企业内部集成创新的过程，提出了企业集成创新分析的新框架，指出集成创新的组织运作需在兼顾内部组织集成与外部组织集成的同时开展知识集成，以增强企业的快速创新能力和提高企业的创新速度与效率。

企业集成创新系统是一个复杂的耦合系统，主要包括技术集成子系统、战略集成子系统、知识集成子系统和组织集成子系统，各系统存在复杂的非线性协同关联。子系统之间的关联机制决定了企业集成创新系统的结构和功能，通过把企业创新生命周期不同阶段、流程以及不同创新主体的创新能力、创新实践、创新流程和竞争力集成在一起，从而形成能够产生新的核心竞争力的创新方式。在此基础上，也有学者提出了包括要素集成管理、过程集成管理、空间集成管理和管理集成的面向产品创新的集成管理的理论体系，建立了基于技术、战略、知识、组织4个关键的集成层面的联结层面模型，认为企业集成创新系统是具有多功能智能性、整体优化性、综合集成性和协同性等特征的有机整体。

五、集成创新的能力与创新绩效

技术集成能力是为了满足技术系统要求的一种动态的综合能力，由产品构建能力、技术选择能力、技术吸收能力及技术重构能力构成。技术集成能力是构建、整合、重构企业内外部技术资源以满足技术系统需求从而适应动态变化环境的能力，是保证企业技术集成有效实施的核心基础，已成为企业自主创新竞争优势的关键所在。技术集成能力的量化研究一直是集成创新领域的重点及难点问题。企业集成创新能力评价指标体系可以基于技术集成能力、战略集成能力、知识集成能力和组织集成能力4个维度进行构建。集成创新根据投资主体的不同可以分为国家创新、企业创新、个人创新。国家集成创新能力是国家根据发展战略的需要，由技术监测能力、技术学习能力、技术系统整合能力及组织系统整合能力构成，相关的能力评价指标包括创新投入、创新产出、创新网络和知识扩散等。

集成创新对组织绩效有积极和直接的关系，是组织获取新财富的有效途径。由于组织结构、知识整合手段、组织学习和文化氛围对知识集成及绩效有显著的正向影响，且影响程度从大到小依次为组织学习、文化氛围、知识整合手段、组织结构。因而在集成创新过程中，要强化组织学习氛围，在组织内部形成浓厚的创新文化。此外，在技术集成创新过程中，对集成创新绩效产生影响的因素还包括吸收知识的能力、知识的相容性、多样性技能人才、知识技能存量、新知识的应用和与预期目标的融合等，这些因素都需要企业在实施集成创新过程中进行充分关注。

综上，集成创新是以系统思想为指导，将相互作用、相互关联的创新要素通过选择、优化和搭配，以最合理的结构形式进行系统融合，从而使创新客体的整体功能发生质的跃变。但集成创新也存在一定的风险，包括技术要素风险和技术要素集成风险；技术要素同内部资源、内部环境要素的集成风险；技术要素同外部资源、外部环境要素的集成风险等。实施集成创新时应采取相应的举措防范，如提升企业管理和创新能力、构建企业文化鼓励创新精神和风险承担精神等。

第二节 集成创新模式应用案例

中国航空工业集团有限公司（以下简称航空工业），是由中央管理的国有特大型企业，于2008年11月由原中国航空工业第一、第二集团公司重组整合而成立。航空工业拥有中国航空研究院等33个科研院所，以及一大批国家重点实验室和重大科研试验设施，并具备异地协同设计制造能力和现代化信息传输能力。航空工业采取集成创新模式取得了数百项核心技术成果，在重点航空产品、支柱民品、关键技术领域和核心技术方面形成了一批自主知识产权，共获得国家科学技术进步奖39项。在2019年中国创新实力榜单中，航空工业研发投入位列第5、发明专利数量位列第4。因而，以航空工业为集成创新案例展开研究具有较强的代表性。

一、案例企业概况

航空工业于2017年完成工商变更手续，由全民所有制企业整体改制为国有独资公司，拥有航空武器装备、军用运输类飞机、直升机、机载系统以及工程建设等产业，下辖100余家成员单位、23家上市公司，员工逾45万人。

航空工业秉承"一心、两融、三力、五化"的发展战略，其中，"一心"使命是指航空报国和航空强国，"两融"模式是指军民融合模式和产业融合模式，"三力"目标是指领先的创新力、先进的文化力和卓越的竞争力，"五化"路径是指集约化经营、精准化管理、市场化改革、体系化发展和国际化共赢。自1954年7月航空工业主导生产了新中国的第一架初教-5（雅克-18）教练机起，航空工业在军用飞机和航空武器装备科研、生产取得了长足进步，累计生产飞机和直升机20000多架，发动机60000余台，导弹20000多枚，研制出了一批具有自主知识产权、与世界发达国家在役飞机性能相当的航空装备，使中国跻身于能够研制先进战斗机、战斗轰炸机、直升机和特种飞机等多种航空装备的少数几个国家之列。

在创新能力逐步提升的同时，航空工业也取得了稳定收益，营业收入持续增长，从2011年的2500亿元上升到2019年的4500多亿元（图3-3-1）。2019年，全年实现营业收入4580亿元、利润总额达198亿元、经济增加值（EVA）达57.5亿元，100%完成了国资委规定的经营业绩考核指标，在国资委年度考核中连续获得A级。航空工业也因其良好的业绩和担当社会责任的勇气，2019年被评为《财富》榜最受赞赏的中国公司，在中国战略性新兴产业领军企业100强中排名第4位，在中国制造业企业500强中排名第11位，在2019年"一带一路"中国企业100强中位列第59位。2020年入选国务院国资委"科改示范企业"名单,在《财富》世界500强排行榜中位列第163位。

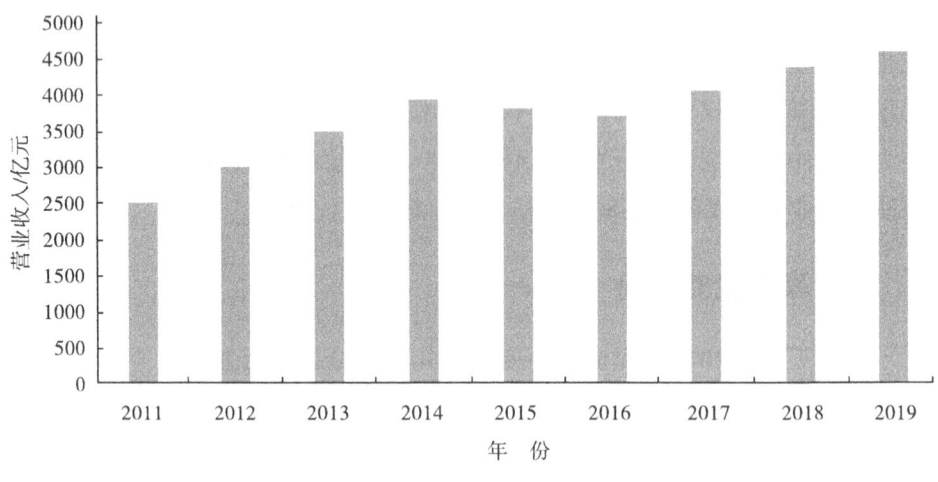

图3-3-1 航空工业2011—2019年营业收入数据

二、航空工业实施集成创新的背景

新中国的航空制造业,是从引进、消化苏联的技术开始的。改革开放以后,特别是近十年,航空工业加强了集成创新和引进消化吸收再创新的力度,逐步走上了自主创新的发展道路。

(一)航空工业技术特性对集成创新的需求

航空工业在技术创新中需要集成的信息量极大,如一架飞机涉及的整机、零部件等技术参数达上百数量级,只有具备极强研发能力的单个创新主体才能达到创新要求,且创新时间长,风险大。以民航产业为例,民航产品的特点是多目标约束、大规模组织、跨专业的协同接口高度复杂,大大超过汽车和造船行业。欧美民用航空发展的成功经验表明,主制造商产业要高度集聚,产业组织应逐渐从棍状结构向金字塔结构演化。但航空工业的科技创新能力相对薄弱,无法通过独立创新满足不断增长的高性能航空武器装备需求,需要新的创新模式来进一步增强技术等资源集聚的能力,以拓展集成创新主体和资源的供给总量。

(二)航空工业的国防保密性对集成创新的需求

由于航空工业的国防保密特性和国家战略安全需要,航空工业创新主体往往以封闭来形成自我保护，致使创新业务相互割据，创新信息难以在体系内共享，技术难以实现集成效应。在保证安全的前提下，实现技术的创新是优先要考虑的事情。集成创新具有通过不同要素相互优势互补，把各种不同的创新要素有机集成，从而使有机整体功能倍增的特性。即首先将一个复杂系统或流程按照一定联系规则分解为可进行独立设计和生产的半自律性子系统，子系统又被称为价值模块；然后将独立设计和生产的具有互补结构、兼容接口的子系统按照某种联系规则和接口程序进行对接统一，构成更加复杂的有机系统或流程。因此，在航空工业系统采用集成创新模式，对创新技术按照行业标准进行分解使之模块化，是比较可行的。这样，航空工业可以专注于核心模块，而将非核心业务模块通过契约外包，以及与全球有竞争优势的供应商组建学习联盟、知识联盟等，以获取更加安全、更大规模和更高层次的集成效应。

（三）军民融合国家战略对集成创新的需求

航空工业在长期军民分离时期形成的科研创新体制，关注的是政府需求，较少考虑经济效益。长期以来，我国民航飞机依靠外购，缺乏完整的整、零件配套体系，而以军机为代表的航空飞机研制则采用"一厂一所"的项目集中研制模式，军民两个创新主体各自投入很大的物力、财力和人力研发类似技术，造成航空工业的信息等创新资源重复、分散、浪费严重，以及军民创新主体存在信息重叠现象。航空工业作为维护国防安全、保障国家利益的重要国防产业，其创新要适应现代化战争需要，持续研发高、精、尖性能的武器装备。与普通产品的技术创新相比，航空工业创新以集成化、模块化为主要创新特征，在内容上增加了创新任务分解、任务外包、集成联调等过程。在军民融合背景下，航空工业成为我国国民经济范畴的重要部分，在关注航空创新产品政治性作用的同时，也更加关注投入产生的经济效益。因此，航空工业需要主动参与到国内、外市场交易中，增进军民创新的信息互动、交流和共享，促进军民技术的集成提高效率。

三、航空工业的集成创新举措

集成创新要求将不同创新要素进行集成使之以最合理的结构形式结合

在一起发挥出最大的功效。因此,航空工业为了在集成创新过程中达到创新绩效,采取了完善创新管理机制、集成内外部技术资源、构建集成创新平台等一系列方法实现内部各创新要素优势互补,从而形成了独特的创新能力及优势。

(一)完善创新管理机制促进技术集成

航空工业以掌握具有自主知识产权的关键核心技术为目标,以健全的知识产权三级管理机构、完善的科技奖励制度和激励奖酬机制为保障,改变传统的组织内化式创新观念,突破军工行业限制,充分整合航空和地方创新资源、国内和国际创新资源,形成更加开放的多主体合作创新模式。为了实现集成创新的目的,航空工业设计了严格的供应商的选择机制,以引导全球具有技术优势的价值模块参与价值创造过程,包括集成协议和测试标准。集成协议要求主导模块持续积累集成关键知识,对界面参数和标准接口进行编码化,提高对全球价值系统的统筹和调配,主要包括研制规则、生产要求及指令等信息和知识流。测试标准则提供了对经营模块流向主导模块实物价值流的选择和检测。同时,根据产品的复杂性,主导模块应结合市场的需求,重新对模块部件的系统性缺陷进行设计和修正后再通过市场来验证,反复试错,以期寻找最优方案。与此同时,主导模块还需不断升级测试标准,承担起优秀模块供应商认证的职责,并建立优胜劣汰的选择机制。选拔模块供应商是一个复杂的多目标、多阶段决策问题,最终目的是使具备领先技术、性能卓越的成员模块有机会参与集成。

(二)多种方式实现内、外部技术及产业集成

1. 实施转包生产

如空客项目中,航空工业所属沈飞、哈飞、成飞、西飞承担了A320机翼、机翼后缘、机翼前缘、客舱应急门、尾段零件、机头部分组件、后登机门、四项舱门、A319中央翼盒,A330/340前、后货舱门及尾段零件的转包生产。双方在A350项目上进行探讨,航空工业将作为供应商承担飞机结构件5%的制造工作。在波音公司的项目中,航空工业所属沈飞、哈飞、成飞、洪都等承担了737垂尾、前登机门和翼上应急门,787方向舵、767-300客改货以及波音系列钣金件部件的转包生产,其中部分项目为专属供应商。

2. 组建合资公司

2000年，经中国中央政府批准，由美国波音公司、美国赫氏公司和中国航空工业集团公司分别出资40%、40%和20%组建波海航空复合材料部件有限责任公司，该公司拥有目前世界上较先进的生产和检测设备，主要产品为航空复合材料次受力结构件和内装饰件。2009年，航空工业第二集团与空中客车公司在哈尔滨合资成立复合材料制造中心，分别拥有80%、20%的股权。该复合材料制造中心主要是按照空中客车公司的标准和工艺为空客A320系列飞机生产零部件，同时参与空中客车A350XWB宽体飞机工作包的产业化和批量生产。

3. 成立各类工程和技术制造中心

航空工业积极与中外技术供应优势者组建工程和技术制造中心。如2005年，与空中客车公司组建空客（北京）工程技术中心，主要任务是承担空中客车公司当前及未来飞机项目的详细设计工作。2009年，航空工业与空中客车中国公司在哈尔滨建设复合材料飞机零部件制造中心，通过关键技术攻关，实现以复合材料数字化、低成本制造、快速无损检测和修理等技术的突破和工程化应用，支持大型客机研制和ARJ21批产，提升我国民用飞机制造技术的水平和能力。北航和上飞以该技术中心为重要载体，在新技术预研、疑难问题攻关、工程应用和高端人才培养育等方面开展全面、深层次的合作。航空工业与北航、上海交大、南航等高校建立技术创新联合组织，以加强产学研合作，增强企业技术创新能力，并计划适时发展成为国家工程技术中心。同时，加强与国内外企业合作与集成，以增强创新能力。如"枭龙"喷气战斗机就是由航空工业和巴基斯坦共同出资、合作研发成功的。中国商用飞机有限责任公司（简称中国商飞）的大飞机研发也是由航空工业主导，吸纳江苏彤明车灯有限公司这样的民营企业以及CFM等国际公司参与完成的。中国商飞设计研发中心还入驻了张江高科技园区，与园区现有的航空航天相关企业，如GE、霍尼韦尔等形成产业互动。此外，航空工业还与波音展开清洁燃油方面的探索，与空客、庞巴迪进行技术研制合作，与俄罗斯企业在宽体客机领域进行工程合作等。

（三）构建集成创新基本平台

2010年，航空工业成立科学技术委员会并健全了创新决策流程和机制。以科学技术委员会为平台，加强集团公司的基础研究和学术交流，推进建设先进的技术标准体系。同时充分发挥科学技术委员会在集成创新决策中的作用，引导集团公司的技术发展及创新方向，以实现集团公司的可持续发展。2011年，为了实现前沿技术和基础研究的重大跨越，与上海研究院共建中国商飞人才基地，在北京建设北研中心，引进结构、复合材料、气动等关键技术领域人才，以解决民用机产业技术储备薄弱、整体创新能力不强的问题。北研中心成立后，以尊重人才和以人为本的管理风格，吸引了大量的海内、外高层次人才，并创新性地采用动态管理加强科研管理体制，从基础研究到应用研究，与科技部、各大高校都有大量研究对接。2017年，在航空工业科学技术委员会下设飞机与武器、基础技术与系统、战略与管理等专业委员会。2020年，航空工业与北京航空航天大学建立协同创新合作中心，使之成为未来航空工业技术资源等集成的重要创新平台。

（四）充分发挥系统内龙头企业的集成作用

龙头企业由于资金雄厚、技术强大往往在集成创新中发挥着重要的作用。近几年，航空工业的民航事业获得了里程碑式的成就，其中C 919总装下线和ARJ21的完成交付，标志着中国民机航空产业取得了重大突破。作为航空工业系统中的龙头企业，中国商飞是我国实施国家大型飞机重大专项中大型客机项目的主体，也是统筹干线飞机和支线飞机发展、实现我国民用飞机产业化的主要载体。大飞机的集成创新远比所有的程序、零件等自主制造来得更加重要。只有站在产业制高点上，选择全球最优的资源和最优的技术，才可以制造出最有竞争力的民用飞机。

中国商飞的ARJ21项目就是采取集成创新取得最终的成功。ARJ21是中国商飞通过集成创新研发的第一架中短航程喷气支线飞机。作为集成创新中的全局统筹者和掌控者，中国商飞承担起以全球价值链为基础的模块化价值分配体系构建、管理和整合的任务。在项目起始阶段，中国商飞成立了专门的市场研究中心、适航标准研究中心和客户服务体系，并通过多渠道信息搜集工作完成项目需求分析、项目系统结构分解、技术参数制定和模块设计定型、技术集成，以及生产交付检测协议等。在项目模块化阶段，中国商飞采用招投标方式，在全球范围内的航空供应商中进行优质创新要素的选择，构建了一个技术先进的全球模块化价值网络。以全球厂所、供应商相互协作的多层级模块化体系为指导，按照质量适航、成本工程以及技术参数等标准对一系列核心模块进行适配，如航空发动机关键技术，明确由研发中心开展研制任务；基础部件和服务主要采用直接采购或外包供应方式；将高度自制的机体件、机载设备和标准件等产品以直接采购、转包生产和联盟方式分包给全球民航领域具有成本优势和技术优势的供应商，以保证工程效率和专业化发展。

第四章

包容性创新模式

第一节 包容性创新模式概述

2012年,乔治(George)等基于包容性增长理论提出了包容性创新(Inclusive Innovation)的概念。2012年底,吴晓波和姜雁斌对此模式进行了跟进研究,并指出了包容性创新和传统创新模式的区别。随后,中国学者围绕包容性创新的概念、内涵、理论机制等方面展开了研究。

一、包容性创新的概念及内涵

包容性创新是指通过创新实现消除贫困者的贫困和所面临的社会排斥,实现贫困者的机会均等和公平参与,使其为经济增长做出贡献并分享合理增长成果,其理论促进机制是通过创新降低壁垒、提升能力以及制度变革。包容性创新鼓励经济弱势者参与各项创新活动,主张提高其知识吸收能力,开发适应其需求的产品,扩大其经济机会。邢小强等(2015)认为包容性创新是企业面向金字塔底层(BOP)市场进行多元价值创造的全新创新形态,通过创新性的思想、模式与方法为企业构筑长远竞争优势的战略,为低收入群体提供平等参与市场的机会,体现了创新促进商业与社会相容性发展的最新理念。包容性创新与科学发展、和谐发展以及创新驱动发展一脉相承,其理论源于社会排斥理论和福利经济学理论,主要内涵是针对低收入群体的特定需求开展创新活动,低收入群体参与创造价值并获得并享受创新成果。包容性创新的主要驱动者是企业,在创新过程中企业采用新思想、新技术和新方法为低收入群体提供机会,以提高低收入群体的收入、福利以及发展能力,并在开展多种形式的创新活动过程中积极寻求同政府、金融机构和低收入群体的合作，实现不同创新组织在创新过程与结果中互利共赢。

二、包容性创新的特征

包容性创新提倡经济改革的成效应该惠及社会大多数人，提出把以往受到社会排斥的低收入群体纳入到创新活动中来，给他们提供平等参与的机会，同时整合创新参与主体的各项资源与能力而产生创造全新知识的新途径，从而使低收入群体的创新能力获得提升与发展并且合理分享创新的成果。包容性创新的特征主要包括可获得性、可持续生产、高质量的产品和服务、服务于低收入群体以及具有广泛的影响力。包容性创新在一定程度上满足了低收入群体不同层次的需求，具体表现：①创新主体有跨国公司、本土企业与个体创新者；②创新形式表现为产品、服务、流程、商业模式、组织与文化创新等多种形式；③创新结果是实现低价格与高质量的双重目标，在达到满足用户核心需求的前提下，减少对资源的使用。简而言之，包容性创新具有创新思维的系统性、创新形式的多样性、创新过程的开放性、创新机制的独特性和创新结果的可持续性等特点。此外，由于在包容性创新过程中，低收入群体不仅是消费者，而且是有潜力的生产者与创新者，因而包容性创新还体现在创新企业的根植性、创新过程的开放性、创新主体和形式的多样性、创新的低成本性、创新过程和结果的公平性等方面。

三、包容性创新模式与评价指标体系

包容性创新模式可划分为四种类型，即自发驱动型、自发培育型、政府培育型和政府驱动型。在不同类型的包容性创新模式下，创新主体的内生状态和包容性创新驱动因素的构成要素有所不同；内生状态和包容性创新驱动因素的交互作用有助于创新集聚的形成。与传统技术创新不同，对包容性创新的衡量，不能单一地以技术的先进性或创新的效益性为标准，而需要综合资源分配、社会排斥、生态创新、网络结构洞和福利经济学等多个跨学科理论进行研究。目前，学者们对包容性创新的评价指标体系并没有一致的看法，但总体上是从社会性、地域性、公平性、效益性等方面展开。如有的学者从效益、生态和公平三个方面来构建"3E 整合框架"，并以此对包容性创新进行评价；有的学者从包容性创新主体、需求、支撑条件、环境和产出5个方面构建区域包容性创新能力的评价体系，并发现一个地区的包容性创新能力与本地经济水平、开放程度、产业结构有密切的联系。与人们设想的不同，并非是经济越发达、越开放的地区，其包容性创新能力越强。相反，经济越落后、越封闭的地区，其包容性创新越具有潜力。因而，创新中应该更加关注农村地区的发展，从而尽量缩小城乡差距，并促进农村地区经济发展。也有的学者通过因子分析提炼出包容性创新主体投入、环境投入、支撑条件投入、科技产出和社会产出五大综合评价指标并以此展开研究，发现中国包容性创新效率整体呈小幅增长状态，各地区的包容性创新效率存在显著差异，呈现"东高西低"的梯级分布，即包容性创新水平呈从沿海到中部再到西部地区递减的趋势。

四、包容性创新绩效及其影响因素

学术界对包容性创新的内涵和外延都处在探讨之中，对包容性创新绩效及影响因素的研究也还不够充分。目前，国外学者在这方面的研究相对多一些，其中，有的学者认为影响包容性创新成功的决定性因素有金融支持、创业教育培育和创新型用户的培养等；也有的学者认为创新社区的建设、社会嵌入能力的提高甚至是文化传统等会影响包容性创新的成功；还有的学者研究后发现创新信息的传播渠道、初始用户的信任、新产品成本对包容性创新也有显著的影响。中国学者基于中国情境，对包容性创新绩效及影响因素也做了相应的研究。比如，有的学者对科技型小微企业的包容性创新进行了研究，认为科技型小微企业包容性创新的影响因素主要包括资本、资源配置、组织网络、委托代理、伙伴关系、企业家等，在此基础上论述了科技型小微企业包容性创新的实现路径及其现实困境等。有的学者运用社会资本理论，以市场信息处理为中介变量、企业志愿服务为调节变量，得出了企业社会资本对企业包容性创新具有显著正向影响的结论；市场信息处理在企业社会资本对企业包容性创新的影响中起部分中介作用；企业志愿服务对市场信息处理与企业包容性创新具有增强的调节作用。有的学者运用投入—产出模型，系统性地衡量包容性创新的绩效，发现各地区包容性创新绩效受历史基础、投入力度等因素影响,以此提出对不同包容性创新绩效的地区应采取差异化的策略,以提升区域创新能力和水平。还有的学者以我国集中连片特困地区秦巴山区部分企业作为调研对象,发现创新成本、创新设施以及创新主体与包容性创新绩效具有显著的正向关系,政府扶持、企业合作与创新绩效没有显著正相关关系。由此提出,政府需要制定与出台关于包容性创新的制度和政策,并非一定要投入大量人力和财力,而应当优化创新设施布局,鼓励当地大众广泛参与创新活动,支持创新创业者与企业开展合作,以开发具有适用性、成本低的产品。

五、包容性创新的优势与不足

包容性创新是企业面向低收入市场的创新形态,强调在获得经济回报的同时以缓解甚至消除贫困的方式创造出社会价值,促进包容性增长的实现。包容性创新是高成本、高消耗社会运行的替代性方案,也是市场进一步细分的必然产物,可以提升和激发全员创新的可能性和潜力,与前沿创新齐头并进,还可以提升贫困、弱势、低收入人群的购买力和创收机会。已有研究检验了包容性创新对经济增长的影响,表明包容性创新能直接促进我国的经济增长,且包容性创新促进经济增长的作用呈现西部高于中部,中部高于东部的效应;包容性创新能够通过优化消费结构、收入分配结构及产业结构促进我国的经济增长,从而避免我国陷入"中等收入陷阱"。

虽然包容性创新给企业带来难以模仿的竞争优势,让穷人参与到价值创造的过程中,帮助其公平合理地分享经济增长。但是,包容性创新也存在基础设施和配套体系的问题,包括包容性创新活动面临着市场信息匮乏、知识和技能不足、制度体系不完善、基础设施落后、金融服务欠缺等,需要包容性区域创新体系为其提供支撑。同时,包容性创新的实践中也面临着一些共性的关键问题,如使包容性创新进入创新的主流价值、建立具有可持续性的包容性创新模式、构建完整的包容性创新政策链等。因此,围绕这些问题,研究如何加强政府政策引导、鼓励基于市场机制的包容性创新探索、为草根群体提供资源支持以及促进创新成果商品化需要政府提前布局。

六、包容性创新的应用及实现路径

包容性创新的理论多运用于经济相对落后的发展中国家，因而从这些发展中国家应用包容性创新的案例中总结经验，可以为中国实施包容性创新及解决经济落后地区的收入状况提供指导及借鉴。在印度实施包容性创新的经验总结中，有学者提出了将包容性创新纳入国家层面的统筹规划、成立专门的包容性创新规划机构、建立区域包容性创新系统、制定促进包容性创新的财政和金融政策、营造有利于包容性创新的环境等政策建议。在对肯尼亚国家移动支付业务应用包容性创新进行探讨后，得出了包容性创新的实现应从整个产业生态系统角度设计商业模式，且该模式必须以大量的BOP顾客为基础。在中国脱贫攻坚战中，更多关注的是贫困地区人民的收入持续提升问题，包容性创新作为一种全新的创新理念，与中国精准扶贫的核心理念一致。

为提升包容性创新技术供给的有效性，实施包容性创新切实可行的路径主要有：构建包容性创新技术研发投入持续增加的长效机制，跳出对金字塔底层需求特质的认知误区，开发与BOP群体及市场需求相契合的匹配技术，以及提供开放式技术平台等。创新型企业应通过创造更多机会提高普通大众的社会及经济状况，综合考虑采取重塑约束、重置模式和建立通道三个路径。

随着包容性创新相关理论研究及实践的深入，包容性创新未来的研究方向包括：企业包容性创新研究、包容性创新体系或框架研究、包容性创新政策研究、包容性创新发生机理和影响评价研究，以及中国情境下的包容性创新理论与实践研究等。

第二节 包容性创新模式应用案例

"淘宝村"是互联网和农村电子商务产业集群相结合的成果。"淘宝村"的出现促进了农村经济的发展，促进了底层农民的就业与创业，提高了大量底层农民的收入，改善了社会底层人员的生活状况。

一、中国"淘宝村"概况

根据《1%的改变——2020中国淘宝村研究报告》的数据，2020年中国有5425个"淘宝村"，主要分布于浙江、广东、江苏、山东和河北等省。其中，浙江省有1757个"淘宝村"，广东省有1025个"淘宝村"，江苏省有664个"淘宝村"，山东省、河北省分别有598个和500个"淘宝村"。从城市分布来看，"淘宝村"数量最多的城市分别为菏泽、金华、温州、台州、泉州、杭州，上述城市位居全国前六位。

由于"淘宝村"的蓬勃发展，"淘宝村"网店大量涌现，带动了当地或周边传统产业的发展，从而产生了良好的产业集群带动效应，成为县域经济发展的重要载体。从交易规模来看，"淘宝村"的交易规模比较集中，交易额多集中在5000万元以下，占"淘宝村"总数的72%。其中，年交易额在2000万元以下的最多，共计2179个，占40%；2000万～5000万元的共计1737个，占32%；5000万～1亿元的共计764个，1亿元以上的共计745个。湖北省十堰市郧西县涧池张下营村，被称为鄂西北山区第一个"淘宝村"。2014年，该村被定为重点贫困村，339户村民中有贫困户179户617人，贫困发生率超过40%。在脱贫攻坚战中，该村挖掘当地绿松石资源，大力发展电商扶贫，取得卓越成就。目前，全村有139户近700人从事电商，开设网店500余家。2019年，全村销售额突破2亿元。

二、中国"淘宝村"包容性创新发展之路

中国"淘宝村"是随淘宝网的壮大而发展的组织群落，是基于电子商务技术的发展而为低收入群体提供的参与市场机会，从而促进了中国商业的发展和低收入群体收入增长。中国"淘宝村"的包容性创新之路主要体现在以下几方面。

（一）中国政府对低收群体的政策支持与引导

农村的贫困问题是中国政府历年来高度关注和致力解决的社会问题。中国政府相继出台多项扶贫惠农政策，如发展农村物流体系、普及移动互联网、加大电子商务在中国乡镇的培训力度等，促进低收入群体的增收。相关政策见表3-4-1。

表3-4-1 促进低收入群体增收的相关政策法规

项目	政策法规
农村扶贫	2014年《关于全面深化农村改革加快推进农业现代化的若干意见》 2014年《关于创新机制扎实推进农村扶贫开发工作的意见》 2015年《关于加大改革创新力度加快农业现代化建设的若干意见》 2015年《关于打赢脱贫攻坚战的决定》
电子商务	2015年《关于大力发展电子商务加快培育经济新动力的意见》 2015年《"互联网+流通"行动计划》 2015年《关于积极推进"互联网+"行动的指导意见》 2015年《中共中央关于制定国民经济和社会发展第十三个五年规划的建议》
网络建设	2015年《关于加快高速宽带网络建设推进网络提速降费的指导意见》 2015年《关于开展农民手机应用技能培训提升信息化能力的通知》 2016年《信息通信行业发展规划（2016—2020年）》
农村物流	2014年《物流业发展中长期规划（2014—2020年）》 2014年《促进物流业发展三年行动计划（2014—2016年）》 2015年《关于加快实施现代物流重大工程的通知》

此外，在"淘宝村"的形成过程中，地方政府的介入和扶持也促进了"淘宝村"的健康发展。地方政府往往通过成立电子商务服务中心，引导当地村民进入电商行业，为村民提供注册、培训和法律等服务。同时引导设立电商行业协会，以帮助开设网上商店的村民与供应商进行谈判，并规范村民的网店经营行为等，使"淘宝村"的电商经营进入良性循环的轨道。

（二）中国电子商务技术及电商的快速发展

中国的阿里和京东等主流的电商企业多应用集中式人工智能技术，强调建立"超级大脑"聚集所有数据，通过算法从数据里找到一定的模型，让流量用户快速高效地通过搜索找到自己想要的商品并进行交易。随着电商间的竞争更加激烈，电商企业借助技术微创新，如应用AR和VR技术营造沉浸式购物体验、刷脸付款、拍照即可搜索商品和购物的应用等，以提高网络购物的效率和提升用户体验。随着移动互联网的兴起和社交软件的普及，用户体验不断优化，用户需求预测更加精确，通过聚合小微产品厂家来反向优化制造端，极大地降低了成本并提高了交易效率。

在中国经济实力整体增强的背景下，中国人尤其是中国农民的人均可支配收入及消费支出大幅增加，这为中国电商产业的快速发展奠定了坚实的基础，在网上购物与社交成为中国人的日常行为。在便利中国人消费的同时，电商产业也给中国的大量农业产品的销售带来便利。通过电子商务技术，电商平台可以在短期内聚集大量需求，模拟预测消费者未来的需求，并将预测传递给上游农业生产者。电商网店模式打破了传统实体店在交易中的时空限制，减少中间流通环节，让农民可以保留更多利润，而用户也可以得到更物美价廉的商品，提高了整体社会零售的交易效率。同时，随着电商及物流企业大量上市，社会资本得以投入到全国物流网络的建设，有效解决了电商在农村的"最后一公里"配送难题，使得偏远地区网络购物的配送越来越高效便捷。

（三）中国具有强大的制造产业基础

从"淘宝村"的区域分布中可以看出，"淘宝村"的网店之所以能形成集聚式发展，与当地或周边传统优势产业的有力支撑是紧密相关的。如浙江省义乌市青岩刘村，是以销售义乌小商品而得以发展的"淘宝村"，其网店的主要依托是中国乃至全球最大的义乌小商品批发市场；广东省揭阳市军埔村周边的汕头和普宁，其淘宝店销售的产品主要是来自于当地工厂生产的服装；河北省清河县是中国最大的羊绒产业基地，得益于羊绒产业的先天优势，清河县诞生了中国最早的"淘宝村"——清河县东高庄村。睢宁县沙集镇东风村是江苏省闻名的"淘宝村"，主要是以销售宜家家具风格的家具而繁荣起来的。这些独具特色的家具，则是由当地大量的家具加工厂和手工作坊生产的。刚开始，很多村民只是从家具厂拿货销售，随着销售量的急剧增加，慢慢地开始模仿家具工厂的生产而自产自销，逐步过渡到后期的自主创新和深度加工，从而形成了当地家具产业集群的良性发展。因此，中国最早的"淘宝村"的诞生和发展，是当地及周边传统优势产业的延伸。

淘宝网是基于互联网技术的创新而创建的，主要是面向广大中小企业和个人卖家提供产品零售的 C2C 电子商务平台。由于在淘宝网站上开店门槛低，店主无需压货和租赁店面，不需要大量资金，技术难度也较低，只要店主有时间和服务意识，凭一张身份证就可注册网店。对于中国的大部分农民而言，他们缺乏技术和资金，时间却相对富裕，只要当地政府提供良好的电子商务环境，对农民加以培训和引导，增强他们的服务意识和风险意识，这些农民就能通过淘宝网开店，参与到新兴的电子商务当中，通过对用户的服务为社会创造价值，也提高了自己的收入水平，改善了生活状况。

第四篇

中国原创性创新模式的研究及应用

第一章
自主创新研究

第一节 自主创新模式产生的背景

十一届三中全会后，党中央开始实施以技术引进为主的方式推动工业经济发展。然而，受体制、观念和技术水平等影响，当时的企业更重视生产的规模、引进的零配件国产化、进口设备的翻版仿制。尽管当时国内企业积极对引进技术实施消化、吸收和创新发展，但受当时技术盲目引进和低水平重复引进等影响，更多聚焦于如何成功引进技术和完善引进政策，技术创新发展阶段并未实现，一些关键的元器件和辅助配件不得不向国外采购。

企业传统的"重产品引进，轻消化吸收""重模仿创新、合作创新，轻自主创新"的创新模式导致企业自主创新能力薄弱，缺乏拥有自主知识产权的技术和产品，产业技术甚至出现了"空心化"的危险。具体表现在：具有自主知识产权的关键性技术供给和技术储备严重不足，产业结构调整和产业升级举步维艰。国外技术的引进模仿为中国产业的快速发展打下了坚实的基础，但也使中国企业与产业的技术发展失去了自主性，造成产业低端化。随着中国企业与世界先进国家的技术差距缩小，引进技术的难度与成本增大，因此中国产业的技术发展战略需要转变。

1994年，陈劲提出自主创新（Indigenous Innovation），探讨创新追赶过程中学习方式的变迁及其在国家或企业从技术吸收、改进到自主创新过程中的作用。随后，学者们对自主创新的内涵、特点、理论框架和模型建构等展开研究，并从发展中国家创新以及后发企业创新的角度不断加以完善。自主创新是中国原创理论的一个新的尝试，试图解决此前的模仿创新模式带来的关键及核心技术自主知识产权缺乏、产业技术"空心化"等问题。

第二节 自主创新模式的相关内容

自主创新是企业通过自身的努力和探索,取得技术突破,完成技术的商品化,获取商业利润,达到预期目标的创新活动。自主创新被认为是从发展中国家创新及后发企业创新的角度,对创新追赶过程中学习方式的变迁及其在国家或企业从技术吸收、改进到自主创新过程中的作用的有益探讨。

一、自主创新的概念

自主创新是指创新主体通过自身的学习与研发活动,形成自主开发能力,探索技术前沿,在竞争者现有技术水平上实现技术突破,超越竞争者的原发型创新行为,是在拥有独立自主的知识产权的基础上创造出前所未有的技术知识,并将技术知识转化为新产品、新工艺和新服务的过程。自主创新可以通过原始性创新能力、集成创新能力和引进消化吸收能力的提升,来获得自主知识产权,进而提高国家竞争力。其中,自主是前提,创新是目的,提高创新能力是核心,获取核心技术和知识产权是关键。总体而言,自主创新是指创新主体以打造自主品牌、赢得持续竞争优势为目标,在以创造市场价值为导向的创新中掌握自主权,通过主动努力获得主导性创新产权,并能掌握全部或部分核心技术和知识产权,获得主要创新收益而进行的能形成长期竞争优势的创新活动。

2010年,陈劲等重新定义自主创新,即以全面创新管理为指引,以组合创新为平台,通过二次创新吸收国外先进的技术,以集成创新实现技术范式的突破,形成具有自主知识产权的技术发明和技术应用,为国家发展创造出显著的经济效益和社会效益的创新过程。

二、自主创新的特点

自主创新是主动付出创造性努力的创新,是掌握主导权的创新,是以自主知识产权为制度保障的创新,是有效率的创新,是与自身发展需要相适应的创新。因此，自主创新的特征主要体现在自主性方面，不仅包括通过主动努力主动获取创新产权和创新收益的主动性，而且还包括控制创新收益的主导性。陈劲和王方瑞（2007）认为自主创新是包括原始创新、集成创新、引进消化吸收和再创新在内的完整的创新体系，自主创新具有多层次特征和产业异化特征。

自主创新与模仿创新的关键不同点在于，自主创新主要是依靠企业自身的力量完成技术创新的全过程，并由本企业实现关键技术上的突破，所需的核心技术来源于企业内部的技术积累和突破，技术创新的后续过程也都是通过企业自身知识与能力支持来实现。此外，企业自主创新还具有技术突破的内生性、技术与市场方面的率先性、知识和能力支持的内在性和高投入高风险等特征，这也意味着需要企业具有良好的技术、制度和管理等基础，既要有经济实力又要有与外部的合作能力。

三、自主创新模式的分类及选择

根据创新主体的不同，自主创新模式分为独立自主创新模式和联合自主创新模式。其中，独立自主创新模式为企业依靠自身力量独立完成创新工作，即企业独立投入所需创新资源、独自进行创新管理、独占创新成果，适用于风险性较低的产业或者资本实力雄厚的大型集团；而联合自主创新模式是指那些在高风险产业中的大型企业为分担研发风险，与同产业的中小企业结成战略联盟共同进行研发。从宏观与微观角度，自主创新可分为国家自主创新和企业自主创新，在此基础上，又可细分为5种自主创新方向的组合创新模式，包括：内生创新，即完全依靠企业自身努力；内部研发+国内技术合作，即在内部研发基础上进行国内技术合作；内部研发+国内技术合作+技术引进消化吸收；内部研发+技术引进+合作消化吸引；内部研发+技术引进+内部消化吸引。此外，根据不同的市场环境和企业的发展层次，有的学者提出了在追赶领域进行"引进—消化、吸收—改进提升—自主创新"的两条路线，而在优势领域和空白领域进行4种自主创新路线，即围绕产品生产技术、工艺进行改进提升的创新模式，围绕要素来源的创新模式，围绕市场的创新模式，围绕高新技术、发明的创新模式。

陈劲和王方瑞（2007）从技术机会、自主创新决策和市场选择结果的关系出发,创造性地提出了技术后发国家企业的两种自主创新模式,即拓展性破坏模式和突破性强化模式,认为企业面对渐进性变革机会时,应采取拓展主导型创新决策,着重在现有技术模式中通过技术优化项目或降低成本性项目(如国产化)强化和巩固主导设计;而企业面对突破性变革机会时,应采取开发主导型决策,着重通过新技术研发实现模式重建。此外,自主创新模式的分类还有技术推动模式、需求拉动模式、技术推动和需求拉动的双驱动模式,以及以战略平台为核心、以组织资本为核心和以技术能力为核心的模式。

企业自主创新模式的选择是企业自主创新发展战略的重要组成部分。企业自主创新模式的选择是多因素综合作用的结果,在选择科技自主创新方式时,企业必须结合自身的技术创新能力,通盘考虑,多方比较。自主创新模式的选择依据主要包括区域科技资源状况、区域经济发展水平、区域主导产业和区域特色定位等。后发优势下,大企业应在不同发展阶段选择适宜的自主创新模式,以实现创新绩效。如在产生阶段宜采取基于技术引进的自主创新和"官产学研"合作创新,在成长阶段宜采取基于跨国技术联盟的自主创新、集群大企业合作自主创新和适度的原始自主创新,在成熟阶段宜进行原始自主创新和基于跨国并购的自主创新,而在衰退阶段宜采取集成创新。

四、自主创新能力

自主创新能力是衡量一个国家或地区核心竞争力的重要指标,也是决定国家经济发展速度和质量的关键要素。区域自主创新能力是通过区域创新系统的构筑,以区域内知识的创造和扩散为核心,以区域内所形成的特定的隐性知识为纽带,以区域产业集群为载体,区域创新主体所表现出来的研发能力、吸收能力和组织能力。陈劲和王方瑞(2007)从促进我国自主创新能力发展的战略目标出发,提出只有在深入分析自主创新和知识产权管理联系特征的基础上,才能设计系统有效的知识产权管理系统和政策。对于中国而言,落实科学发展观,转变经济增长方式,解决经济发展中的深层次矛盾,核心在于提升自主创新能力。

五、自主创新的测度和实现路径及模型

创新自主性测度，可以通过计算后续创新专利技术价值占其与在先专利技术价值所构成的技术总价值的比例来测度，应从技术投入、知识产权和创新收益自主性三个方面进行企业、产业、区域和国家层次的创新自主性测度。

关于自主创新实现路径的研究，主要有：本土领先用户主导创新；原始创新、集成创新和引进消化吸收再创新；通过产品线延伸、国产化项目和技术合作等，以及通过技术导向型、市场导向型和市场—技术协同导向型三种路径实现自主创新。企业应基于自主创新实现路径，提出相应的自主创新战略模式和自主创新实现模式，以及从动力机制、激励机制、风险防范机制三个方面来构建企业自主创新的实现机制。

目前，围绕自主创新模型的研究有安同良等提出的动态不对称信息博弈模型、林燕燕等提出的不同生命周期的混合策略博弈模型、侯建和陈恒提出的非线性动态门槛模型。此外，陈劲和王方瑞（2006）提出了知识产权管理系统模型，包含产业类型、自主创新组织类型、自主创新层次、知识产权组合4个关键要素，从而重点解决了自主创新管理和知识产权管理领域的重大理论难题，细分了产业类型、创新组织类型、创新层次，对自主创新理论发展和知识产权管理理论发展具有重要的开拓性意义。

六、自主创新的影响因素

自主创新的影响因素主要有企业文化、企业家资本和社会环境等。如有学者探究了大股东与经理人间的信任、大股东参与度对企业自主创新的影响，发现大股东参与度越高越不利于企业的自主创新；大股东参与度中介信任程度与自主创新之间存在着倒 U 形关系，并认为官僚型文化可以弱化大股东参与度对自主创新的负向影响。有学者将企业家资本细分为企业家人力资本和企业家社会资本，认为企业家资本对企业开展自主创新会产生重要的影响。也有学者认为影响自主创新的社会因素包括文化环境（包括价值观、氛围与规范等）、政府（包括战略、政策、奖励与管理方式等）、市场（包括环境、增长方式、金融服务等）、大学与科研机构（包

括成果、战略以及成果转化部门等）、企业是自主创新主体（包括文化、战略与科研机构等）和公共技术创新平台（包括技术中心、孵化器、其他服务机构等），当这些因素达到耦合状态时，自主创新活动就处于一种有序、可控状态。总的来看，自主创新实施的主要影响因素包括：自主创新能力；政府研发补贴和专用性人力资本价格；知识产权保护，以及技术学习、管理学习及其二者的交互等。

七、自主创新的应用研究

通过自主创新的实施来获得持续竞争优势的案例较多，并且通过学者们在自主创新的应用研究中，发现了许多自主创新与其他创新模式相结合而带来高的创新绩效的案例。比如，中集集团近年来实施自主创新，主要采取全面成本领先、高起点引进、高速度吸收和高水平超越为特色的开放式自主创新模式。华为公司构建了以市场为起点，以内部与外部创新源为源泉，以吸收、整合、转化、扩散能力为支撑的开放式自主创新模式。中集集团和华为公司采取组合式的创新模式的成功，也使得开放式自主创新成为中国很多企业在当今经济环境变化日益剧烈的背景下实现持续成长的创新战略。奇瑞集团在创新中构建了管理、组织、市场、文化和人才五要素协同作用影响下的适配型创新模式理论框架，以企业自主创新为核心，通过适配企业的要素资源，构建自主创新支撑体系，从而使自主创新过程更加顺畅、高效。北车集团大连机车车辆有限公司从技术引进和技术能力提升两个维度，对技术引进与自主创新进行了协同，特别是两种技术来源上进行很好的协同，从而对技术引进与自主创新构成一个良性循环系统。

在中国实现创新驱动发展的过程中，政府对创新资源的配置和战略指引至关重要，国有企业在特定产业和领域具有独特的自主创新优势。苏楠和吴贵生（2011）以神华集团主导高端液压支架自主创新过程为例，提出了领先用户主导的自主创新模式，指出本土领先用户主导创新是我国装备制造业自主创新的有效模式。在传统产能过剩已经成为我国经济发展主要障碍的情况下，为了在日趋激烈的国际竞争环境中胜出，中国船舶构建了自主创新和协同创新两种新模式，通过加强不同产业间的联系，实现了与全球产融结合和自身的转型升级。苹果和三星在技术创新中也是在不同阶段采取不同创新模式。苹果的技术创新模式先后经历了封闭式自主创新、半封闭式创新、开放式创新三个阶段；三星分别经历了模仿创新、合作创新和战略超越的技术自主创新三个过程。上述企业应用自主创新案例研究表明：在全球经济一体化的大背景下，竞争日益激烈、人才与技术更大范围的流动，以及企业的技术资源及创新能力的约束，导致企业在创新的实际操作中，完全封闭的自主创新寸步难行，转而采取自主创新与其他创新模式进行有效结合，从而能更符合企业的创新需求并取得较高的创新绩效。

八、自主创新的对策及建议

关于自主创新的对策及建议研究，主要有：科学地选择自主创新的方向，保护和开发自主创新成果，取得国家政策支持；优化科研人员布局，优化创新链；重视非研发驱动的商业模式创新、颠覆性创新、并购创新和设计创新，实现研发驱动和非研发驱动创新的协同；构建以全员创新、全要素创新、全时空创新及全面协同为基本特征的全面创新管理模式；根据集群生命周期，不同阶段下的大企业集群采取不同的自主创新推进模式，为顺应全球化潮流，将自主创新与开放创新结合以占据行业制高点。在工业化进程中，企业采取自主创新策略首先要更新观念，实现科技发展战略由跟踪模仿到自主创新的转变；其次是组织制订企业的研发创新战略、规划和计划；最后是在此基础上构建企业的自主创新体系，大幅度加大创新投入、增强研发创新的力量和加强对科技部门的管理。针对政府配置模式缺乏市场需求导向、市场配置模式存在失灵等问题，我国在自主创新过程中需要优化相关发展路径，从科技资源集聚的角度实施"政府—市场"的联合配置模式。未来中国企业的自主创新之路需要有机结合企业的战略、组织、资源、文化四个方面，实现从二次创新到集成创新，最终实现全面创新的动态发展过程。

综上，自主创新模式自提出后取得了较多的成果，在实践中也得到了企业创新的检验。尽管如此，企业自主创新问题背后还是隐藏着巨大的结构性问题，主要表现在：研发投入比例的结构性失衡；工艺创新投入欠缺；发明专利比例偏低且增势不足等。因此，国家在推行自主创新政策时，必须将提升国家自主创新能力，突破原有技术模式，摆脱技术输出国的控制，转变国家的经济增长方式，创造更多的价值作为主要的创新目的，并最终走出具有中国特色的全面创新道路。

第三节　自主创新模式应用案例

中国国际海运集装箱（集团）股份有限公司（以下简称为中集集团）创建于1980年。经过30多年的努力，中集集团在亚洲、北美洲、欧洲等地区共拥有300余家成员企业，覆盖集装箱、运输车辆、能源化工装备等九大业务板块，拥有30多个产品系列、600多个产品品种，其中，有19项产品销售规模达到了世界第一的水平，如集装箱生产能力、集装箱的种类数量、集装箱产销量均为世界第一。凭借自主创新，中集集团在干货标准集装箱、冷藏箱、特种箱和半挂车等领域的关键技术上取得突破。其中，冷藏集装箱、罐式集装箱、箱式半挂车和环保集装箱木地板等创新产品还填补了国内空白。在全球集装箱行业中，中集集团掌握着技术的主导权。目前，中集集团累计拥有专利4433件，其中发明专利1001件，专利转化率高达95%。在六大产品领域共参与国际、国家和行业标准制定近30项，其中9项已正式纳入国家和行业标准。因而，以中集集团为案例展开自主创新的应用研究具有代表意义。

一、案例企业概况

中集集团是世界领先的物流装备和能源装备供应商，于1980年1月创立于深圳，由招商局与丹麦宝隆洋行合资成立，初期由宝隆洋行派员管理。1982年9月22日正式投产后，中集集团只有一条20英尺国际标准集装箱生产线。1986年，因国际航运市场萧条，加之业务拓展能力有限，中集集团连年亏损，员工由330人缩减至59人，致使中集集团不得不进行重组。在随后的10年时间里，中集集团集中资源投入集装箱产业，改善管理、创新技术，积极培育核心竞争力。1996年，中集集装箱业务凭借38%的全球市场份额取代韩国同行的霸主地位，成功地改变了世界集装箱制造的竞争格局。

中集集团坚持立足世界、放眼全球，坚定走全球化之路，坚定转型升级，业务有限多元化，持续有质增长。2001年，中集集团成功进入道路运输车辆领域。2005年，中集集团已成为一个能够提供干货集装箱、冷藏集装箱、罐式集装箱、特种集装箱等系列集装箱的制造商和供应商。2012年12月，中集集团在香港联交所上市。在继集装箱成为世界第一之后，中集集团陆续在登机桥、车辆等板块复制了"世界冠军"的经验，把中集集团、中集车辆、中集安瑞科和中集天达4家公司推向资本市场，再利用上市企业的资本力量反哺企业技术研发和创新发展，进而帮助企业获得可持续发展。

二、中集集团的创新发展之路

在激烈的全球市场竞争中，中集集团凭借艰难探索、自主创新、转型升级，已发展成为年产值近千亿元的跨国企业集团，并在集装箱、道路车辆运输、海洋工程、空港装备等多个领域创造20多项"世界冠军"产品，是从深圳走向全球的企业中的领军者。中集集团在取得了较好社会效益的同时，经济效益也是年年攀升。2019年，中集集团创造了约858亿元的营业收入（图4-1-1），净利润达15.4亿元。然而，中集集团显赫成就的背后离不开技术创新和知识产权的大力支撑。从中集集团成立之初的被动接受专利，到后来的奋发图强、自主研发，再到成为行业专利大户扛起专利大旗维权，中集集团的经历可谓是如浴火涅槃。

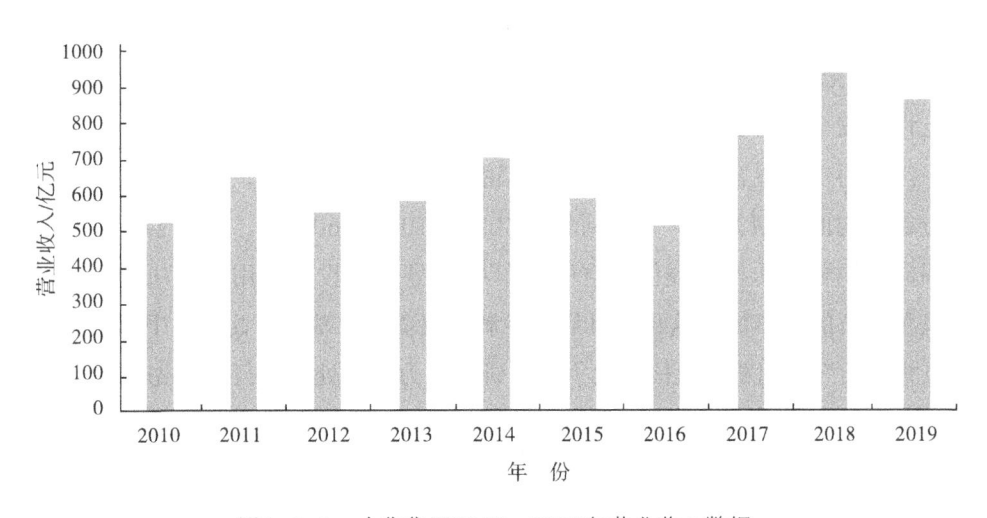

图4-1-1　中集集团2010—2019年营业收入数据

技术创新模式的演变与发展

中集集团的技术创新并非自始采取的就是自主创新模式，而是在模仿创新基础上的自主创新。1995年，集装箱行业95%是铝质冷藏箱，而铝质冷藏箱的核心技术在日本。当时中集集团判断钢质集装箱的生产运营是中集集团未来的发展方向，而不锈钢质冷藏箱的核心技术在德国。由于研发技术薄弱及时间原因，中集集团选择了以购买方式获得了德国专利技术，在上海生产钢质冷藏箱。在此后的5年里，中集集团并没有止步于购买的技术，而是下苦功夫大力气搞研发，不仅消化吸收了德国的专利技术，还拥有了多项自主专利，并通过授权给其他生产商的方式每年收取专利许可费300多万元。

随着业务不断发展，20世纪末，中集集团登机桥业务在国内市场做得风生水起，便欲进入美国市场，打算采用合作创新的方式，与美国一家机场设备企业合作，却引来了一场专利官司。由于对方在合作协议中设置了许多知识产权陷阱，导致引进技术后再创新产生的知识产权仍归美国企业所有。尽管中集集团据理力争，但由于合作协议中的不利条款，中集集团最终损失了1000万美元，并且登机桥业务被要求在十年内不得进入美国市场。此次官司的失败却让中集集团意识到自主创新和获取专利的重要性。痛定思痛后，中集集团领导层决定大力开展自主创新并提升专利布局能力。

2004年，中集集团空港板块得知空中客车A380大飞机即将上市，但一直缺少一种可以与之匹配的登机设备，于是决定抓住这个发展机遇。经过一系列调研，中集集团研发人员发现空中客车A380大飞机最高载客量可达840人，把登机桥的高度提升到了8.1米，相对于普通登机桥的5米高度，稳定性和安全性等技术要求更高。经过研发，中集集团于2005年提交了一份专门适用于空中客车A380大飞机的4轮登机桥的专利申请，即"一种登机桥行走机构的控制方法"（专利号：ZL200510100860.3）。2006年，中集集团向法国戴高乐机场提供的空中客车A380登机桥投入使用，成功打开大飞机登机桥的新市场，这也为其后续专利维权奠定了基础。此后，中集集团空港板块始终将创新作为核心竞争力，研发能力一直处于同行业领先地位。

三、中集集团的自主创新的举措

中集集团的董事长麦伯良说，中集集团的创新特色明显：一是要有创新点，二是要能为企业创造价值。中集集团创新成果的取得，主要归功于中集集团采取的多样化的创新举措。

（一）选择适合的创新模式实施技术创新

中集集团在与外界合作创新的过程中曾遭受过重大损失，从而确立了大力开展自主创新并提升专利布局的战略。自主创新虽然能够获取核心专利，但创新不确定性高且所需时间长。因而需要企业具有良好的技术、制度和管理等基础，既要有经济实力又要有与外部合作的能力。中集集团仍然迎难而上，不畏挑战。1994年，中集集团接过日本一个铁路箱的订单，由于技术达不到对方的要求不得不放弃。1996年，继续挺进日本市场的中集集团，通过技术创新慢慢获得日本客户的认可。3年后，中集集团制造的集装箱终于在日本市场上战胜了韩国和日本制造的产品，获得了丰厚的回报，仅日本铁路集装箱就为中集集团带来了800多万美元的利润。而制造这种产品的中集南通工厂的技术水平也在此过程中得到大幅提高。中集集团通过自主创新逐渐尝到了甜头。

（二）完善自主创新机制，打造冠军产品

面对世界集装箱制造技术的快速发展和日趋激烈的竞争，特别是建设具有国际竞争力的跨国企业集团的战略任务，中集集团把实施技术创新的战略放在十分重要的地位。但技术创新的成功绝非一件易事，自主创新更是难上加难。为此，中集集团构建了"集中管理、分布研发、分步制造"的研发组织体系，以期从机制设定上打造技术创新持续能力。

自主创新的风险大、投入大，由于集团的各项资源有限，为了保证有限的资源得到高效合理的使用，中集集团首次明确提出了打造冠军工程战略，即通过精益管理+科技创新，推动产品创新和制造技术升级，提升冠军产品竞争力和盈利率。同时，积极整合中集集团在全球的优势资源，全面助力这些新业务的发展。特别是在一些新业务领域，中集集团充分发挥自身的优势基础，做好每个业务的上、中、下游产业链整合，在提升中集集团在全球影响力的同时，迅速填补国家在相关领域的短板和空白。

（三）挖掘现有产品潜力，瞄准新兴领域发力创新

通过不断创新，中集集团有了越来越多的创新产品，有些在行业中成为销售冠军产品。然而，中集集团在对拥有的20多个冠军产品进行深

入分析后发现，尽管这些冠军产品为中集集团制造业贡献了大部分销售额和利润，但其毛利率水平、技术创新能力和智能化技术程度等方面与欧美发达国家的冠军企业相比，存在较大的差距。对此，董事长麦伯良表示："中集集团是高度市场化和全球化的跨国企业，要想在未来的全球竞争中继续保持龙头地位，就必须提升现有冠军产品利润率，打造更多未来冠军产品"。于是，中集集团率先开始专用车智能制造的探索和实践，陆续在东莞、扬州、驻马店等地成功打造智能化"灯塔工厂"，采用生产商用车的方式生产专用车，融入产品生命周期管理、制造执行系统等数字化的管理手段，实现了从前期产品配置、产品设计、结构化工艺设计到现场生产执行整个过程的信息化、数字化管理。同时把生产现场的数据反馈到设计端，完成数字化产品生产制造的闭环，从而大幅提升了生产效率，大幅缩短了产品交付时间，进一步强化了中集集团车辆的优质口碑。目前，中集集团整个制造体系都在进行数字化和智能化升级。正是通过深入推进对现有冠军产品的升级行动，使得中集集团不仅有效实现了降本增效，而且进一步巩固了产品品质在全球的领先地位，提升了业务的核心竞争力，从传统制造企业变成了先进制造、智能制造的代表企业。

在深挖现有产品的潜力的同时，中集集团还着力开拓新市场。经中集集团内部研究显示，在中国，冷链产业、消防装备、天然气装备等产业的发展还比较落后。随着中国经济的持续稳步发展和人民生活水平的不断提高，中国的冷链市场需求将逐渐展现出来，未来的冷链市场将是个万亿级市场。在消防装备方面，我国整体的消防装备配置还处于较低水平，与每年不断攀升的消防灾情并不匹配，消防装备的潜在需求量将非常大。同样的，在天然气装备方面，中国天然气需求量每年持续攀升，并逐渐成为全球最大的天然气进口国，对天然气装备将产生巨大的需求量。这些领域都将会是中国市场存在短板的行业，但对于中集集团而言，却有着明显的优势。因此，中集集团开始积极布局冷链产业，并在青岛建立冷链高新产业园，积极打造全球规模最大、技术最先进的冷藏集装箱产业聚集地。在消防装备领域，中集集团通过收购上海金盾和沈阳捷通，快速实现了中集集团的消防车业务在全国范围内的覆盖，成为国内消防车行业综合实力最强的企业。此外，在天然气装备领域，中集集团更是在LNG接收站/调峰站建设、创新LNG运输方式等方面取得重大成果。

中集集团在创新的道路上从未停止，始终保持着敏锐清醒的头脑。随着信息技术的发展，中集集团意识到智能化将带来未来集装箱产业的重大变革，于是又专门成立安全智能集装箱专题研发组，与国际知名大公司形成战略联盟，共同研究安全智能化集装箱产品，积极向智能制造转型升级。2018年6月，麦伯良向外界明确公布，中集集团未来将聚焦于智慧物流与智能制造方向。中集集装箱、车辆、能源化工等业务正分别以"龙腾计划""灯塔计划""梦六计划"等加大投资，进行智能制造升级，以应对日益严峻的用工和环保形势，进一步提升综合竞争优势。

（四）注重技术创新与市场需求的结合

中集集团坚持以市场和客户需求为主导的产品开发路线，从最初的依靠低成本、高质量占领市场，发展到现在的依靠市场驱动和技术推动有机结合，进而主动引导市场。为实现此目标，中集集团投入大量资源开展集装箱领域关键技术和共性技术的研究，在基础材料技术和环保技术方面不断推陈出新，涉及射频技术、复合材料、环保发泡剂和废气治理技术等。同时，将集装箱所代表的模块化、标准化理念创造性地延伸至建筑领域，开始了模块化集装箱建筑的探索。模块化集装箱建筑具有施工周期短、施工用料耗损低、衍生建筑垃圾少、搬运方便、可循环使用等优点，同时具有抗震、抗冲击、防火等特性，因而既可广泛应用于灾区，作为组合式校区或房舍，也可作为房屋式营地房或公共居住房屋的建造。对于中集集团而言，未来的重要使命就是升级换代，要发展更环保、更节约资源、更智能化的产品。

（五）培育创业团队，提升持续创新能力

为了保持持续的创新能力，中集集团将自主能力提升、产业转型、百人创业等双创活动都作为集团战略升级、优化产业结构的战略安排。中集集团提出"百人计划"，旨在3年内挖掘100个创业项目，培育20支创业团队，并为创业团队提供平台优势和行业资源，搭配先进灵活的管理机制，帮助有意愿、有能力、有担当的创业者实现梦想。中集集团"百人启迪之星"创业加速营是将产业名牌与双创结合的重要活动，通过活动将中集集团的产业基础与大家的科研成果、创新成果接轨，以提升集团的持续创新能力。

| 第二章 |

全面创新研究

第一节　全面创新模式产生的背景

1997年，中国学者许庆瑞等人提出了基于核心能力的组合创新范式，提出企业应考虑创新组合效应。1998年，吴军和王世斌从提高顾客满意度的角度，提出全面创新是一种全方位、多层次、多环节、多要素的综合性创新，是企业全体员工实施的包含产品、管理和组织创新等一系列创新的活动，但并未涉及全面创新的理论基础、运行机理等。进入21世纪，国际、国内竞争环境发生了迅速变化，世界在变小，竞争在加剧，个性化需求空前突出。中国企业技术创新面临新的挑战，即企业决策速度和创新速度与实际能力间的矛盾突出、在知识空前广泛分布下应对国内与国外创新资源整合的实际能力不足、技术与非技术因素不协同所带来的矛盾突出等。企业技术创新缺乏与组织、文化、战略等非技术因素方面的协同，已成为中国创新不成功的重要原因。

2001年，许庆瑞基于国内外创新理论及中国企业经营实践，总结了企业经营管理的全面创新规律，并强调了全面创新的两层含义：一是涉及企业各创新要素的全面创新，二是各创新要素间的有机协同。2002年，许庆瑞将组合创新理论升华为全面创新管理理论，提出实现创新的"三全一协同"框架体系，即全要素创新、全员创新和全时空创新，实现各创新要素在全员参与和全时空域范围内的全面协同。全面创新管理的提出促使企业对创新的制度体系进行系统安排，以保证创新的持续性和有效性，给企业的管理带来深刻影响，是创新管理理论在企业中应用的新范式。随后，学者们进行了拓展性研究，全面创新理论逐步形成。全面创新理论是对中国创新管理研究的重大突破，也是具有鲜明中国特色的技术创新理论体系。

第二节　全面创新模式的相关内容

全面创新（Total Innovation）是许庆瑞等人提出的以提高核心能力为目标，以战略为导向，以技术创新为中心，通过有效的创新管理机制、方法和工具，协同各创新要素（如组织、战略、文化、制度等），实现全员、全时空、全价值链的创新管理构架。全面创新管理是以战略为主导的创新管理模式，即战略管理决定全要素创新、指导全员创新、规定全时空创新。其中，全要素创新是创新内容，全员创新是创新主体，全时空创新是创新形式。全面创新管理模式的类型划分包括郑刚和任宗强提出的技术领先型、市场领先型和技术—市场协调型三种分类，王文亮和晋晶晶提出的战略—市场导向型、技术—市场引领型两种分类。企业应在平衡短期竞争优势和长期能力发展、价值创造和价值增加、市场创新和技术创新等状态下选择合适的全面创新管理模式。

全面创新观与传统创新观的显著区别是使创新要素与时空范围大大扩展，包括沟通、竞争、合作、整合和协同5个阶段。创新过程具有：①战略性，即以企业战略为依据和出发点培育企业核心能力，以持续竞争优势满足企业绩效；②整体性，即要求企业各部门、各要素协调配合；③广泛性，即创新活动渗透到组织的全部流程和全体员工；④主导性，即强调创新活动在企业经营中的主导地位。在全面创新过程中，战略性能力和协同管理能力，以及项目成员间的相互信任度、高层领导重视程度和组织结构扁平化等因素会影响企业全面创新管理的绩效。

为得到更为科学的结论，学者们构建模型并进行实证研究，如郑刚和梁欣如提出的全面创新C3IS五阶段全面协同过程模型；王墨玉等人提出的企业全面质量管理与全面创新管理整合模型；陈锋等人提出的支撑全员创新的全要素创新概念模型；陈劲和李飞提出的中小企业文化、技术与管理创新能力三维概念模型等。同时，许庆瑞等学者对创新过程中技术、战略、文化、组织、制度和市场六大创新要素的全面协同程度和企业特质之间的关系进行了实证研究，以寻找有利于促进创新要素全面协同的共性因素并提供有益建议。以海尔集团为案例，总结出全面创新管理模式下企业创新能力提升的路径为单一技术能力—组合创新能力—全面创新能力。因此，企业可以通过组织学习、基于核心能力的企业购并整合、以技术创新为核心的全面创新管理等途径，建立产学研、上下游、国内外有效结合的合作创新网络，实现技术创新、管理创新与制度创新的有效互动。

第三节　全面创新模式应用案例

作为全球和中国家电产业领先者，海尔集团在2018年11月胡润发布《2018中国企业知识产权竞争力报告》中排名第一。截至2018年，海尔集团累计专利申请4.3万余项，其中海外专利1万余项，是中国在海外发明专利最多的家电企业，累计获得国家专利金奖7项，成为行业的绝对引领者。在专利标准化的进程中，海尔集团共提出了97项国际标准制修订提案，主导了3项IEC、6项IEEE的全新标准。在持续创业创新的过程中，海尔集团始终坚持"人的价值第一"的发展主线，实施"人单合一、HOPE开放平台"的创新模式，海尔集团的7.3万名员工被称为"创客"。因此，海尔集团是中国实践全面创新理论的工业企业代表，以海尔集团为案例研究企业全面创新应用具有典型性和代表性。

一、海尔集团概况

海尔集团于1984年在中国青岛创立，是全球领先的美好生活和数字化转型解决方案服务商。2005年9月，海尔集团董事局主席、首席执行官张瑞敏系统阐述了"人单合一"模式，并以其时代性、普适性和社会性实现了跨行业、跨文化的融合与复制。海尔集团已连续多年稳居国际世界家电第一品牌，子公司海尔智家位列《财富》世界500强和《财富》全球最受赞赏公司；旗下卡奥斯COSMOPlat工业互联网平台在工信部十大跨行业跨领域工业互联网平台中排名榜首，位居Forrester工业互联网领导者第一象限，被ISO、IEEE、IEC三大国际标准化组织指定为"大规模定制模式的国际标准"的牵头制定者,实现了海尔生态品牌在物联网时代的全球引领。

海尔集团深入全球160多个国家和地区,服务全球10亿+用户家庭,拥有海尔智家、海尔电器、海尔生物、盈康生命4家上市公司,成功孵化了7家"独角兽企业"和102家"瞪羚企业",在全球设立了10+N全面创新生态体系、71个研究院、30个工业园、122个制造中心和23万个销售网络,拥有海尔、卡萨帝、统帅、美国GE Appliances、新西兰Fisher和Paykel、日本AQUA、意大利Candy、卡奥斯COSMOPlat、日日顺、盈康一生、海尔生物医疗、海纳云、海创汇、海尔兄弟等众多生态品牌。庞大的集团和丰富的产品链为海尔集团创造了极大的价值,海尔集团的营收也是持续上涨,营业收入从2010年的500多亿元上升到了2018年的2500多亿元(图4-2-1)。2018年,海尔集团在品牌战略、全球化战略等协同下,品牌效应不断放大,当年实现全球营业额2661亿元,同比增长10%;全球利税总额突破331亿元,同比增长10%;生态收入达到151亿元,同比增长75%。

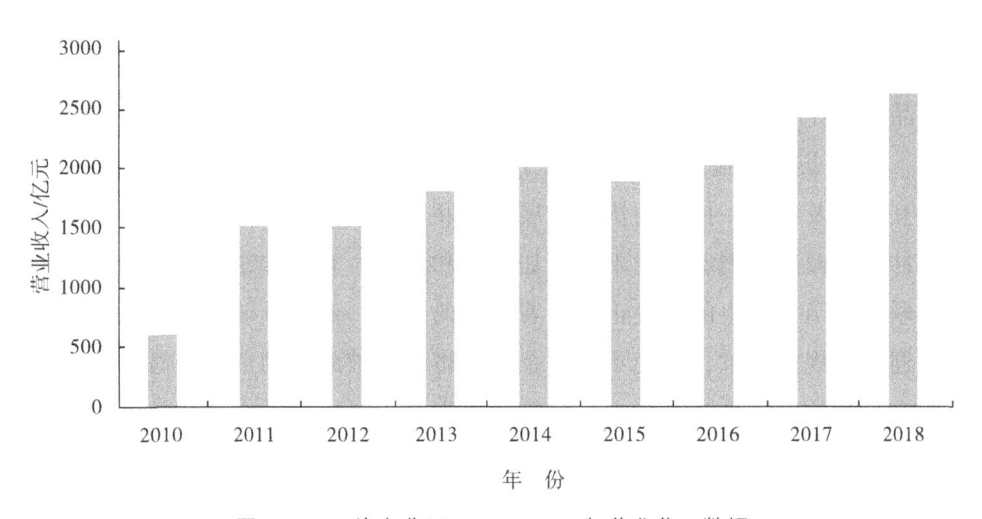

图4-2-1 海尔集团2010—2018年营业收入数据

海尔集团始终以用户体验为中心,踏准时代的节拍,历经名牌战略、多元化战略、国际化战略、全球化品牌战略、网络化战略和生态品牌战略等六个战略阶段,发展至今已成为引领物联网时代的生态系统。2020年,全球最大的传播集团WPP与品牌资产研究专家凯度集团联合发布了BrandZ最具价值全球品牌100强,海尔集团以全球唯一物联网生态品牌继续蝉联,全球排名较去年提升21位，品牌价值显著提升，生态品牌持续引领。同时，海尔集团还获得BrandZ授予的全球第一个"物联网生态品牌"奖，以表彰海尔集团在全球品牌进化方面的标杆引领作用。

二、海尔集团全面创新战略

（一）实施全面创新战略的原因

海尔集团实施全面创新是为了适应用户个性化的发展趋势。在互联网时代，信息获取越来越简单，用户非常容易获取详尽的产品信息。随着互联网原住民的成长，用户的需求越发个性化、碎片化，个性化定制产品的呼声也越来越高。因此，企业必须改变传统的创新方式，为了满足用户的个性化需求，海尔集团需要和用户及一流的创新资源一起快速创新。同时，经济全球化下竞争趋势加剧，海尔集团实施全面创新也是为实现产品创新加速，应对新技术的发展环境。正如《大爆炸式创新》一书中所描述的，技术的指数级发展和产品的快速迭代改变了原有的创新方式。创新产品以迅雷不及掩耳之势不断冒出，倒逼企业缩短产品研发周期，持续迭代产品，提升用户体验，只有利用全世界聪明人的智慧才能做到。

海尔集团实施全面创新是为了"产业颠覆"的全球化现状，以应对全球互联网及经济一体化的快速发展。互联网时代，各个行业都受到互联网的冲击，颠覆式创新无处不在，如易趣和淘宝、苹果和小米，传统行业和互联网的结合产生的奇迹正改变着人们的生活。商业领域正随互联网的发展迎来大规模变革，应变不及的企业都将面临被颠覆的危险。海尔集团只有在开放的创新生态系统中，依靠全要素、全时空以及全员创新，才能持续为用户创造更多的价值。因此，海尔集团在"人单合一"的基础上搭建了线上开放创新平台——HOPE平台，实现了员工与全球的用户、研发人员在平台上的零距离交互，从而实现创新来源和创新转化过程中的资源匹配，并持续产出颠覆性创新成果，带来最佳的用户体验，帮助海尔集团实现生态圈的共创共赢。

（二）全面创新战略成果

全面创新是以战略为导向，通过整合各创新要素来实现组织的全员、全时空、全价值链创新，进而获得高创新绩效。全面创新管理是以战略为主导的创新管理模式，即战略管理决定全要素创新、指导全员创新、规定全时空创新。其中，全要素创新是创新内容，全员创新是创新主体，全时空创新是创新形式。

海尔集团自创立以来，为适应激烈的国际、国内环境，先后实施了多种战略，包括名牌战略、多元化战略和国际化战略等。2005年，海尔集团提出"人单合一"，让每个员工都直接面对用户，为用户创造价值并在创造价值过程中实现自己的价值分享。2012年，海尔集团以"互联网+"策略为依托，构建"HOPE平台"，将网络化战略定为集团发展的重要战略，大力发展小微企业及创客平台。在物联网时代下，用户对单一产品的需求转型升级为对智慧生活解决方案的需求。因此，在以小微为基本单元的分布式组织基础上，海尔集团发展并实现了创单链群和体验链群的即时结合，以开放组合的形式（各节点小微与外部资源方合作）解决用户更复杂的需求，创造更高的用户价值。

通过采取全面创新的战略，海尔集团已从传统制造家电产品的企业向全社会孵化创客的平台实现了转型。目前，海尔集团平台上已经有15家创新创业基地，整合了全社会3600家创业创新孵化资源、1333家合作风险投资机构、120亿创投基金，与开放的创业服务组织合作共建了108家孵化器空间。海尔集团平台上有200多个创业小微、3800多个节点小微和上百万家微店正在努力实践着资本和人力的社会化，有超过100个小微企业年营收过亿元，41个小微企业引入风投，其中16个小微估值过亿。由于海尔集团在模式转型过程中坚持去中心化、去中介化、去"隔热墙"，海尔集团在职工花名册的员工比最高峰时减少了45%，但海尔集团平台为全社会提供的就业机会超过160万个。在互联网时代，海尔集团致力于成为互联网企业，颠覆传统企业自成体系的封闭系统，变成网络互联中的节点，互联互通各种资源，打造共创共赢新平台，实现有关各方的共赢增值。

三、海尔集团全面创新实施举措

海尔集团全面创新的本质是以战略为主导的创新管理模式，即战略管理决定全要素创新、指导全员创新、确定全时空创新。以集团内、外部的创客、全球用户和创新资源之间的"零距离"交互，实现产品和服务的持续创新。因而，如何以一种先进的研发模式，建立一个全球资源和用户参与的创新生态系统，持续产出指数科技产品是海尔集团在探索和应用全面创新模式时面临的重大考验。为此，海尔集团全面创新体系从人员激励、研发模式等方面实施革新，切实做到了全员创新、全时空创新和全要素创新。

（一）"人单合一"为用户创造价值

海尔集团的战略转型最早是基于对"人单合一"模式的探索而展开的。2005年9月20日，海尔集团董事长在集团内部首次提出"人单合一"的概念，并在海尔集团内部实施了长达10余年的探索。"人单合一"的基本含义是："人"指员工，首先，"人"是开放的，不局限于企业内部，任何人都可以凭借有竞争力的预案竞争上岗；其次，员工不再是被动执行者，而是拥有"三权"（现场决策权、用人权和分配权）的创业者和动态合伙人。"单"指用户价值，首先，"单"是抢来的，而不是上级分配的；其次，"单"是引领的，并动态优化的，而不是狭义的订单，更不是封闭固化的。"合一"指员工的价值实现与所创造的用户价值合一，每个员工都应直接面对用户，创造用户价值，实现自己的价值分享。

"人单合一"模式是顺应互联网时代"零距离""去中心化""去中介化"的时代特征，从企业、员工和用户三个维度进行战略定位、组织结构、运营流程和资源配置领域的颠覆性、系统性的持续动态变革。海尔集团在探索"人单合一"模式的实践过程中，不断形成并迭代演进为新的互联网企业创新模式，这个模式至今已迭代升级为"人单合一2.0——共创共赢生态圈"模式。秉承以"人单合一"模式来创建物联网时代新的增长引擎的企业愿景，海尔集团致力于携手全球一流生态合作方持续建设场景品牌与生态品牌，构建衣、食、住、行、康、养、医、教等物联网生态圈，为全球用户定制个性化的智慧生活。

面对体验经济、共享经济兴起的时代大趋势，海尔集团建立全流程并联交互全面创新生态体系，推行基于互联网思维的"三化改革"，即企业平台化、员工创客化、用户个性化。海尔集团通过改革裁员近万人将员工分成2000多个自组织，以网络化组织的企业无边界、网络化资源的组织无领导和网络化用户资源的供应链无缝对接的"三无管理战略"推进创新。海尔集团以"诚信生态共享平台""人单合一、小微引爆"作为新时代的海尔精神与作风，在战略、组织、制造三大方面进行了颠覆性探索，打造出一个动态循环体系。在战略上，建立以用户为中心的共创共赢生态圈，实现生态圈中各攸关方的共赢增值；在组织上，变传统的封闭式的科层体系为网络化节点组织，开放整合全球一流资源；在制造上，探索以互联工厂取代传统物理工厂，从大规模制造转为规模化定制。海尔集团的商业模式主线一直是"人的价值第一"，在转型过程中，员工从雇佣者、执行者转变为创业者、动态合伙人。

"人"从员工升级为相关各方，"单"从用户价值升级为用户资源，最终目的是实现共创共赢生态圈的多方共赢增值。新迭代后的"人单合一"模式的创新探索进一步破解了互联网时代的管理难题，也得到了全球著名商学院哈佛商学院和全球管理学者专家的肯定，他们对海尔集团进行持续跟踪研究，都认为海尔集团的探索是领先的，方向是值得学习和借鉴的，美国哈佛商学院、沃顿商学院等已将海尔集团的发展模式收入案例库进行教学研究。每年有几千家国内外企业就"人单合一"模式到海尔集团进行学习和交流。

（二）颠覆研发模式实现快速迭代

研发的两种主要模式为瀑布模型式与迭代开发式。瀑布模型式是最典型的预见性的方法，严格遵循预先计划的需求、分析、设计、编码、测试的步骤进行。该方式的主要问题在于严格的分级导致自由度降低，即在项目早期就做出承诺，容易导致对后期需求的变化难以调整，或调整的代价非常高昂。迭代式开发也被称作迭代增量式开发或迭代进化式开发。该方式弥补了传统开发方式中的一些弱点，具有更高的成功率和生产率。"世界就是我的研发部"是海尔集团开放创新的基本理念，其本质是全球用户、创客和创新资源的零距离交互，持续创新。迭代式创新则是对用户体验的迭代而非产品的迭代，它与传统研发的不同在于：①从产品为中心到用户为中心；②从领导决策到用户决策；③从串联流程到并联流程；④从自主开发到利用全球智慧交互创新；⑤创新成果从以持续性创新为主到以颠覆性创新为主。

传统研发模式下是串行机制，相关人员分段完成任务获取报酬。而迭代研发模式下研发人员的报酬全部来自市场的用户分享收入，大家同一目标、同一薪源。传统研发模式依靠的是企业内部研发人员的一体化封闭式研发流程，创意资源有限，创新速度缓慢，创新成果远离用户基础，转化成功率低。而新的模型下以互联网为纽带，实现了线上和线下创新资源的融合，既充分利用海尔集团内部的十大研发中心，又吸引全球资源和用户参与，形成自驱动的创新生态系统，持续产出颠覆性创新成果。2018年海尔集团在全球拥有十大研发中心，通过内部2000名接口人，紧密对接40多万家一流资源，组成一流资源的创新生态圈。每个研发中心都是一个连接器和放大器，可以和当地的创新伙伴合作，从而形成了一个遍布全球的网络。

海尔集团研发聚焦了五大平台的创新，主要包括白电转型平台、投资孵化平台、金融控股平台、地产产业平台和文化产业平台。其中白电转型平台主要聚焦于电器到网器，网器到网站的转型，通过社群平台、互联工厂、智慧生活平台等，以超前迭代为支点，成为物联网时代智慧家庭的引领者。投资孵化平台主要聚焦于打造用户生态圈和平台诚信品牌，通过建立社群交互生态圈，实现在场景商务平台的物联网模式引领。金融控股平台主要聚焦于社群经济，以"金管家"和"产业投行"为切入点，通过链接、重构、共创、共享，打造产业金融共创共赢生态圈，实现"产业金融平台"在互联网金融的引领。而地产产业平台则是在探索智慧社区生活服务的物联网模式上进行引领，打造"内容+社群+电商"的价值交互新模式。这几大平台为创客提供包括制造体系、物流体系、创投孵化体系、人力资本体系等一系列创业资源，让创客们在开放的平台上利用海尔集团的生态圈资源实现创新成长。

（三）HOPE平台创新合伙人制

HOPE平台（即Haier Open Partnership Ecosystem的简称）是由海尔集团全面创新中心开发并运营的创新平台，于2013年10月上线。平台遵循开放、合作、创新、分享的理念，旨在通过整合各类优秀的解决方案、智慧及创意，与全球研发机构和个人合作，为平台用户提供前沿科技资讯以及创新解决方案，致力于打造全球最大的创新生态系统和全流程创新交互社区。HOPE平台的宗旨是服务于全球的创新者，通过整合全球智慧，实现创新的产生和创新的转化，最终实现各相关方的利益最大化。平台可触及全球一流资源，注册用户40多万个，平均每年产生创意超6000个，累计成功孵化220个创新项目，研发源匹配周期从过去的8周缩短到6周。

HOPE平台重点解决的是创新创意来源的问题，旨在通过吸引聚集全球创新资源，致力于为企业、个人解决创新的来源问题，以及创新转化过程中的资源匹配。HOPE是一个全球创新社区，在平台上聚集了各类有技术、创意、设计才能的优秀人才，通过专业的洞察、交互、设计等方式，促进创新方案的快速输出，并完成用户的验证，确保输出的创新方案能够满足用户的需求。HOPE平台经过多年的积淀，已经聚集了来自全球的40多万个解决方案提供者，通过与全球各类创新平台合作，覆盖创新转化从原型设计、技术方案、结构设计、快速模型、小批试制等全产业链的资源覆盖，能够快速满足创新转化过程中的各类资源匹配。HOPE平台包含了380多万个创新资源，同时拥有遍布欧洲、北美、亚太的庞大资源网络。这些组织和个人大都乐于接受外部的开发挑战并将其转化成产品。除了实体资源网络，HOPE平台还配备了专业的全球资源检索工具，可以帮助客户快速、精准地挖掘到最佳技术候选人。

HOPE平台能够快速实现用户需求交互。HOPE平台设有领先用户社群，通过分享行业前沿新知，以及新技术、新产品、新服务等热点内容的讨论，社群中聚集了大量的科技爱好者和极客族群，他们对智能家居、智能家电、新型生活形态等前沿课题抱有浓厚的兴趣。由此构建的HOPE平台领先用户社群拥有高质量、高活跃度的参与用户。通过线上线下的研究方法结合HOPE开放创新平台丰富的经验，输出各类定量与定性的研究成果。在提升效率和降低成本的同时，能够帮助企业更好地了解用户需求，制定正确决策，优化产品与服务。

HOPE平台依托大数据为全球技术资源的供需实现精准匹配。HOPE平台拥有基于全网创新大数据的智能、实时的需求与资源匹配系统，可以方便快捷地帮助客户找到合适的创新解决方案，快速满足用户的个性化需求。智能匹配引擎可实时在全球专利、科学文献库、专业网站、社交平台以及其他各类资讯平台的海量信息中，按照需求的方向定向进行信息抓取，再根据各类技术的关键词标签、应用领域进行分类，在此基础上形成创新大数据应用。在使用该系统的过程中，系统会自动记录使用者的搜索习惯,后续如再发现与之相关的技术,会自动推送到使用者的邮箱中。

HOPE平台对全球一流资源全方位实时监控。HOPE平台的数据爬虫系统实时通过全球专利、科学文献库、专业网站、社交平台等海量信息,根据设定的关键词进行抓取,快速精准地将方案自动推送到需求者手中。筛选后的方案以不同形式展现出来,包括技术的成熟度、拥有者、众多使用者和关联者之间的关系图谱等,方便使用者进行筛选与评估。经过6年的发展,HOPE平台可触及全球各行业的创新企业、机构、专家、个人等,包括资深业内人士、技术专家、专利持有人、TRIZ专家和各种具有专业技能的人。当客户需求发出后,HOPE平台在资源网络中通过筛选,组成跨学科研发团队,由专业人员引导团队提供颠覆性的解决方案。

客户在研发过程中碰到的问题一般可分成两类:①技术性需求:需求非常明确,针对性地寻找某个技术领域、某个行业的技术解决方案,HOPE平台通过专利查询、技术路线图分析、行业专家提供线索三种方式来找到方案线索。②功能性需求:客户仅提供一个功能需求,但实现的技术原理不清楚,针对此类需求,HOPE平台会组建项目团队,由专业人员带领,利用专业的工具和方法对需求进行拆解、定义、评估分析、验证,找到可实现的技术方案或具体的技术应用。因此,HOPE平台能够提供:需求众包服务,即为客户的明确的需求项目寻找解决方案;创意产出服务,即帮客户产出明确的有市场竞争力的产品概念;技术资讯类服务,即提供客户关注的技术领域的最新情报;开放创新模式、平台咨询,创新方法等培训服务。

HOPE平台的宗旨是为技术的供需双方提供创新资源等在内的资源对接服务,以实现技术或产品的持续创新并使参与创新的各方实现共赢。为此,HOPE平台建立了一套措施来实现,包括共建专利池、投资孵化、成为供应商伙伴获取收益等多种合作模式。海尔集团已经和合作伙伴共建了7个专利池,其中2个专利池已上升为国家标准,并已与DOW、利兹大学等共建专利池,共同纳入的专利数量达到100件以上,联合运营获取专利授权收入。对顶尖技术的应用方面,海尔集团会参与前期孵化、融资及技术的产业化,如海尔集团已在固态制冷技术模块顶尖技术方面成功孵化出全球首款静音的固态制冷酒柜。对于具备交互用户、模块化设计、模块化检测、模块化供货4种能力的资源，在HOPE平台上可享有优先供货权，即优先保障享有70%～100%的供货配额，同时享有6～12个月的反超期。如天樽空调的研发，就是由技术贡献者参与前端模块研发，并由其在量产后直接享受80%的模块供货配额。

此外，HOPE平台鼓励关键技术的模块商参与产品的前端设计，实行超利分享。参与者凭借其优秀的设计能力，可能和海尔集团一起开发出受用户欢迎的产品，从而成功成为海尔集团供应商。这种模式较传统的模式能提高整体产品研发效率的30%，新产品开发时间缩短70%。目前已有超过50%的模块商参与到前端研发过程中，未来海尔集团所有供应商将全部参与到产品前端的研发过程，实现全流程的交互研发。对于有实力研发的机构，海尔集团通常采取与之成立联合实验室，双方共同投入基本的运营费用，在共同分享技术与创意的基础上实施共同研发，形成的科研成果也由双方共同拥有，从而真正达到创新成果的分享。

经过多年的发展，HOPE平台打造了一支专业化的业务团队，他们多为行业内资深专家，有着专业的知识和多年的从业经验，服务涉及的领域十分广泛。依托HOPE平台，海尔集团在包括制冷保鲜产业、洗涤产业、空气产业等在内的领域，通过产业分析模型和行业信息的收集（线上和线下），对高价值信息进行甄别和分析，洞察行业的发展趋势和行业机会点，为客户的生产经营决策提供有力的支撑。同时，通过HOPE平台，海尔集团在材料类、机电类、智能传感类、热力学类等各技术领域，能够基于客户的要求，提供相关领域的专家资源，对相关信息和结论进行解读和洞察，能够帮助客户精准分析技术发展趋势和技术问题解决的方向建议。

（四）"日清模式"实现高效管理

为了实现对"三化改革"后创新生态体系的全面管理，海尔集团实施全面预算管理。海尔集团实施自上而下和自下而上双结合的方式进行：自上而下，即每个产业根据集团500强的总体目标，依据不同的发展阶段和不同的战略承接目标，从渠道到商圈，集团会给每个产业预估一个预算；自下而上，即小微企业基于网格的GDP、市场容量等锁定引领目标，根据具体区域资源配置、团队能力等确定可落地的承接目标，提出自己需要的预算。对两个维度的预算目标相匹配，确定最终的预算目标。

海尔集团视集团内的小微企业为并联的利益共同体，进行充分授权，每个小微公司都有"三权"，即独立自主的决策权、用人权和薪酬权。小微企业可以单独注册为公司，根据小微性质，海尔集团100%持股的，根据会计准则并表，并根据小微企业发展方向及集团战略规划确定是否需要回流母公司；非海尔集团100%持股的，根据股东协议和每年董事会确定当年利润分配方案。

"人单合一"的模式下，每单都有自己的大目标（总体目标）。为使目标更容易达成，也会把大目标细分成年度目标、季度目标、月度目标、周目标和日目标。以"日清模式"的实施保证日目标的实现，通过日清环节把每日的工作进度展示出来，从而有助于大目标的实现。"日清"不是一成不变的，而是持续演进的。伴随着"人单合一"管理实践的探索，"日清"要想真正落实，就要做到5个层面的工作，包括"清果"，即清理每个人、每天、每项工作的进度和完成情况，找出预期目标和实际情况的差距；"清因"，即找到差距产生的原因，找到解决问题的方案；"清体系"，即通过清理出一个点上的问题，从而发现在体系上存在的问题；"清战略"，即通过清理具体工作，发现在战略层面上存在的问题；"清观念"，即只有正确的观念才可能产生正确的行动。

四、海尔集团全面创新成功案例

海尔集团不仅构建了创新资源的集合平台，还汇聚了全球的创意资源及顶尖创新人才，这有力地促进了海尔集团的内部创新及对外部创新的扶持。作为中国最早探索智能制造转型的企业之一，海尔集团早在2005年就开始在生产智能制造上探索，并于2015年构建了全球首个互联工厂，率先从大规模制造向大规模定制转型。目前，海尔集团已建成空调、洗衣机、冰箱等八大互联工厂，探索出了以满足用户全流程最佳体验为中心的互联工厂模式。不同于大多数企业对智能制造的理解——"机器换人"，对于海尔集团来说，真正的智能制造不只是智能机器硬件引入体系后的大规模制造，更是以满足用户的需求和价值创造为核心，将互联网的共性技术与制造业行业特征实现有机融合后的大规模定制。在多年智能制造探索经验沉淀和资源共享的基础上，海尔集团又推出了中国最大、具备自主知识产权的工业互联网平台COSMOPlat。海尔集团创始人张瑞敏说，海尔集团实施的开放创新，是在和用户交互的过程当中不断迭代，并把各种资源都整合进来，迭代过程是一个试错的过程，不管是渐进的还是突破性的创新都需要用户参与。海尔集团的海尔星盒、空气魔方、无压缩机酒柜都是开放创新的产品。

（一）海尔魔镜——智慧浴室黑科技

在2015年中国国际厨房卫浴博览会（CIKB2015）上，海尔集团向消费者展示了一款能读懂人心的"魔镜"。作为海尔智慧浴室的核心部分，海尔魔镜整合了近50多种智能技术，囊括了健康管理、美容医疗、房屋清洁、娱乐体验等多个功能。海尔魔镜真正打造了一种全新的智慧洗浴概念，再现了一个亦真亦幻的"魔镜世界"。在魔镜未开启时，它是一面普通的镜子。开启后，海尔魔镜与浴室当中的探头相连，可自动感应是否有人进入，随后进行智能调节。站在魔镜前，只需几秒钟，魔镜就能显示出镜前人的性别，随后根据性别、个人喜好，建议性地给出包括热水温度、水量、娱乐、健康分析等信息，当开启健康分析功能后，体温感应技术随即启动，并对镜前人进行全身检查。这款能读懂用户的心思，并能和用户全方位互动的镜子是怎么诞生的呢？

2014年7月，海尔集团在青岛举办了开放创新周，一位创新者在开放周期间推介了一款叫"魔镜"的产品创意。海尔集团HOPE平台洞察其创意价值后，立即将其纳入了海尔集团的创意库中。随后，在海尔集团HOPE平台匹配的跨领域专家团队评审会上，评审专家认为该款浴镜具有交互功能，应进一步开发，从而开启了该创意的技术研发。2015年3月，海尔集团在上海家博会上展示了智慧浴室的样机，并召开概念发布会，得到用户很好的响应。海尔集团决定将智慧浴室的核心产品——魔镜，作为第一代智慧浴室的主攻产品。2015年4月，海尔集团通过HOPE平台面向全球发布魔镜创意落地转化的需求。2015年6月，魔镜的工艺样机到位后分发给HOPE平台的领先用户进行体验，以寻求改善点。改良后的海尔魔镜拥有六大"魔性"，分别为天气查询、室内环境监测、热水温度控制、家庭个人健康档案及娱乐系统，几乎涉及家庭生活各个方面。2015年第三季度，魔镜上市后的短短几个月就完成了500万元的销售成绩。

(二)海尔超低温冷柜——开创-60℃保鲜新概念

2017年3月,在中国家电及消费电子博览会(AWE)上,海尔集团推出了型号为DW-BD-55W151E的超低温冷柜。这款超低温冷柜因其在冷冻、保鲜、节能领域独树一帜的表现,博得现场参观人员交口称赞。这款超低温冷柜与传统冷柜的最大不同点在于:-60℃的超低温保鲜,在突破制冷技术的同时,利用单一压缩机达到了-60℃的速冷保鲜,从而延长了食品保鲜期,缩短了冷冻时间、解冻时间,保证了冷柜中储藏品的新鲜口感,颠覆性的打破了冷冻保鲜的盲区,重新定义了冷柜的保鲜之道。

传统冷柜是利用两个压缩机,制冷温度只能达到-18℃,会导致食物口感变差,不新鲜。据专家分析,在传统制冷方式下,因为放入冰箱的肉类在结晶时冰晶生成速度过慢,从而导致冰晶体积增大,刺穿鲜肉的细胞壁,最终造成营养成分流失。而在冷柜行业,主流创新技术对冷冻保鲜的关注甚少,因此,造成了用户对冷冻保鲜中"冻住即保鲜"的认知盲区。

为了打破传统认知实现制冷技术的颠覆性创新,海尔集团冷柜产业线在产品创新和研发上投入了巨大的精力,多次在HOPE平台上发布寻源需求,利用HOPE平台在全球建立的资源网络进行制冷技术方案匹配。最终帮助海尔冷柜实现了超低温恒温储存这一颠覆性创新成果,解决了传统冷柜制冷不保鲜问题,且能抵御细菌滋生繁殖,减少箱内异味。对追求超高生活品质的人而言,超低温冷柜是提升幸福感和品质感的新选择。

(三)海尔冷柜——攻坚母乳储藏难题

随着二孩政策的实行,母乳喂养已成为大众关心的重要话题。众所周知,母乳是婴儿成长过程中最天然、最安全、最完整的食物,也是妈妈给宝宝最好、最珍贵的礼物。事实上,母乳喂养最好在6个月以上,很多结束产假的职业女性通常采取把母乳挤出来后,由亲人代喂宝宝。怎样保证母乳储藏的安全性,成为她们最关心的问题。一般来说,母乳保存有两种,一种是常温保存,另一种是冷冻保存,但这样的储存方式能保证母乳是安全的吗?

面对这样的困惑,海尔冷柜在进行市场调研时发现,由于母乳中营养成分的复杂性和特殊性,导致它对存储的器皿、环境、温度等有着较高的要求,稍有不慎就会被污染,营养价值就会随之流失,严重时还会导致孩子腹泻。而目前市面上并没有专门针对母乳储藏进行设计的产品，如何确定母乳里哪些参数是关系到母乳的营养与安全的，与储存环境又有怎样的关系，是海尔冷柜亟待解决的问题。为了更懂母乳，解决用户母乳储藏的痛点，海尔冷柜向HOPE创新合伙人社群提出了母乳储藏的项目需求。

HOPE平台在对问题进行了深入解读后，确定需要借助乳类研究专家才能解决。随后通过创新合伙人社群的专家推荐方式，邀请到国内某知名母乳研究机构的专家D博士参加专家咨询。D博士在了解了课题之后，从母乳的营养成分、存储温度、存储场景、社会趋势及与奶粉成分的对比等多个方面进行了系统而详细的介绍。D博士表示母乳中富含的免疫因子、乳糖蛋白、钙和磷、多种蛋白质都是奶粉等其他喂养产品达不到的。针对职业女性的哺乳需求，D博士表示冷藏产品的设计需要考虑到两个重要的使用场景，即上班移动使用与家庭使用。而上班移动使用的产品设计势必有更高的要求，据此D博士提出在-20℃的环境下控制好菌落总数，保证温度不剧烈波动，母乳的储藏时间可以被有效延长。

在这场历时45分钟的跨领域专家咨询中，HOPE平台与海尔冷柜快速捕捉了这款产品研发的关键。D博士还提到，如何实现冷藏的母乳匀速解冻是保证母乳营养成分稳定的关键，这可以有效地防止母乳中的成分和抗菌活力被破坏或者流失。针对母乳与储藏环境（温度，湿度）等关键指数的关系，D博士表示可以直接参看牛奶的相关研究，这一点上两者是相似的。在D博士的帮助下，HOPE平台与海尔冷柜确定了产品研发的关键，为母乳储藏设计的未来探明了方向。

（四）海尔"自然风"空调——终结机械风，体验更舒适

空调一直是海尔集团的拳头产品，其中海尔"天樽"空调就是基于HOPE平台的用户提出"空调病"等需求而进行技术难题攻关后的成果。"天樽"空调通过海尔集团生态开放平台向全球用户进行创意征集，几百万网友的需求得到交互，共形成了67万多条的有效交互信息，其中"空穴来风"、微信控制遥控器等创意理念得到了大家的认可并最终被选择。"天樽"空调的设计是经过创意库的5次筛选，在海尔集团空调专家、网络高手和需求用户之间多次交互后形成的最终产品。"天樽"空调拥有65项专利技术，其中送风核心专利25个。2014年，海尔集团"天樽"空调凭借其颠

覆性的外观设计、"让家电会思考"的智能理念和凉而不冷的健康功能，在众多国际品牌参与角逐的艾普兰奖项评选中胜出，并获得由业内评选、网友投票的创意设计奖——"百姓奖"。

持续创新一直是海尔集团的梦想，对空调性能及舒适度的改善一直是海尔人追求的目标。2017年3月9日，以"智慧生活"为主题，由智慧家庭概念衍生的智能产品备受瞩目，其中海尔"自然风"空调以革命性的"自然风"技术令众人称道。海尔"自然风"空调的诞生来自于人们对自然界轻柔的、变幻多端的、最舒适的风的向往。为了捕捉自然风，海尔集团研发人员将有序的机械风转变成随机无序的风。"自然风"技术拥有自相关的随机风控和空气流导风两项创新技术，将风由沿1个平面增加到沿52个平面吹出，使空调风呈现出随机的快慢强弱变化，无限接近自然风，从而带来最佳用户体验。这一创新不仅打破了空调机械风传统，也为整个空调行业指引了创新之路。

海尔"自然风"空调从创意产生到产品孵化落地，无不体现着开放与创新的印记。为了让智能空调更懂用户，海尔空调产品部借助HOPE平台上的全球创新合伙人社群，找出用户在空调使用中的问题并搜集用户的期望与需求，通过大数据分析，归纳发现将自然风与空调结合是目前创新的主要方向。

针对HOPE提出的意见，研发人员决定探索自然风的奥秘——行走20000千米测试竹林、海边等300个自然场景，采集自然风的风速及风量数据；通过对比自然风和机械风，运用大数据分析推导出自然风模拟方程式。同时，团队研发出业内首个智能仿生人，进行大量舒适性试验测试，并对人体活动代谢率等指标进行大数据计算分析。

2016年1月，海尔集团空调研发部门在HOPE平台上发布了创客项目，在全球范围内征集相关的研发企业。技术需求发布后，通过HOPE平台在全球的资源网络和大数据技术的自动筛选，最终有8家资源强大的公司符合这次技术研发的需求。经过专家团队对技术资源的评估，最终国内两家知名的研发机构与海尔集团达成了技术合作协议。2016年8月，海尔"自然风"空调系列正式上市。

纵观这些产品诞生的全过程，都离不开HOPE平台覆盖全球的资源网络及其强大的全流程资源整合能力。在全球范围内，让拥有研发、技术、知识能力的团队和个人通过大数据精准匹配，在全球范围内组成跨领域团队，通过HOPE平台走到一起并分工协作，高效快速地提出解决方案，最终落地实现，大大降低了研发生产的成本。目前，HOPE平台已经聚集了来自全球的40多万个解决方案的提供者，并通过与全球各类不同的创新平台合作以整合全球的创新资源。

第三章

协同创新研究

第一节 协同创新模式产生的背景

协同创新理论的研究是一个持续的过程。1997年，张钢等认为技术、组织与文化的协同创新是企业应解决的关键问题，遂对其展开研究。2000年，彭纪生和吴林海探讨了技术创新模式的演进规律，指出技术协同创新模式是未来的发展趋势。2005—2006年，陈劲和王方瑞分别采取案例分析和实证研究，探究技术和市场协同创新机制的内在本质。2006年，陈晓红和解海涛构建"四主体动态模型"，以解决中小企业技术创新的难题。随后的研究是贾生华等提出的技术、制度与管理创新协同，饶扬德和唐喜林等提出的技术、市场与管理创新协同，吴绍波等提出的产学研协同创新，以及吴荣斌和王辉提出的知识创新协同模式等。虽然这些研究存在片面性和局限性，但为日后协同创新理论的形成奠定了坚实基础。

21世纪初，随着全面创新管理理论的提出，部分中国企业已经认识到全面创新及各创新要素协同的重要性。但受管理惯性，大多数企业仍存在严重的部门职能分割，企业内部管理和内部联系机制缺乏，致使全面创新管理在企业难以实施。与此同时，中国出现了产学研严重脱节的情况，一方面，中国科技资源已跃居世界前列，已形成了相当规模、涵盖创新链中各环节的各类不同的创新基地；另一方面，中国高校和科研院所积累的知识转换率很低，基础性行业的核心技术只能严重依赖国外。此情境下，中国需要一套全新的理论来解决信息不匹配和资源共享难等问题，并指导高校、企业和政府三者之间实现行动的最优同步和协同发展。

2012年，陈劲和阳银娟在此前研究基础上，明确提出协同创新是当今科技创新的新范式，并对协同创新的内涵特征、理论基础及驱动机理等展开系统论述，协同创新理论初步形成，标志着中国国家创新体系理论取得新进展。

第二节　协同创新模式的相关内容

技术创新是企业持续竞争力的源泉，而当今企业技术创新又要求企业组织与文化的相应变革。中国企业尤其是国有企业技术创新动力不足，很大程度上在于技术创新与组织、文化创新的协调方面准备不足，因而技术、组织与文化的协同创新就成为企业技术创新发展所要解决的关键问题。关于协同创新的研究主要围绕着协同创新及其运行机制、特点、分类、创新绩效及指标体系等。

一、协同创新及其运行机制

协同创新是指企业、政府、知识生产机构（大学、研究机构）、中介机构和用户等，为了实现重大科技创新而开展的、以知识增值为核心的、大跨度整合的创新组织模式，其关键是形成以大学、企业、研究机构为核心要素，以政府、金融机构、中介组织、创新平台和非营利性组织等为辅助要素的多元主体协同互动的网络创新模式，并通过知识创造主体与技术创新主体进行深入合作、资源整合，从而产生"1+1+1＞3"的非线性效用（阳银娟，陈劲，2015）。协同创新是通过国家意志的引导和机制安排，促进企业、大学、研究机构发挥各自的能力优势、整合互补性资源，实现各方的优势互补，加速技术推广应用和产业化，协作开展产业技术创新和科技成果产业化活动，是当今科技创新的新模式。企业协同创新是在技术创新领域内，针对中小企业创新水平低、发展不足的现状，通过社会经济生产供求关系建立的，旨在提高中小企业自主创新力、增强高校及科研机构对中小企业自主创新的资源供给及技术转移、加大政府对中小企业自主创新的扶持力度、完善社会服务体系对中小企业自主创新的合作支持。

协同创新运行机制是指各主体在实践协同创新过程中形成的动力、

规则及程序总和,是各活动主体从最初萌发组建协同创新联盟意愿,到协同创新利益分配结束全过程各个环节的运行机理、相关制度与作用方式。基于知识整合视角,协同创新运行机制中包含的子机制主要有互信机制、利益分配机制、互补相容机制、进化适应机制和绩效评价机制等。通常而言,协同创新机制是投入机制、收益机制、运作机制、用人机制、考核机制与激励机制等机制的耦合。有效的协同创新运行机制能使创新系统内的活动主体通过协同合作整合内、外部资源,从而实现系统整体功效大于各主体单独行动的效果总和。

二、协同创新的特征

相对于协同制造和开放式创新,协同创新是一项更为复杂的创新组织方式,主要是通过知识创造主体和技术创新主体间的深入合作和资源整合,产生系统叠加的非线性效用。因而,协同创新的主要特点体现在整体性和动态性。其中,整体性是创新生态系统中各种要素的有机集合,即要求各创新要素的存在方式、目标和功能都表现出统一的整体性;动态性是指在创新生态系统内,各创新要素在不断动态变化的过程中来实现协同。协同创新的特征还包括:创新资源的易获得性,即通过部门间的有效交流加大资源的可利用率;创新过程的高效性,即通过协同创新过程中的资源优化配置,使创新产出效率更高;创新成果的共享性,即协同创新系统中的各部门协同,包括企业与政府、高校、科研机构、中介服务机构之间,相互学习,共同享有技术开发成果;以及创新的可持续性,即协同创新系统内企业等创新主体以人才、资金、技术、服务的共享为平台,不断地发展,实现协同创新的不断持续发展。此外,姜彤彤(2017)从产学研的角度探讨了协同创新的动态性、多元化、融合性和持续性等特点,提出协同创新近年来逐渐向跨学科和区域化、国际和网络化方向发展,并呈现出多元化、多样性的合作模式。

三、协同创新模式分类

现有研究基于不同分类标准对协同创新组织模式进行了划分,分类的标准包括合作紧密程度、合作导向、合作主导力量、合作组织方式以及交易成本等。姜彤彤（2017）从主导组织的类型角度出发将协同创新模式分为政府推动、企业主导、高校和科研院所主导的协同创新模式。吴绍波等（2009）按照产学研合作的契约关系安排，将产学研协同创新模式划分为技术转让、共建研究机构、基于项目的短期合作、共建经营实体等。从后发企业的角度，通过对协同创新资源共享和企业组织模式重新整合的分析，协同创新模式可以分为契约型协同创新、组织型协同创新和战略型协同创新三类。而从创新主体间协同创新模式影响跨行政区域创新要素的流动、分配及组合角度出发，跨行政区域创新主体间的协同创新模式主要有强政府推动型协同创新和弱政府扶持型协同创新。从新型研发机构的协同创新模式与机制视角出发，协同创新模式主要有合作建设模式、组织管理模式、合作研发模式和合作服务模式等。同时，依据产学研协同创新组织层次和紧密程度，可以将产学研协同创新分为项目式、共建式、实体式、联盟式及虚拟式5种组织模式。根据企业内部组织创新发生的不同层次，可以将协同创新分为企业技术、组织与文化三类协同组合创新，在企业整体层次上表现出企业制度创新。而依据参与协同创新的区域及行为主体的不同，还可以将协同创新分为同主体多区域协同创新、同区域多主体协同创新和跨区域多主体协同创新。在同主体多区域协同创新中，由于相同的行为主体存在共性，易达成利益共同体；在同区域多主体协同创新中，不同类型的行为主体具有不同的利益目标，协同需要逐步融合；在跨区域多主体协同创新中，创新范围更广、专业性更强，在协同创新过程中可以有效降低多元环境障碍，但显然也存在更多的协同障碍。中小企业在实施协同创新时可选择4种模式，即战略联盟模式、专利合作模式、研发外包模式、要素转移模式。何郁冰和张迎春（2015）研究了产学研协同创新网络的类型，并从强—弱关系及稀疏—稠密网络的角度得出了与弱关系—稀疏网络耦合的协同创新模式、与强关系—稀疏网络耦合的协同创新模式、与弱关系—稠密网络耦合的协同创新模式、与强关系—稠密网络耦合的协同创新模式。

与技术发展相适应的协同创新模式的演化和主动选择能提高合作稳定性，加强协同伙伴的文化沟通，有利于形成有效的协同创新模式，并且提高协同效率与技术进步速率。此外，彭纪生和吴林海（2000）认为协同创新包括宏观层面的协同和微观层面的协同。其中，宏观层面的协同是指国家创新体系中知识创新系统、技术创新系统、知识传播系统和知识应用系统之间的协同，而微观层面的协同则是指各类创新资源以及各行为主体在技术创新过程中各个环节整合协同。从宏观层面的国家创新协同角度出发，国家应在制度层面不断调整制度环境，为技术协同创新的实现提供适宜的环境条件。从微观层面的技术创新协同出发，企业在内部需不断地实施制度创新，调整各类内、外部关系，重塑技术创新过程模式，以适应外部竞争环境及满足企业产品创新和工艺创新的内在要求。

四、协同创新理论模型

在协同创新理论模型方面，学者们也做了大量研究。比如通过对谷歌、阿里巴巴和浙大网新等案例的研究中，学者建构了以知识协同为途径、以知识增值为核心、以创新主体为网络节点的协同创新网络理论模型，在此基础上研究了创新生态系统协同创新网络的运行机制和规律。通过分析中小企业的创新瓶颈，有学者提出了"六位一体"模型，即中小企业与政府部门、企业集团、高等院校、科研机构、目标用户、中介机构等行为主体相互依存、共同发展的全方位协同创新新模式。

针对科技型小微企业，由于其在创新能力、创新资源等方面存在先天劣势，只有通过与其他创新主体协同合作才能更有效地开展创新工作，因而学者们构建了基于产业集群的科技型小微企业协同创新模式选择模型，为产业集群科技型小微企业选择协同创新模式提供了实践参考。此外，有学者以我国农业科研院所为研究对象，构建了基于禀赋结构的动态"双门槛"模型，并实证检验了不同类型协同创新模式对创新能力的影响，从而发现了不同类型协同创新模式对农业科研院所创新能力的影响显著基于研发禀赋结构的"双门槛效应"。前期创新能力显著影响到农业科研院所本期的创新能力，基础研究经费投入以及研究生学历研发人员能显著提高农业科研院所创新能力。当农业科研院所处于合理的研发禀赋结构区间时，合作创新模式、外向开放式创新模式以及创新联盟模式对农业科研院所创新能力的提高有显著的促进作用。当研发禀赋结构不合理时，创新联盟模式对农业科研院所创新能力无显著影响；当处于"低研发经费—高研发人员"研发禀赋结构区间时，农业科研院所选择合作创新模式以及外向开放式创新模式可以提高其创新能力。

五、协同创新的绩效及指标体系

协同创新主要是通过知识创造主体与技术创新主体进行深入合作和资源整合，从而产生协同的非线性效用。然而，要想取得好的协同创新绩效，就需要考虑协同机制及协同模式等因素，并探讨协同机制与协同环境在企业协同创新模式与协同创新效应关系中的相互作用。一般情况下，企业协同创新模式有三个维度，即战略联盟模式、研发外包模式、要素转移模式；企业协同机制有两个维度，即成本利益分配机制和技术互补机制；企业协同环境有两个维度，即市场环境和宏观环境，这几个维度在不同程度上对企业协同创新效应的影响比较大。何郁冰和张迎春（2015）从网络嵌入性的角度探索了产学研协同创新模式的选择及其对创新绩效的影响机制，认为在产学研协同创新网络中，成员之间的合作除了受契约关系的约束外，也受各种嵌入性关系的影响，网络嵌入性的产生、积累和发展会影响网络中新知识的创造和扩散，进而影响产学研协同创新的绩效。在此基础上，提出了产学研协同创新的各主体要根据自身所处网络的关系及密度选择与其所处网络类型相适合的协同模式，方能充分共享和利用网络内其他组织的知识和资源提高协同创新效率，以及在产学研协同创新中要充分关注无形资源、模式运作经验、差异化战略、技术和空间距离、新技术水平和开发成本、新产品需求规模及新产品市场竞争程度等变量的影响。

由于协同创新能充分利用协同体系内各主体的资源，如海正药业等在内的诸多企业通过协同创新模式，增强了国内高校和科研机构之间的密切合作，并在高校建立了专门的研究实验室，构建了以自身为核心的复杂成熟产学研协同创新网络，极大地提高了企业的创新能力和国际竞争力。然而，目前我国的协同创新绩效评价主体单一，基本上是由政府部分负责，缺少更为多元化的评价主体，限制了基于战略联盟的协同创新水平不断提高。因此，企业应确定基于战略联盟的协同创新评价绩效指标，以此来合理评价协同创新效应。其中一级指标包括联盟成员的学习效果、联盟成员的经济收益效果、联盟成员的管理协调效果、联盟整体技术创新成果和联盟成员关系效果等五类，同时各个一级指标可以细化为无数个二级指标，如技术合作意愿、技术转移数量、科研创新数量、科研创新速度、政府优惠政策利用程度和利益分配机制等为二级绩效指标，从而完善了协同创新的绩效评价体系和评价指标，对协同创新绩效评价产生了较为正面的引导作用。

六、协同创新的对策及建议

针对中国协同创新模式中存在的协同创新动力不足、协同创新主体信息不对称及缺乏监督和评测机制等问题，学者们提出了优化和改进建议以及相关对策。如针对发展产学研协同创新的对策及建议，包括创造良好的外部环境、产学研三方培养、引进创新型人才、多渠道筹措科研经费、提高经费使用效益、建立并扶持产学研合作中介服务机构、建立科研成果激励机制等，以有效发挥协同创新的导向作用。同时，针对我国中小企业集群网络协同创新能力差的现实，应着力于构建完备的中小企业集群创新复杂社会网络平台、中小企业集群"独联体"式协同创新小世界网络、完善中小企业集群协同创新社会服务支撑网络、强化集群网络内企业的增值性创新能力、注重中小企业集群网络的经济升级和劳动力社会升级等方面，以提升中小企业集群协同创新能力。

此外，围绕协同创新的研究还包括协同创新的影响因素等，比如学者姜彤彤研究后发现影响协同创新的因素有组织结构、组织战略、协同支撑条件等。学者马家喜和金新元从企业特征维、高校特征维、技术维和产业环境维出发，认为高校—企业间协同创新的主要影响因素包括无形资产、所有权结构、技术距离、空间距离等，并在此基础上提出了度量指标，如研发人员的数量、专利数、产品更新迭代速度、新技术与已有技术相比的突破性程度等，从而构建出高校—企业协同创新模式选择的影响机理。

总体上来说，协同创新通过打破体制的樊篱，突破部门、行业、区域甚至国别的界限，最大程度地集成和汇聚人才等创新资源与要素，优化科技、教育与产业等系统内外部资源配置，实现知识创新主体与技术创新主体的有效对接，做到从根本上解决目前我国科技、经济"两张皮"的问题。然而，现阶段关于协同创新因素的分析，大部分都是关于企业内部因素的分析，对外部经济环境、外部政治环境、外部自然环境等外部创新因素的研究较少。因此如何做到内、外部创新因素的全面协同，让内外因素共同对协同创新绩效产生促进作用，将是今后理论研究的重点问题。

第三节 协同创新模式应用案例

中国中车股份有限公司（以下简称中国中车）是经国务院国资委批准，由中国南车股份有限公司和中国北车股份有限公司按照对等原则合并组建的A+H股上市公司。合并后，中国中车成为全球规模最大、品种最全、技术一流的轨道交通装备供应商。主要经营铁路机车车辆、城市轨道交通车辆、工程机械、电子电器及环保设备产品的研发、设计、制造及修理服务等。截至2017年，中车累计申请专利32044件，其中申请发明专利13808件。中国中车已申请海外专利1213件，有效专利数在轨道交通领域位居世界第一。

一、中国中车企业概况

中国中车于2015年9月宣告成立，在上海证券交易所和香港联交所成功上市。现有46家全资及控股子公司，员工17万余人。中国中车坚持自主创新、开放创新和协同创新的理念，持续完善技术创新体系，不断提升技术创新能力，建设了世界领先的轨道交通装备产品技术平台和制造基地，以高速动车组、大功率机车、铁路货车和城市轨道车辆为代表的系列产品，已经全面达到世界先进水平，能够适应各种复杂的地理环境，满足多样化的市场需求。中国中车制造的高速动车组系列产品，已经成为中国向世界展示发展成就的重要名片，产品现已出口全球六大洲近百个国家和地区，并逐步从产品出口向技术输出、资本输出和全球化经营转变。

中国中车将以融合全球、超越期待为己任，紧紧抓住"一带一路"和全球轨道交通装备产业大发展等战略机遇，大力实施国际化、多元化、协同化发展战略，全面推进以转型升级、跨国经营为主要特征的全球化战略，努力做"中国制造2025"和"互联网+"的创新排头兵，努力把中国中车建设成为以轨道交通装备为核心，跨国经营、全球领先的高端装备系统解决方案供应商。

二、中国中车的协同创新之路

1881年，由开平矿务局出资，修筑由胥各庄至唐山矿煤场的铁路并设立修车厂，依靠从英国购入的车轮及钢铁材料，以几十名工人手摇为动力的车床生产出第一辆机车。因中国工匠在车头两侧各镶嵌了一条金属刻制的龙，因此又被称为"龙号机车"，这也是中国的第一辆自产机车。如今，中国已能研发及生产满足泛欧亚铁路互联互通需求的600~1676毫米可变结构转向架和时速400千米跨国联运高速动车组。这100多年来中国机车制造的变化，靠的是中国铁路人对自主创新的坚持和协同创新的持续。

（一）从自主研发到开放创新再到协同创新的转变

1. 1998—2003年以自主创新为主，引进技术为辅

在2003年以前，中国中车自主研发高铁技术已经进行了10年之久，包括南京浦镇车辆厂、铁道部株洲电力机车研究所（即后来的南车株洲所注）和长春客车厂等在内的几家国内火车制造厂商都曾致力于更高速度的动车研发。虽然参与人员不多，规模不大，投入资金有限，但已研发出包括"先锋""蓝箭""奥星"和"中原之星"等一系列准高速车型（即160~200千米/时）。2000年，由南京浦镇研制出了"先锋号"电动车组；同年，株洲所、长春客车厂等研制出了"蓝箭"；2001年，南车株洲所又先后研制出了"奥星"和"中原之星"电动车组。这些试验车型中，平稳性最好的是"蓝箭"，至今仍在广深线运行。"奥星"也曾出口至哈萨克斯坦。2001年4月，中国中车调集了包括南车株洲所、北车、铁科院等12家企业在内的国内顶尖科研力量，投入1.3亿元资金，进行动力集中路线的"中华之星"正式研发。研发过程中实施了以国内研发人员为主的小批量技术引进，注重的是引进后的学习和吸收，提高再创新能力。2003年，最高运营速度为270千米/时的"中华之星"投入秦沈客运专线试运行。"中华之星"除了在动力系统、制动系统和转向架等关键领域完成了系统集成和技术自主外，高速受电弓、真空断路器、GTO器件、去离子水泵、高速轴承和螺杆空气压缩机等很多关键零部件都需从国外进口。

自主创新的研发所需时间长，研发技术不稳定，新产品容易出故障。以2001年出厂的"中原之星"为例，由于其在京广铁路的郑州站与武昌站之间运营时因故障频发、维修成本过高、整车的震动频率跟固定频率不吻合出现的高频震动使乘客易头晕等原因被停驶。同时，在广深线上运行的"蓝箭"也暴露出故障率高的问题。2003年9月，"中华之星"被高速动车组专家评价为"与国外先进水平相比，在技术水平、产品成熟程度和可靠性等方面还存在较明显差距"。为此，铁道部明确采取从国外购买和引进技术的方式，从国外引进时速200千米动车组和300千米以上高速动车组。

2. 2004—2006年，采取引进技术的开放创新

2004年，铁道部叫停已经进行了10年之久的高铁自主研发，转向以市场换技术的引进吸收方案。同年，铁道部组织科研院校的专家及铁路系统人员组成谈判小组，与日本、德国、法国以及加拿大四国企业联合体进行谈判。随后，在铁道部组织的时速200千米的动车组项目采购招标中，川崎重工、阿尔斯通和庞巴迪等中标。铁道部分别与日本的川崎重工、德国的西门子公司、加拿大的庞巴迪公司以及法国的阿尔斯通公司签署了技术转让合同。根据转让合同，铁道部共花了23亿元人民币支付技术费，以获得相关技术和4种车型的整车引进，其中CRH1是加拿大车系，由中加合资生产，没有技术转让费；CRH2是日本车系，技术转让费约6亿元人民币；CRH3是德国车系，技术转让费约8亿元人民币；CRH5是法国车系，技术转让费为9亿元。在铁道部分配下，国内重点机车制造企业分别受让了世界各国的先进技术，法国阿尔斯通公司的技术转让给长春轨道客车股份有限公司；日本川崎重工的技术转给了南车；加拿大庞巴迪公司的技术转给了青岛的中外合资企业BSP；而德国西门子公司的技术转让给了唐山机车车辆厂。

2004年，国务院审议通过国家《中长期铁路网规划》，确定到2020年，全国铁路营业里程达到10万千米，主要繁忙干线实现客货分线。2006年初，铁道部组织招标工作，川崎重工、阿尔斯通、庞巴迪和西门子4家外国巨头通过与南车、北车下属企业合作中标，合同中既包括车辆采购，也包括技术引进。采购从整车采购向零部件采购逐步推进，最终实现国内组装，而中方要为买下原型车图纸及外方指导单独付费。2006年11月，铁道部开始进行国内第一条新建高速铁路京津城际的项目招标，最终以西门子

为首的德国企业联合体以120亿元人民币中标。与前两次不同的是，这次的竞标企业要负责包括线路建设和动车在内的整个工程。铁道部希望通过谈判拿到300千米以上的最先进技术。截至2006年底，铁道部通过三次动车大招标，共购买了法国、德国、日本的高速列车280列（其中160列为时速200千米，120列为时速300千米），共计人民币553亿元。加上购买1098台机车（电力机车420台和内燃机车678台）的305亿元人民币和技术转让费5亿美元，铁道部总共花了900亿元人民币。

此阶段，中国花费了巨额资金，期望通过市场换技术。在实际技术引进中，我方得到的主要是生产图纸、制造工艺、质量控制和检测方法，对于高速列车的设计原理、设计方法并不在引进范围内。"联合设计"也并非是外方与我方共同从头设计一种新车，而是在原有车型基础上，根据中国特点做适应性的局部修改，对于原始的计算分析、研究试验数据、软件源代码则严加保密。外国公司在人员培训上也相当保守，事实上只教读图不教方法设计。我国引进200千米/时等级电动车组的实践证明，包括设计技术、系统集成技术、交直交变流技术和网络控制技术等关键技术，中方并没有真正地获得技术转让，中国企业仅仅承担组装制造任务，处于产业链的低端，并由此增加了对外方核心技术产品部件的依赖性。如北车唐山厂和长春客车厂对西门子技术的消化吸收不足，机车在京沪高铁上运营后因故障率高而被迫召回，最终还是请西门子专家才解决难题；在关键部件上仍严重依赖外方，仍需从德国西门子购买牵引系统中的核心部件及零部件，从德国克诺尔采购控制系统等。在引进策略主导的2004—2006年，我国高铁技术虽然有提升，但没有取得实质性突破，该策略的有效性也引来了科技部以及部分专家的质疑。

3. 2007年至今，通过协同创新来实现自主创新

我国高铁真正突破并掌握核心技术，是在中共中央与科技部纠正引进战略、强调自主创新、大规模启用自主研发团队后的一段时期。2007年，中共中央提出要建设创新型国家，指示科技部要关心高铁的技术发展和技术的自主创新。2008年2月，科技部和原铁道部签署了《中国高速列车自主创新联合行动计划》，要求京沪高铁必须坚持自主创新。在此之后，我国高铁在核心技术上实现了大的突破，如CRH380A的4个关键部分（车头造

型、转向架构造、车体强度密封、网络控制系统和牵引系统），其与外国车型完全不同，主要都是中国本土的技术团队和技术积累。在自主创新的战略下，中国的高铁研发随即驶入快车道。2011年，中车四方股份成功研制出更高速度等级试验列车，创造了时速605千米的实验室滚动试验中的最高速；2012年，研制出填补国内空白的城际列车；2014年，成功突破耐高寒、抗风沙、耐高温、高海拔适应性、防紫外线老化等五大技术难题，研制出耐高寒抗风沙动车组，目前已在世界运行环境最复杂的兰新高铁投入运营；2015年，成功研制出国内首列永磁高速动车组；2016年5月，又成功研制出国内首列永磁跨座式单轨列车。

（二）通过协同创新策略取得快速发展

协同创新模式是为了实现重大科技创新而开展的，以政府、金融机构、中介组织、创新平台和非营利性组织等多元主体进行优势互补、协同互动的网络创新模式，目的是为了获得"1＋1＞2"的协同效用。协同创新是通过国家意志的引导和机制安排，促进企业、大学、研究机构发挥各自能力的优势互补，加速技术的推广应用和产业化。

高速铁路国产化各阶段的技术优化过程都是一项复杂而浩大的工程，而我国电力机车企业各自为政，模块化设计不足，产业标准尚未统一，单个企业独立研发往往困难重重，需要来自不同领域多方主体的参与和互动。只有各企业间形成创新合力，才能有效地分散产业链上的创新风险，提升产业整体创新效率。中国高铁在快速增长的过程中，形成独具特色的创新模式，即以政府为主导、企业为主体、市场为导向构建政、产、学、研、用协同创新的体系，三种力量的集合催生了中国的高铁速度。通过大规模政产学研的协同创新，我国高铁从引进到创新，走上了一条快速追赶与跨越的道路。

1. *纵向协同早期本土研发的技术和引进的技术*

中国高铁在1998—2003年期间以自主创新为主，引进技术为辅，无论是在研发人员、研发基础设施还是成果，都已具备了相应的基础。中国高铁的创新能快速见效，离不开前期自主创新要素和引进技术的创新协同。

中国高铁在早期的研发阶段兴建的各类铁道试验线为后期的机车试验提供了条件，同时铁路机车的创新、测试也离不开试验设施。1958年建成的北京环行铁道试验线,是世界上规模最大的综合试验基地之一。1997年,中国铁路首次实现时速212.6千米标准高速列车就是在此试验线进行的高速试验。1992年在西南交通大学落成的机车车辆滚动试验台,是继德国之后世界第二个建成的试验台,可开展重载、高速条件下机车车辆的研究。这些连许多发达国家都没有的大型试验设施,在我国新型机车车辆的研制过程中发挥了重要作用,以至于一些外国公司也慕名而来,在中国测试改进自己的产品。此外,中国铁路总公司利用建设中的大同—太原高铁而特别开设的90千米试验线(原平—太原),对开展新型动车组、列车运行控制系统等自主化装备的研究发挥了关键作用。这些试验线对于检验和改进我国铁路的基础设施及机车车辆发挥了重要作用。

中国铁路技术最早是从英国引进来的,在后期的发展过程中也一直在小批量地引进相关的技术,这些技术的引进对中国铁路的发展起了重要作用。在自主研发阶段,已研发出一系列包括"先锋""蓝箭""奥星"和"中原之星"等在内的准高速车型(160~200千米/时),以及动力集中路线的"中华之星"(270千米/时),虽然与国外技术相比还存在差距,但仍取得了许多关键领域的系统集成和自主技术,为CRH380A的自主创新成功提供了重要基础。在技术引进阶段,中国通过技术引进,获得了制造合格产品所必须的文件、管理知识、有关专利、生产图纸、制造工艺、质量控制和检测方法等,加速了我国机车车辆设计手段的提升、加工工艺与生产组织方式的改进,助推了精细制造意识的增强和产品质量的改善。同时,在技术引进中我方人员积累了较为丰富的设计、施工经验,培养了一大批人才,为后续高铁建设输送了技术骨干。

2. 协同国内各创新要素

中国高铁的成功得益于政府、企业和市场三方的协同效应。为了达成创新绩效,中国高铁在创新过程中逐步形成了独具特色的创新体系,从而打破组织间壁垒,有效整合创新资源,在降低创新风险与成本的同时,提高了创新效率。比如科技部和原铁道部共同签署并组织实施《中国高速列车自主创新联合行动计划》促进了中国高速列车的自主研发;在政府主导下,旗下的中车四方股份联合国内相关领域优势高校、研究机构和国家级创新平台,组成了世界规模最大的中国高速列车技术创新联盟。在研制中国高铁历史上最具标志性的CRH380A高速动车时，共汇集了国内50余家企业、30余家科研院所与高校共同参与。正是通过高效的政、产、学、研、用协同创新体系，我国高铁实现了从技术引进到自主创新，并走上了一条快速追赶与跨越的道路。

（1）政府主导。2012年，在科技部的主导下，中国高铁已经建成了国家高速动车组总成工程技术研究中心、高速列车系统集成国家工程实验室、国家级技术研究中心、高速列车系统集成国家工程实验室、国家级技术中心和博士后科研工作站等国家级研发试验平台，并在高铁领域搭建了世界领先的19个仿真平台和17个试验验证平台。之后，依托科技部和铁道部联合签署的高速列车行动计划，联合清华大学、浙江大学、中科院力学研究所等16家高校和单位，成立了我国首个高速列车产业技术创新战略联盟，极大地提升了我国高速动车组技术创新能力和高速动车组产业化综合能力。2017年，经由国家科技部、国务院国资委批复，成立国家高速列车技术创新中心，是由中国中车和青岛市牵头，国家铁路局、中国铁路总公司等单位共同建设的第一个国家技术创新中心，集政府、科研院所、高校、企业等多方力量共同构建的国际化、专业化创新平台。该技术创新中心涵盖了技术研究与产业化研究创新平台、数据—超算中心、虚拟现实与增强现实中心、信息与标准化中心、创新创意创业基地等，从而有效地促进了中国高铁的技术创新。

（2）协同高校。由西南交通大学牵头协同中铁二院和四川省社科院共同组建四川省中国高铁国际化发展2011协同创新中心，主要定位于解答中国高铁建设发展中的重大问题。2012年，由北京交通大学、西南交通大学、中南大学三所轨道交通行业特色高校与行业院所和骨干企业共同筹建了轨道交通安全协同创新中心。2017年，西南交通大学打造国内首个以高速铁路防灾减灾技术为主要学科专业的高铁防灾技术研究机构，并与四川西南交通大学铁路发展股份有限公司、隔而固（青岛）振动控制有限公司、珠海市泰德企业有限公司以及河南辉煌科技股份有限公司开展产学协同创新和战略合作，弥补我国在高铁防灾减灾领域的技术和人才缺口。2019年，设立教育部高铁安全协同创新中心与工信部高速载运设施无损检测监控技术重点实验室，以促进智能研究和特色产业的结合，注重人工智能技术在轨道交通智能运维中的应用落地。2020年，中国中车与南京航空航天大学签约，共建联合创新机构、设置开放创新课题、组建联合创新团队等，推动中国制造向中国创造迈进。

（3）协同企业。除了协同研发实力强的各大高校，中国高铁产业的发展还离不开产业上下游的企业协同。机车润滑油的研发就是与中国石化集团协同的成果，相比牵引变压器、变流器和齿轮箱等核心零部件，润滑油在高铁庞大的产业体系中并不起眼，但却起着关键的作用。在过去，引进的是日本、德国的高铁技术，配套的也是国外的润滑油，中国没有一家润滑油企业能够配套，中国高铁也不敢替换。为了推动中国高铁润滑油的国产替代，中国石化集团长城润滑油很早就设立了齿轮箱、减震器等部件润滑油专项攻关小组，并在2011年成功研发出高铁齿轮箱油，油品寿命达到了60万千米。后经过三年多累计700多万千米电力机车试验和240万千米行车试验，先后配套了高寒车、时速250千米动车组，大量试验和实际运行数据验证了长城润滑油的高品质和高可靠性。中国高铁在研制"复兴号"初期就把研发目标定在350千米/时，为了与这个时速适配，在齿轮箱设计阶段，中车集团邀请长城润滑油介入，材质选择与齿轮箱润滑系统同步设计、同步研发。最终，长城润滑油快速解决了齿轮箱的润滑难题，填补了国内外350千米/时高铁润滑的技术空白。

3. 协同国外各创新要素

中国的高铁技术最早来自英国，后又引进过日本、德国等国家的技术，再实施自主创新实现后来者居上，但技术发展上仍与国际先进技术存在差距。为此，中国高铁除了在国内大力整合资源，与高校、科研院所和相关企业进行协同以外，还积极与国外拥有先进技术的研发机构进行协同合作，如国家高速列车青岛技术创新中心设立后，除了与西南交通大学翟婉明院士、海军工程大学马伟明院士、北京交通大学贾利民教授等专家，以及哈尔滨焊接研究院、中国航发北京航空材料研究院等科研院所开展合作外，还与德国胡芬巴赫院士、美国密西根大学董平沙教授进行紧密合作，并引进了德国蒂森克虏伯磁技术等，以实现高铁技术的更高突破。

在海外建设研发中心是中国高铁协同国外创新要素的具体体现，先后成立了中德轨道交通技术联合研发中心、中泰高铁联合研究中心以及中英轨道交通技术联合研发中心等。2015年，中车四方股份与英国帝国理工学院、南安普顿大学、伯明翰大学三所世界顶尖大学在伯明翰签署合作协议，成立中英轨道交通技术联合研发中心。研发中心将围绕高速列车、城轨地铁等轨道交通车辆动力学、结构强度以及减震降噪等关键领域，以新技术、新材料、新结构及新工艺为切入点，开展研发合作，并重点研究国际轨道交通"互联互通"技术和标准规范体系，培养国际化人才，在欧洲打造起聚合高铁新技术的"高地"。同样的，由中国南车与德累斯顿工业大学在德国联合成立中德轨道交通技术联合研发中心，主要从事轨道交通装备轻量化技术及材料的研发，目的是在德国打造新材料、新技术研究中心、技术转移辐射中心以及高技术人才聚集中心，为两国在智能化工业制造领域的技术创新合作带来了更大的机遇。

随着"一带一路"建设的深入推进，中车四方股份还将进入到中老铁路、中泰铁路、中印尼高铁等一批国际铁路项目。2015年，高速铁路高校联盟由国际铁路联盟发起并正式成立。作为国际铁路联盟以及国际铁路联盟城际与高速委员会的重要组成部分，联盟旨在加强高速铁路委员会、学术机构和铁路部门之间的协同合作，通过举办各类高速铁路相关活动，分享经验、传播知识，促进高速铁路技术研发，助力国际铁路联盟各成员制定未来铁路发展规划。

目前，中国高铁乃至整个轨道交通行业还存在未解决的问题，如原始创新能力有待提升、关键系统和核心零部件研发基础薄弱；技术创新体系建设和人才队伍培养亟待加强、行业标准体系亟须完善、产业效率效益相对薄弱、行业服务及管理体系有待升级，以及纵向、横向发展不均衡等。打造面向全球的轨道交通技术协同创新体系是中国高铁快速发展的成功经验，对提升我国轨道交通技术的持续创新能力，助力我国高端装备"走出去"具有重要意义，也对国内其他制造企业有着重要的参考和借鉴意义。

第四章

整合式创新研究

第一节　整合式创新模式产生的背景

伴随着全球新一轮科技和产业革命的快速推进，全球政治经济和创新格局深度调整，创新已成为当今世界经济与社会发展的重要主题。各发达经济体都意识到，只有创新才能不断刺激新的经济增长点。中国作为新兴经济体的代表，依靠创新驱动发展战略已初见成效，在部分技术领域实现了赶超和引领。以中国为代表的东方文明对全球发展的贡献逐步增大，关于中国创新实践以及对国际发展的价值输出，亟待理论研究者从理论层面提炼与总结中国特色的创新范式，从而助力中国科技创新强国建设，打造世界级的创新企业，提升和巩固中国的全球创新领导力，进而为全球创新理论发展和创新实践提供知识和智慧增量。

目前，中国仍然存在原创性、基础性研究投入和产出水平较低；自主创新能力较弱，技术对外依存度较高，产业整体创新能力亟待进一步提升；国家创新体系中各个创新主体的功能不够明晰、创新主体之间缺少高效协同；科技创新与大众创新创业的融合度较弱，科技体制改革的步伐滞后于创新效率提升的要求等问题，因此，亟需符合中国情境、解决中国问题的创新理论的指导。同时，在中国特色社会主义新时代和扩大开放新阶段，中国经济和企业发展正在从创新驱动迈向创新引领，从落后追赶迈向追赶和引领并行，亟需自上而下的顶层设计和自下而上的探索总结相结合的发展模式，也呼唤理论创新的持续支撑和引领。

习近平总书记在中国共产党第十九次全国代表大会上指出，中国特色社会主义进入新时代，中国社会的主要矛盾已经转化为人民日益增长的美好生活需要和不平衡、不充分的发展之间的矛盾，发展理念从原来的"先富带后富"转变为注重平衡和充分发展，从原来以经济建设为中心转变为更加注重人民群众对美好生活的需要。这说明有效落实中国特色社会主义新时代的创新驱动发展战略，需要更大格局和战略视野的创新思维范式加以支撑，以完善国家创新体系和技术转移体系，加快高校科技成果转化，从而将"科技求真"与"艺术求美"结合起来，实现"创新求善"以满足人民对美好生活的向往与追求，在创造"金山银山"的同时永葆"绿水青山"。

在全球创新与和平发展面临挑战的大背景下，以工业革命和信息化技术为代表的西方科技创新范式单纯聚焦于技术与经济，在应对全球变革过程时显现出局限性。技术创新范式开始延伸至更广泛的科学研究、技术创新与社会发展之间的对话，并在实现科技进步和经济增长之外，进一步符合道德伦理和社会满意的发展目标，实现可持续的转型。然而，现有创新范式存在相应的缺陷，比如用户创新模式立足于局部思维，从具体的创新行为、创新方法、创新环节、创新主体等角度理解创新过程；开放式创新模式只重视横向知识、资源和人员等要素的整合，缺少战略引领，使企业可能面临诸如开放过度、核心能力不足等风险；包容性创新过于倚重概念、文化或社会因素而走向另一个极端。现有创新模式忽略了战略设计和战略执行在推动创意落实、获得创新成果、转化创新价值的过程中发挥的引领与前瞻性作用。回顾世界一流企业的创新之路，新产品、新要素、新方法和新流程乃至新组织方式的产生，都不是依靠单个方面的改进或提升，也不是自然而然生发出来的，而是有组织、有设计地开展创新的结果。

针对上述现状，陈劲等（2017）基于中国传统文化、佛教智慧等东方哲学中源远流长的"统一""中观"哲学和动态发展的全局观；道家哲学提倡的阴阳一体动态演变、天人合一；儒家哲学提倡的"中道"哲学和"和而不同"的和平观，以及法家在《孙子兵法》中提出的全局战略观，提出全新的创新范式——整合式创新模式的理念，强调战略视野引领下自主创新、开放创新、协同创新的有机结合，并从国家中长期发展战略入手，实现科技战略、教育战略、产业战略及人才战略的有机整合，通过战略视野驱动各要素横向整合和纵向提升，为建设科技创新强国提供源源不断的动力。

| 技术创新模式的演变与发展 |

第二节 整合式创新模式的相关内容

整合式创新（Holistic Innovation）是以东方智慧的总体观、和平观和系统观为导向的实现企业和国家技术创新的组合发展的技术创新管理新范式和创新战略，强调的是战略视野引领下自主创新、开放创新、协同创新的有机结合。整合式创新的四个核心要素是"战略""全面""开放"和"协同"，四者相互联系、缺一不可，有机统一于整合式创新的整体范式中（图4-4-1）。

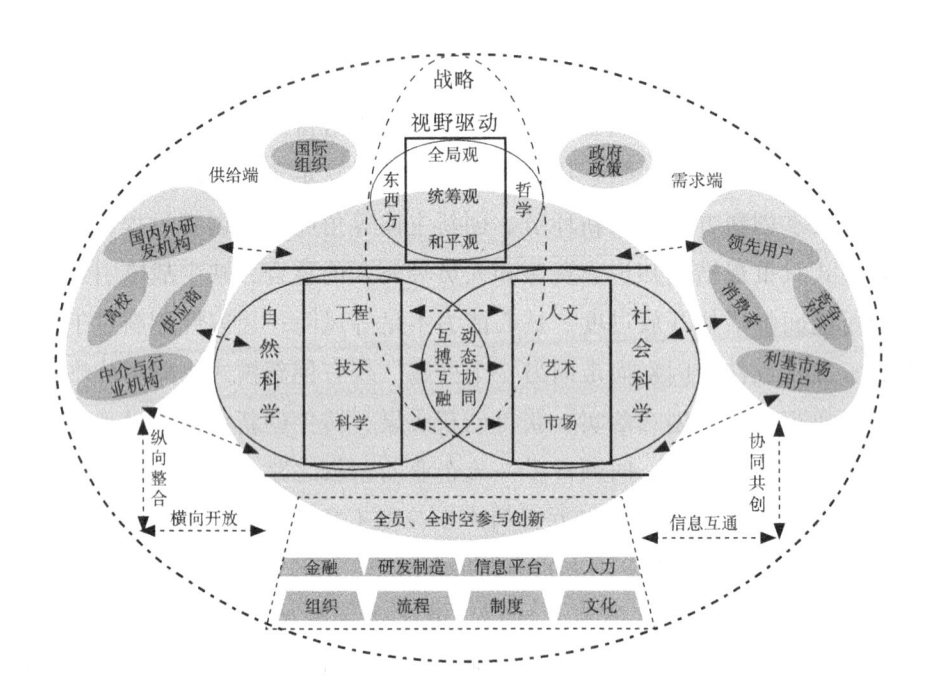

引自：陈劲，等.整合式创新：基于东方智慧的新兴创新范式.技术经济，2017，36（12）

图4-4-1 整合式创新理论框架图

一、整合式创新的核心内涵

（一）战略驱动

战略一词最早出现在春秋战国时期的《孙子兵法》，其中"战"指

188

战争，"略"指谋略，后逐步引申至经济、政治领域，其涵义包含"统领性、全局性、整体性"的思想。陈劲等学者认为整合式创新是战略驱动、纵向整合、上下互动和动态发展的新范式。在企业技术创新管理中，战略视野观要求企业领导者不能将技术创新视为单一的活动，而应将之内嵌于企业发展的总体目标和企业管理的全过程，根据全球经济社会和科技的大趋势，借助跨文化的战略思维，确定企业和生态系统的发展方向，从而实现"战略引领看未来"。产业和国家也需要根据所处的国内外环境和创新体系现状制定全局性战略，使各要素相互连接，构建竞争优势。

（二）全面创新

全面创新是指与生产过程相关的各种生产要素的重新组合，包括全要素调动、全员参与和全时空贯彻三个方面。全面创新管理应该以培养核心能力、提高持续竞争力为导向，以价值创造增加为目标，以各种创新要素的有机组合与协同创新为手段，通过有效的创新管理机制、方法和工具，力求做到人人创新、事事创新、时时创新、处处创新。全面创新具有三个重要特征，即全要素创新、全员创新和全时空创新。其中全要素创新是指创新需要系统观和全面观，需要调动技术和非技术的各种要素，进一步激发和保障所有员工的创新活力；全员创新是指创新不再只是企业研发人员和技术人员的专属权利，而应是全体人员的共同行为；全时空创新是指企业在信息网络技术平台上实现创新时空观的全面扩展。

（三）开放式创新

开放式创新是指企业利用外部资源，有意识地进行内、外部创新资源整合，提升企业技术创新能力，并快速将自身的创新成果进行商业化应用的创新行为。在开放式创新环境下，企业与环境之间的边界变得模糊，使得企业实施跨边界合作以及构建开放式创新生态系统成为可能，从而企业能够突破原有的封闭式创新，聚焦企业内、外部知识的交互，通过获取外部市场信息资源和技术资源实现从外部获取知识（内向开放）和从内部输出知识（外向开放）的有机结合，以弥补企业内部创新资源的不足，进而提高企业的创新绩效。

（四）协同创新

协同创新是以知识增值为核心，企业、政府、知识生产机构（大学、研究机构）、中介机构和用户等为了实现重大科技创新而开展的大跨度整合，通过知识创造主体与技术创新主体进行深入合作、资源整合，从而产生"1+1+1>3"的非线性效用的创新组织模式。协同创新具有两个特点，一是强调科技创新的整体性，即创新生态系统是各要素的有机集合而非简单相加，其存在方式、目标和功能都表现出统一的整体性；二是动态性，即创新生态系统是不断动态变化的。在科技经济全球化的环境下，以开放、合作、共享为特征的协同创新被实践证明是有效提高创新效率的重要途径。充分调动企业、大学和科研机构等各类不同创新主体的积极性，跨学科、跨部门、跨行业地组织实施深度合作和开放创新，对于加快不同领域、不同行业以及创新链中各环节之间的技术融合与扩散尤为重要。

二、整合式创新的意义

在开放式创新生态系统的时代背景下，整合式创新是整体管理变革下的创新，是东、西方哲学思想引领下基于自然科学和社会科学跨界融合的"三位一体"。整合式创新思想蕴含的全局观、统筹观、和平观符合东、西方哲学的核心价值追求，有助于在跨文化的国内外竞争过程中实现工程、技术、科学、人文、艺术以及市场的互相融合，并突破传统的企业边界，促进企业与外部需求端和供给端甚至国内外的政策端等各创新利益相关主体联合构建合纵连横的创新生态系统，在动态协同中开发市场机会和科技潜力，创新企业产品与技术，通过跨界创新与竞合推动产业变革与区域协同发展，实现"创新为了和平、为了全球可持续发展、为了人的幸福与价值实现"的终极目标（陈劲等，2017）。

对于国家而言，整合式创新既蕴含了中国特色的和平观、举国体制下的战略执行优势、系统驱动的中国式创新经验与智慧，又顺应了中国的创新战略需求。在重大科技创新领域，如航天系统、高铁技术、人工智能和工业互联网等领域，不仅仅需要单纯的技术创新，更需要从国家中长期发展战略入手，实现科技战略、教育战略、产业战略、金融战略、人才战略的有机整合，通过战略视野驱动各要素的横向整合和纵向提升，为建设科技创新强国提供源源不竭的动力。

对于企业而言，在整合式创新范式下，企业的创新之路包括战略引领、组织设计、资源配置和文化营造4个方面，具体可细化为"战略引领看未来""组织设计重知识""资源配置优质化"和"文化宽严为基础"。只有将战略、组织、资源与文化进行有机整合，着眼长远，实现动态创新，企业才能构建稳定、柔性和可持续发展的核心竞争力。因此，企业领导者要充分调动和利用系统科学观，在制定创新战略时兼顾企业的组织架构设计、资源开发利用和创新文化营造。企业应从大处着眼、立足高远，通过前瞻性的战略设计引领自身及所处生态系统的发展演变方向，在战略执行中迅速行动打通横向资源整合和纵向能力整合的脉络，依托协同创新思维实现总体思想下的技术集成和产品创新，达成"竞一合"双赢局面。在全球经济一体化及竞争压力下，企业只有通过顶层的愿景、使命和战略设计，才能超越一般知识管理，突破传统组织边界，有效整合外部资源供给端、创新政策与制度支持端以及创新成果需求应用端，从而实现科技创新、绩效提升、社会共赢的综合目标。

三、整合式创新的应用研究

整合式创新作为战略视野驱动下的全面创新和协同创新的新范式，强调战略引领和全面协同的高效有机统一、纵向整合、动态发展，是对局部的、横向的和静态的创新范式质的超越。因而，整合式创新具有较高的应用价值。

针对扩大开放新阶段的国内外创新环境，陈劲和尹西明（2018）指出中国和中国企业需要将改革开放基本国策与创新驱动发展国家战略有机结合，从自主创新走向基于自主的开放整合，实现自主创新、协同创新和开放式创新组合发展，加快走出去步伐，积极融入和构建新型区域与全球创新体系。政府在战略与制度创新方面引领重大公关、基于科学的创新转型，支持高密度研发驱动自主可控、产学研协同融合提升集群协同、"互联网+"新技术应用加速生态转型，以及开放与整合并进升级全球创新影响力，推动新时期下的国企和国资改革，培养世界一流的创新型国有企业。

陈劲等学者从整合式创新理论视角出发，深度解构了吉利国际化成功之路，总结了吉利控股通过跨国并购的整合式创新"逆袭"成为汽车行业创新领军者的管理经验，为提升中国企业整合式创新能力和国际竞争能力，培育世界一流创新型企业提供借鉴。有学者通过对基于整合式创新理论在实践中的应用研究，得出以管理创新赋能科技创新生态价值，以内部管理赋能全员、全要素、全时空创新，通过校企协同、企企协同和政企协同来实现基于开放的生态化整合，实现了高校人工智能技术商业化并推动人机融合共赢的创业探索，从而为国家和企业实施"人工智能+"战略、完善人工智能技术创新和治理体系提供了实践启示。

综上，作为战略视野驱动下的全新创新范式，整合式创新是战略创新、协同创新、全面创新和开放式创新的综合体，是在战略引领的哲学全局视野下，将自然科学的聚合思维与社会科学的发散思维进行有机整合，既体现了东方文化的价值，也结合了中国特色的创新实践经验，顺应了中国创新的战略需求。具体而言，整合式创新基于系统科学的系统观和全局洞察，通过顶层的目标确定和战略设计，超越知识管理，突破传统企业的组织边界，同时着眼于与企业创新发展密切相关的外部资源供给端（如高校、研究机构、供应商、技术与金融服务机构等）、创新政策与制度支持端（政府、国内外公共组织和行业协会等）以及创新成果的需求端（消费者、领先用户、竞争对手和利基市场用户等），借助东方文化孕育的综合集成、全域谋划和多总部协同等智慧，助力企业调动创新所需的技术要素（研发、制造、人力和资本等）和非技术要素（组织、流程、制度和文化等），构建和强化企业的核心技术和研发能力，打造企业动态、可持续的核心竞争力。

第三节　整合式创新模式应用案例

中国广核集团有限公司（简称中广核）是由国务院国资委监管的以核电为主业的大型清洁能源企业，是全球第三大核电企业。历经40年的创新探索，中广核研发出一大批对核电产业发展具有重要影响的成果，其中被誉为"国家名片"的"华龙一号"具备完全的自主知识产权，是当前核电市场接受度最高的世界第三代核电站主流机型之一。在走向世界的过程中，中广核打造了以核电为主、相关多元化整合并进的全产业链、全球化发展模式。

一、案例企业概况

中广核成立于1994年9月，注册资本102亿元人民币。中广核是伴随中国核电事业发展壮大起来的国家特大型企业集团，是由核心企业中国广核集团有限公司和34家主要成员公司组成的国家特大型企业集团。中广核的战略定位是做以核电为主的清洁能源提供者，并把为社会提供安全、环保、经济的电力作为企业的使命，坚持以人为本，构建和谐企业。

1995—2004年，中广核按照国际标准推进核电自主化进程，圆满建成岭澳核电站一期工程并从技术、人才、资金和管理等方面为中广核进军可再生能源领域奠定了基础。2005—2013年，中广核迈入了自主创新发展的新阶段，实现了我国核电的自主设计、自主制造、自主建设、自主运营，在辽宁大连、福建宁德、广东阳江和台山、广西防城港等地建设核电站。中广核还建立了与国际接轨的核电生产、工程建设、技术研发、核燃料供应保障体系，拥有风电、水电、太阳能等可再生能源开发体系和节能技术体系，具备了在确保安全的基础上面向全国、跨地区、多基地同时建设和运营管理多个核电、风电、水电、太阳能及其他清洁能源项目的能力。

中广核以实现国家、企业和员工的和谐发展为目标，立志成为公众信赖、技术领先、持续发展的国际一流清洁能源企业。截至2019年底，中广核总资产达到7500亿元，在运清洁电力装机容量达5818万千瓦，上网电量为2714亿千瓦时。中广核的营业收入持续增长，营业收入从2014年的400多亿元上升到2019年的1099亿元（图4-4-2），是国资委重点盈利企业和重点增利企业，综合业绩始终保持在央企的第一方阵，连续五年获得国资委A级评价。目前中广核专注于清洁能源，在美国、澳大利亚、英国和法国等国家已成功开发了多个太阳能、风电、生物质能和燃气发电等项目，是全球第三大核电企业。

二、中广核的整合式创新之路

整合式创新以东方智慧的总体观、和平观和系统观为导向，实现了企业和国家技术创新组合发展的技术创新管理新范式和创新战略。中广核采

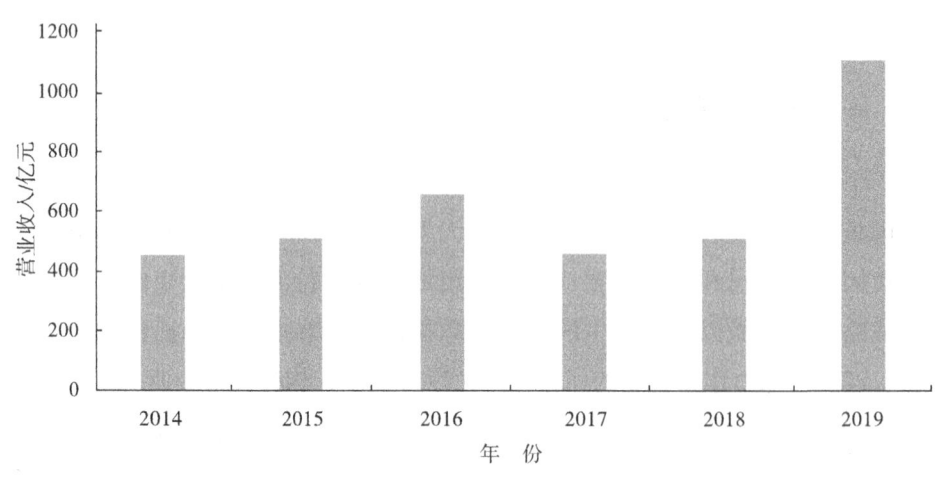

图4-4-2　中广核集团2014—2019年营业收入数据

用整合式创新模式，需要在战略定位、开放创新、协同创新和全面创新等方面进行整合，最终构建稳定、柔性和可持续的核心竞争力。

（一）战略视野

中广核的创新是面向全球、面向国家经济发展主战场和国家重大战略需求的创新，将国家责任、产业发展趋势与企业愿景统一于企业创新发展的全过程。中广核自成立之初就确立了"发展清洁能源，造福人类社会"的组织使命，其战略定位是国际一流的清洁能源集团、全球领先的清洁能源提供商与服务商、致力于碳零排放的清洁能源生产与供应、致力于全社会的节能减排与清洁能源利用，为社会提供规模化、高质效与可持续的清洁能源产品和服务。中广核不但将大亚湾核电站建设的国家战略内化为组织自身的使命，也将核能这一清洁能源对全球可持续发展的重要意义与企业定位相统一。在核能这一特殊领域，安全不但关乎中广核的生命，更关乎核电站和消费者的生命，而"成为国际一流清洁能源企业"的企业愿景，"安全第一，质量第一，追求卓越"的基本原则和"一次把事情做好"的核心价值观，则有效地将组织使命、企业发展方向和员工创新行为准则相统一，赋予员工在安全、责任前提下自由自主探索的内在动力。

（二）全面创新

中广核构建了强有力的体系支撑，全力打造集团的技术核心能力，其体系支撑主要包括三级研发体系和全面创新激励体系。中广核围绕核电发展和世界一流清洁能源企业建设目标，先后建立和完善了国家级、集团级和公司级三级研发体系和全球创新联盟，建成了由国家重点实验室、国家工程技术研究中心和国家能源研发中心组成的重大基础设施，为实现从技术引进、消化、吸收、再创新迈向自主创新和全球整合式创新提供了物质载体，并在此基础上，持续加大对科技创新的投入力度。从2008年起，每年的科研投入占营业收入的5%左右，是国资委要求的央企科研投入占比（2.5%）的两倍，2015—2018年累计科研投入将近100亿元。此外，中广核在内部积极培养研发人才以实现全员创新。从早期的采取研发人员外派培训，到联合培养，再到如今的以自主培养为主的研发人才成长模式，中广核构建起了一个超过7000人的多元化、复合型研发的核心研发人才体系。

企业创新管理的本质在于激励创新者。在三级研发中心体系基础上，中广核通过构建全面创新激励体系，激励集团全员、全时空、全要素参与创新。"物质与精神并重、激励与约束并举、考核与分配关联、业绩与公平并重"成为中广核人员激励的基本原则，"1+3+1"的全面激励体系为中广核的全员创新提供了体制上的保障。其中"1"是指用好薪酬体系这一存量，鼓励员工进行价值创造，强调员工的奖金分配与业绩贡献挂钩，弱化薪酬体系中奖金与职级的关联度，提高创新员工的干事热情和创新效率。"3"是将集团创新分成战略科研、应用研究和技术服务三类，以进行精准激励。其中，战略科研是以战略性的科研项目达到重要里程碑的考核为基础，加强过程激励和结果奖励，使科研人员能够潜心科研；应用研究则以分享科研成果转化收益为主，促进科研成果转化；而技术服务主要以为电厂创造的增量价值为基础实施激励，调动科研人员的主动性和积极性。另外的"1"是指中广核要实施由股权、项目分红权、岗位分红权有机组成的中长期激励模式，最终实现员工与企业共同创新发展。

中广核以实现国家、企业和员工的和谐发展为目标，积极为员工发展成长提供平台，号召员工肩负起公司在国家核电事业发展中的光荣使命，以时不我待的使命感和责任感投身核电事业发展。正是通过国家级、集团级和公司级三级研发体系和全面创新的激励体系，激发了集团员工的全员、全时空、全要素参与创新的意识，也收获了意料中的创新成果。

(三)开放创新

中广核为了充分利用外部资源,有效地进行内、外部创新资源的整合,快速将自身的创新成果进行商业化应用以把事情做好为战略目标,建立起公众信赖、技术领先和持续发展的体系支撑,积极与国内外的创新源展开合作,进行技术上"引进、消化、吸收、再创新"开放协同。

在国际上,积极与核能发达国家开展项目及技术上的合作。2015年,中广核和法国电力集团正式签订了英国新建核电项目的投资协议,与EDF共同投资兴建英国欣克利角核电项目,并共同推进塞兹韦尔和布拉德韦尔两大后续核电项目。2016年,中广核欧洲能源公司与法国合作伙伴欧风能源股份有限公司组成联合体在"格鲁瓦"漂浮海上风电先导项目中成功中标。中广核欧洲能源公司针对项目的特点,在管理上同时兼顾本土化和国际化,技术上则采购了法国一家初创企业的远程监控及数据处理系统,并依靠来自8个国家的30个工程师组成的专业队伍每天跟进项目。在中法双方的紧密合作和共同努力下,2018年实现了一号机组投产,成为"EPR全球首堆",为全球EPR机组的建设提供了宝贵经验。同年,中广核同法国替代能源与原子能委员会(CEA)签订了核研发技术领域合作协议,双方将在核反应堆技术、先进燃料和材料、燃料循环后端等方面展开更深入的技术合作。

除了核技术的合作外,中广核也积极在核医疗领域与外部技术源展开技术合作。2020年,中广核与质子治疗技术全球领先的比利时(IBA)公司合作,双方签署了多室质子治疗系统技术许可协议和战略合作协议。根据此协议,中广核将引入完整的全球先进的多室质子治疗系统技术,并获得该技术及产品在中国大陆的独家开发、制造、销售、安装和运营等权利。同时,双方还将在质子加速器、医用回旋加速器、工业用回旋加速器等方面深化技术合作。质子治疗是目前国际公认的尖端、最成熟的肿瘤放射治疗技术,具有精度高、副作用小、肿瘤杀伤效果好等优势。中广核将借助此次合作,充分提升中国肿瘤治疗水平,同时培养一批技术研发、设备制造、安装调试等方面的高精尖技术人才。

在国内,中广核在加强与高校、研究机构合作的同时,也积极与优势互补的企业集团展开合作。在核技术领域,中广核与中国科学院展开了战略合作。按照该战略合作协议，中科院将为中广核的核能应用及核电技术的开发与应用提供技术支持，在核能先进技术的核心能力建设和燃料后处理技术路线等方面提供技术人才培养和技术支持服务。中广核的研究人员也将参与到中国科学院在散裂中子源、加速器驱动的次临界洁净能源系统等方面的研究课题当中。在核医学技术领域，中广核与苏州大学联合成立了质子肿瘤治疗国产化及临床应用研究中心，积极开展富集碳定性同位素用于核药生产的研究开发，并在苏州着力打造加速器智能制造产业基地，为核医学产业化奠定基础。此外，中广核还与国内、外核医学领域的厂商和科研单位建立了广泛的联系与合作，积累了一批潜在合作伙伴与核医学领域优秀人才。在外部企业合作方面，中广核于2019年与华能集团签订战略协议，双方将本着资源共享、优势互补、互利共赢的原则展开合作，重点在核电、信息化建设、新能源与核燃料等项目和领域开展全方位战略合作，对于调整我国能源结构、推动全产业链发展具有重要意义。

（四）协同创新

协同创新是以知识增值为核心进行科技创新而开展的大跨度的资源整合，中广核以全球化的视野和开放包容的心态，从战略层、组织层、人力资源层以及企业文化等多个层次深刻嵌入协同的理念，广泛吸引国内外同行、研究机构等加入到协同体系中，提升核电公司的核心技术能力，提升协同平台的持续发展能力。

1. 应用协同创新决定于核电产品的特殊性

核电工程是名副其实的超级工程，集高安全、高科技、多学科、跨行业等特殊性于一身。一个核电站建设需要数百亿计的投资，工程复杂到由成百上千个系统构成，安装的管道长度达到数百千米，各种电缆总长则达数千千米，所用设备重量达到数万吨，设备达到几万件，小零件更是多到无法计量。核电站建设还涉及到设计、设备制造、施工等上下游几千家队伍，上万个工种和专业。核电产品的特点决定了核电产业链协同创新管理的必要性和重要性。中广核通过构建中广核核电工程创新联合体以保持强而稳定的契约能力和协同能力。在核电工程创新联合体中，中广核处在中心的位置，把科研单位、设计单位、建设单位、设备厂家以及有关政府部门的支撑等创新要素和创新的参与者整合在一起，协同众多企业一同构筑核电产业生态，带动整个产业链的发展。

2. 应用协同创新是基于核电快速发展下对技术的需要

从2004年起，中广核多个核电项目相继开工，但却面临国内核电工业体系整体薄弱、自主化水平较低的现状，整个核电行业亟待创新提升。核电项目工程是典型的大型复杂系统工程，参与单位众多，关系复杂，能否协调参建方关系实现步调一致，直接关系到核电工程能否安全高效的推进。中国的核电技术是通过引进、消化、吸收、再创新的结果，为了在全球的核电竞争中获得优势，核电技术亟需升级换代，研发出具有完全自主知识产权的三代核电技术。在此背景下，中广核通过与国外先进同行对标学习，以在建项目为纽带，充分发挥产业龙头作用，积极搭建协同创新平台，主导并带领核电工程产业链相关单位进行协同创新。在核电多项目建设自主化和国产化方面取得较好成绩，如自主三代核电型号"华龙一号"研发等，为中国核电产业"走出去"奠定了坚实的基础，也推动了我国核电工程产业链形成共生互生再生的产业生态圈。

3. 中广核协同创新的相关举措

发挥行业龙头企业在协同创新体系中的重要作用。在协同创新的体系下，需要有龙头企业承担起推动与协调创新主体和创新科技的核心要素并使其进行深度融合的重任。为了协同平台内众多企业，以推进技术创新和产品创新共同走向国际核电市场为目标，中广核作为核电工程总承包商和核电工程建设与研发的总枢纽，充分利用其在核电站设计、建造技术、系统集成等方面具有的优势，主动承担起创新体系的龙头企业责任。在其带领下，围绕核电技术研发的协同创新体系逐步形成。2009年，中广核联合国内58家重要装备制造业组建了中广核核电设备国产化联合研发中心，致力于推动核电设备自主联合研发。

中广核联合研发中心在运作过程中，采取各种措施有效调动了各单位开展联合研发的积极性。比如在体系内灌输中广核的"责任有界，任务无界，对最终结果负责"的文化理念，与协同体系内的各单位构建起基于合同又超越合同的合作关系，从而使各单位自觉形成并遵守"凝聚一切，把事情做好"的良好创新氛围。经过协同创新，核电国产化水平已接近90%，已成功研发出完全自主知识产权的三代核电技术"华龙一号"，打破了国外对核电核心技术的封锁，也打破了"引进落后再引进"和"市场换技术"的怪圈。

4. 构建"产学研用"创新平台满足市场用户需求

核电广阔的发展空间和海外核电市场是协同创新体系得以形成与保持的重要纽带，也是各个企业愿意参与协同创新的基础。因此，中广核以市场为纽带，从单纯追求技术上的新突破，转向满足用户需求为前提的技术创新。作为承建单位，中广核处在产业链的最前端，对核电站的实际运营最为了解，是对产业链上其他企业产品和零部件的整合和集成。中广核提出需求和标准，由产业链的中端和后端来完成。在这个过程中，中广核负责对整个产业链进行整合和协同，而所有的参与者都需要对最终的核电站建设负责。只要最终用户满意，中广核和产业链上的其他企业就能实现共赢。中广核构建的"产学研用"创新平台，面向用户需求，面向市场，通过与其他主体进行多类型、多层次、多角度、多环节的互动与协调，积极从实际生产和应用中发现问题、解决问题，建立从现场到实验室的逆向创新，从而使科学研究与实际生产紧密相关，使得"政产学研用"最终还是要落到"用"上。

第五篇

中国创新模式的理论演变及发展趋势

第一章
引进技术创新模式的本土化研究

第一节　引进技术创新模式的本土化分析

一、引进技术创新模式概述

自从熊彼特的技术创新理论提出以来，创新被认为是一种新的生产函数的建立，即实现生产要素和生产条件的新结合，一般包含5个方面的内容：制造新的产品，即制造出尚未被消费者所知晓的新产品；采用新的生产方法，即采用在该产业部门实际上尚未知晓的生产方法；开辟新的市场，即开辟那些特定的产业部门尚未进入过的市场；获得新的供应商，即获得原材料或半成品的新的供应来源；形成新的组织形式，即创造或者打破原有垄断的新组织形式。随后，关于企业创新及其创新模式引起了学者们广泛的关注，相关的研究成果也逐渐增多。基于Giovanni Dosi提出的"概念产生时是否已包含两类相对立或冲突的创新活动"来划分，从国外引进的技术创新模式包括双元性创新和非双元性创新。

双元性创新是指两类相互冲突或对立的创新活动的组合和共存。关于双元性创新模式，主要有渐进式/突破式创新、持续性/颠覆性创新、模仿性/原始性创新以及封闭式/开放式创新等。其中，相对于渐进式创新，突破式创新是指那些在技术原理和观念上有巨大突破和转变的创新模式；相对于持续性创新，颠覆性创新是指以中小企业实施为主的改变或破坏产品现有性能指标以开辟新市场的技术创新模式；相对于模仿性创新，原始性创新是指在遵循自然科学内在的规律基础上首次提出的基础或关键性技术发明及其应用；相对于封闭式创新，开放式创新是指企业有意识地进行内、外部创新资源的整合，研发新产品并快速将自身的创新成果进行商业化应用的模式。

非双元性创新是相对于双元性创新而言的，引进的非双元性创新模式主要有用户创新、知识创新、集成创新和包容性创新等。其中，用户创新是一种在充分了解用户的需求、与用户密切合作、成功满足用户需求以及化解市场风险（信息阻塞）的方法；知识创新是通过创造、交流等方式将新思想（体现为隐性知识和显性知识）与经济服务等活动融合，以促进企业获得成果，国家和社会进步的一种手段和过程；集成创新是创新行为主体采用系统工程的理论与方法，以提供特别优点的方式，将创新要素经过主动的优化、选择搭配，相互之间以最合理的结构形式结合在一起，形成一个由适宜要素组成、相互优势互补、匹配的有机体，从而使有机体的整体功能发生质的跃变，使有机整体功能倍增的一种创新过程；包容性创新是企业面向金字塔底层市场进行多元价值创造的全新创新形态，通过创新性的思想、模式与方法为企业构筑长远竞争优势的战略，为低收入群体提供平等参与市场的机会，以提高低收入群体的收入、福利以及发展能力，并在开展多种形式的创新活动过程中积极寻求同政府、金融机构和低收入群体的合作，实现不同创新组织在创新过程与结果中互利共赢，体现了创新促进商业与社会相容性发展的最新理念。

二、引进技术创新模式的规律分析

（一）双元性创新模式的引进

中国学者最早于1987年引入模仿性创新模式，随后陆续引入颠覆性创新模式、突破式创新模式以及开放式创新模式等，见表5-1-1。

表5-1-1 双元性创新模式信息简表

创新模式	国外学者提出时间	中国学者研究时间	创新模式概念
渐进式创新	1984年（德国的Ettlie、O'Keefe）	1999年（陈京民）	指通过不断的、渐进的、连续的小创新来达到技术创新目的的创新模式
突破式创新			指可以使相应的技术领域在短时间内发生质的突破的创新模式

表5-1-1（续）

创新模式	国外学者提出时间	中国学者研究时间	创新模式概念
持续性创新	1998年（美国的Christensen）	1997年（吴贵生、谢伟；严鸿，杨皖苏和徐祺）	指在一个相当长的时期内，持续不断地推出、实施新的技术创新项目的创新模式
颠覆性创新			指通过破坏性技术提供一套与现有产品性能差别较大的产品组合或者不同的性能实现方式的创新模式
模仿性创新	1980年（韩国的Kim、Nelson）	1987年（乐婉华）	指通过获取（购买、破译等）率先创新者的核心技术，加以模仿、改进，生产出性能、质量与率先创新者类似的产品的创新模式
原始性创新	1999年（以色列的Goldenberg、Mazursky）	1999年（白春礼）	指通过研究开发做出前所未有的、具有突破性的、拥有自主知识产权的新发明和新技术的创新模式
封闭式创新	2003年（美国Chesbrough）	2005年（司春林、陈衍泰）	指创新被严格限制在组织内部，组织必须独自完成从研发技术到生产、销售产品等商业化应用全过程的创新模式
开放式创新			指企业突破组织边界，广泛地搜寻及整合内、外部创意资源，快速将自身的创新成果进行商业化应用的创新模式

（二）非双元性创新模式的引进

中国学者最早于1999年引入用户创新模式，随后陆续引入知识创新模式、集成创新模式以及包容性创新等模式，见表5-1-2。

表5-1-2　非双元创新范式信息简表

创新模式	国外学者提出时间	中国学者研究时间	各创新模式的概念
用户创新	1986年（美国的Von Hippel）	1999年（雍灏、陈劲、郭斌）	指企业交给产品或服务的用户进行产品创新所必需的工具，并从用户那里获得新设想或几乎完全成熟的设计方案，从而达到创新目的的创新模式
知识创新	1995年（日本的Nonaka、Takeuchi）	1999年（肖希明）	指企业内部的群体成员之间，这些成员与企业外部的上、下游企业以及用户之间共同分享隐性知识，从而创造出新的产品和服务概念的系统化的创新模式

表5-1-2（续）

创新模式	国外学者提出时间	中国学者研究时间	各创新模式的概念
集成创新	1998年（新加坡的Tang）	2000年（江辉、陈劲）	指通过对新技术和新市场的技术集成，将不同领域的知识大量集成到一个相对稳定的产品模型中，从而达到创新目的的创新模式
包容性创新	2002年（印度的Prahalad、Hart）	2010年（邢小强、周江华、全允桓）	指企业面向金字塔底层（BOP）市场，通过创新性的思想、模式与方法为企业构筑长远竞争优势的战略，为穷人提供平等参与市场的机会，以创新促进商业与社会相容性发展的创新模式

（三）引进创新模式的规律分析

梳理国外创新模式的提出时间与国内引进研究的时间，同时比较创新模式的引进时间曲线与国际上提出时间曲线（图5-1-1），从图中可以看出，中国学者密切关注国际创新前沿，并快速实现本土化研究。特别是进入21世纪后，两条曲线几乎完全拟合，且趋近速度明显，这说明中国学者紧跟国际新理论研究，有的甚至是在一年之内就引进中国并实现本土化。

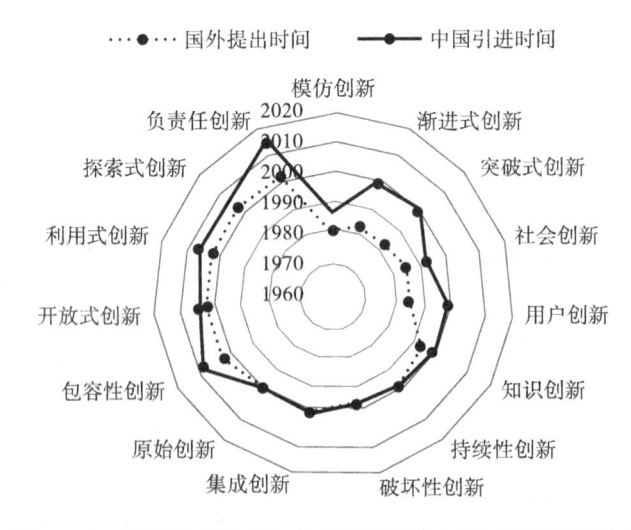

图5-1-1 创新模式国外提出时间与引进中国时间对比雷达图

第二节 引进技术创新模式的本土化演变

一、引进技术创新模式的本土化应用

中国学者不仅关注发达国家的创新模式，对印度等发展中国家的新理念同样加以广泛关注。但对于国外提出的创新模式，学者们并非是简单引进和直接应用，而是基于中国情境，对引进的创新模式进行选择性吸收和本土化应用，并经中国实践后再进行相应的修正。如发现日本的知识创新SECI模型在应用中也存在过分强调隐性知识的相互转化，忽视了显性知识的共享对知识创新的促进作用等不足之处，提出对SECI模型进行改良与重构，并将知识创新的过程划分为6个阶段，包括知识获得、知识选取、知识融合、知识创造、知识扩散和知识共享，建立了扩展的知识转换模型。

在创新模式的应用方面，基于中国情境及企业发展现状应在不同时期采用不同的创新模式。如海尔集团在历经名牌战略、多元化战略、国际化战略、全球化品牌战略、网络化战略和生态品牌战略等不同的发展阶段时，就应用了不同的技术创新模式。如应用了开放式创新模式设立HOPE平台，广泛吸收国内、外的创新资源；应用了知识创新模式实施"日清日毕"提高管理效率；同时采用以"人单合一"模式为用户提供更精准的服务为基础的全面创新管理等。

二、基于双元性与非双元性创新模式的本土化交叉研究

中国学者在双元性创新与非双元性创新模式引进后，大胆提出其不足之处，进行相应的理论延展并得出相应的结论。如张军荣和袁晓东（2013）认为集成创新、协同创新、开放式创新、创新网络等理论是对创新过程的揭示，但却带来了理论上的隔阂和混乱；韩蓉和林润辉（2013）将知识创新系统看作复杂系统，从知识创新角度分析了知识创新系统中渐进性创新与突破性创新的统一。基于社会网络理论和创造性思维理论，分析跨学科团队的知识创新过程，渐进式的知识创新和突破式的知识创新都

能够改变网络的知识分布状况，并提升跨学科团队整体知识水平。金军和邹锐（2002）认为集成创新和原始性创新一样，都是创新行为主体的自主创新过程，因而提出集成创新的自主创新性。游达明和张帆（2008）则认为集成创新是突破式技术创新和融合式创新两者的结合。

何根源和刘昱影（2018）在渐进式创新的基础上提出微创新的概念，认为微创新是一种新的创新思维，它是随着互联网的普遍发展而出现的，也是新时期中国经济新常态下的一种创新方式。微创新强调从细节入手，真正以客户的需求为目标导向，不断创新，不断发展。企业微创新以员工自主的自发创新为基础，以创新流程、创新产品和创新服务等局部改善为手段，强调相关方参与和回馈的渐进式创新。微创新不仅仅是一种创新方式与潮流，更是一种创新思维。在创新驱动的新常态下，微创新为企业，特别是中小企业创新提供了破解发展难题的新思路和新方式。微创新是一个线性的渐进创新过程，力图精准发力，在某个方面打动用户。此外，微创新强调开放，开发产品时积极听取用户的意见反馈并进行快速迭代。微创新的提出是在兼顾渐进式创新模式、用户创新模式和开放式创新模式的基础上发展而丰富起来的新的创新思想。

| 第二章 |

中国创新模式的理论演变及展望

第一节 中国原创性创新模式的演变分析

随着中国经济的快速发展，中国企业的技术创新也受到前所未有的重视。中国创新范式历经了不同阶段的探索与发展，有效支撑了国家和企业的创新发展。新中国成立以来，中国学者积极引进国际前沿的创新模式，拓展研究以推动本土化应用，并在此基础上扎根中国创新实践，提出和应用了具有中国特色的原创性创新模式，对创新驱动发展做出了卓越的贡献。

一、中国原创性创新模式概述

自新中国成立以来，特别是改革开放以来，中国创新实践突飞猛进，原创性创新理论也层出不穷，不但彰显了文化自信和理论自信，也逐步推动了中国创新学派的兴起，为中国进一步的创新实践提供了理论指导。中国学者提出的原创性创新模式主要包括自主创新、全面创新、协同创新和整合式创新等，相关创新模式的概念、提出时间、侧重解决的问题等内容见表5-2-1。

表5-2-1 中国主要原创性创新范式概述比较

创新模式	创新模式概念	提出时间及作者	主要解决的问题	理论侧重
自主创新	自主创新指创新主体通过自身的学习与研发活动，在拥有独立自主的知识产权的基础上创造出前所未有的技术知识，并将技术知识转化为新产品、新工艺和新服务的创新模式	1994年（陈劲）	缺乏自主核心技术	自主学习，自主技术突破

表5-2-1（续）

创新模式	创新模式概念	提出时间及作者	主要解决的问题	理论侧重
全面创新	全面创新是以战略为主导的创新管理模式，即战略管理决定全要素创新、指导全员创新、确定全时空创新。其中，全要素创新是创新内容，全员创新是创新主体，全时空创新是创新形式	1998年（吴军，王世斌）	创新管理效率低下，局部思维	全员全要素全时空协同
协同创新	协同创新是通过知识创造主体与技术创新主体进行深入合作、资源整合，从而产生"1+1+1>3"的非线性效用，以实现重大科技创新、知识增值为核心的、大跨度整合的创新模式	1997年（张钢，陈劲，许庆瑞）	产学研资源流动性低、合作效率不高	政产学研多主体、跨区域协同
整合式创新	整合式创新是以东方智慧的总体观、和平观和系统观为导向的实现企业和国家技术创新的组合发展的技术创新管理新范式和创新战略，强调的是战略视野引领下的自主创新、开放创新、协同创新的有机结合	2017年（陈劲，尹西明，梅亮）	缺乏系统观、整体观，缺少技术创新的战略引领	战略视野驱动，技术人文与市场的整合，基于自主的开放整合

（一）自主创新模式

在中国早期，实施以引进模仿国外技术为主的技术创新，为中国产业快速发展打下了坚实的基础，但也使中国企业与产业的技术发展失去了自主性，造成产业低端化和关键技术国际依赖化等问题。随着中国企业与世界先进国家的技术差距缩小，引进技术的难度与成本增大，一些"卡脖子"技术严重限制了中国的技术及经济发展。因此，中国产业的技术发展战略需要转变，在此基础上，自主创新理论应运而生。自主创新是企业通过自身的努力和探索取得技术突破，完成技术的商品化并获取商业利润，从而达到预期目标的创新活动。自主创新是从发展中国家创新及后发企业创新的角度，对创新追赶过程中学习方式的变迁，及其在国家或企业从技术吸收、改进到自主创新过程中所做的有益探讨。基于自主创新指导下的企业创新，极大地提高了企业的核心竞争能力，是中国企业走出国门、走向世界的重要创新模式。

（二）全面创新管理理论

进入21世纪，国际、国内竞争环境迅速发生了变化，全球性竞争加剧，个性化需求空前突出。企业技术创新缺乏与组织、文化、战略等非技术因素方面的协同，已成为中国创新不成功的重要原因。在此背景下，基于国内、外创新理论及中国企业经营实践总结提炼出的全面创新理论受到了企业的关注。全面创新管理是实现创新的"三全一协同"框架体系，即全要素创新、全员创新、全时空创新及各创新要素在全员参与和全时空域范围内的全面协同，促使企业重视内部创新制度并对创新制度体系进行系统安排，以保证创新的持续性和有效性，给企业管理带来了深刻的影响，是创新管理理论在企业中应用的新模式。

（三）协同创新理论

随着企业规模的日益扩大，企业组织机构也趋于复杂化。受管理惯性，大多数企业存在严重的部门职能分割，企业内部管理和内部联系机制缺乏。中国企业尤其是国有企业技术创新动力不足，很大程度上在于技术创新与组织、文化创新的协调方面准备不足，因而，技术、组织与文化的协同创新上升为企业技术创新发展所要解决的关键问题。同时，中国高校和科研院积累的知识转换率很低，基础性行业的核心技术只能严重依赖国外，中国出现了产、学、研严重脱节的情况。中国需要一套全新的理论来解决信息匹配和资源共享中存在的问题，并指导高校、企业和政府三者之间实施创新行动的最优同步和协同发展。在此情境下，协同创新理论应运而生。协同创新是企业、政府、知识生产机构（大学、研究机构）、中介机构和用户等为了实现重大科技创新而开展的、知识增值为核心的、大跨度整合的创新组织模式，其关键是形成以大学、企业、研究机构为核心要素，以政府、金融机构、中介组织、创新平台和非营利性组织等为辅助要素的多元主体协同互动的网络创新模式，并通过知识创造主体与技术创新主体进行深入合作、资源整合，从而产生"1+1+1＞3"的非线性效用。

（四）整合式创新模式

伴随着全球新一轮科技和产业革命的快速推进，全球政治经济和创新格局深度调整，创新已成为当今世界经济与社会发展的重要主题。然而，中国仍然存在原创性、基础性研究投入和产出水平较低；自主创新能力较弱，技术对外依存度较高，产业整体创新能力亟待进一步提升；科技创新与大众创新创业的融合度较弱等问题。在此背景下，符合中国情境的整合式创新模式就成为能够解决中国问题的具有中国特色的创新理论。整合式创新是以东方智慧的总体观、和平观和系统观为导向的实现企业和国家技术创新的组合发展的技术创新管理新范式和创新战略，强调的是战略视野引领下自主创新、开放创新、协同创新的有机结合，即战略视野驱动下的全面创新、开放式创新与协同创新，四者相互联系、缺一不可，有机统一于整合式创新的整体范式中。

二、中国原创性创新模式的演变分析

（一）扎根中国改革探索实践，面向国家和企业创新挑战

任何理论都源自于实践，再指导实践。改革开放作为中国历史上"一次伟大的觉醒"，通过发展理论和制度的创新，释放了中国跨越式发展的巨大潜力，带来了一系列创新发展的卓越成就。改革开放的伟大实践探索推动和完善了中国特色社会主义思想体系，形成了以创新驱动发展战略为代表的新发展理念。反过来，理论创新和发展也增强了中国特色创新发展道路的理论自信和文化自信，为继续全面深化改革、进一步扩大对外开放和中国企业创新发展提供了重要的理论支撑。

具体而言，中国原创性创新理论范式扎根于中国改革开放的探索与实践，深入提炼中国社会和企业创新实践的经验，面向企业创新发展挑战而与时俱进，具有鲜明的中国特色，并对其他转轨经济具有一般性的启发。例如自主创新聚焦于后发国家和企业走出"引进—落后—再引进—再落后"的恶性循环，为加强企业自主学习实现核心技术突破提供世界观和方法论。全面创新专注于全员全要素全时空创新，为充分调动企业内、外部创新主体积极性和资源利用效率提供了科学的方法论指导。协同创新理论则是在意识到产学研合作对中国经济转型发展的重要价值基础上，响应国家对加强产学研合作的政策号召，聚焦产学研高效协同，提出了应对和解决合作过程中多元异质性主体协作效率低、创新产出质量和转化效率不高的问题。整合式创新则扎根中国航天、高铁产业等国之重器以及中国战略性新兴产业创新探索，面对全球数字经济、知识经济时代的创新趋势，进一步强调企业层面使命与战略视野引领管理创新和技术创新的有机结合，以及国家层面建设新型国家创新体系实现技术、经济、军事、外交的整合思考与突破。

（二）结合中国国情与发展阶段，汲取优秀传统文化智慧

原创性理论的产生，是在时代发展和实践基础上提炼、总结和升华的成果。一方面，中国特色的创新范式是中国创新学者充分结合中国国情与发展阶段而提出的，是适应时代和国情发展阶段的理论创新。例如自主创新思想和理论是在中国企业面临技术引进被"卡脖子"的背景下提出的，为中国加快自主核心技术突破，从引进消化吸收的模仿式创新向依靠自主创新为主的高质量发展提供了重要的思想启示与方法论指导。另一方面，中国特色的创新范式也是中国学者积极汲取东方传统文化，尤其是中国优秀传统文化智慧的探索与创新。例如协同创新、全面创新和整合式创新理论虽然针对的发展阶段和侧重解决的企业创新难题有所差异，但都是汲取了中国哲学中的系统观、整体观和中庸思想，把中国传统文化中的和谐统一、谋略制胜等思想应用于解决诸如多主体协同、多要素集聚和战略引领等创新过程中。整合式创新则在汲取中国传统文化的基础上，进一步强调了东、西方创新哲学融合的必要性和重要性，这对扩大开放新阶段下中国企业通过"一带一路"走出去、推动建设新型区域和全球创新体系具有重要的时代价值。

（三）创新政策、创新实践与创新理论协同演变

与西方国家相比，作为典型的"后发+转型"的经济体，中国政府的改革政策对激活企业创新活力和推动创新实践具有重要影响。经过政策汇总与梳理，发现中国原创性创新理论提出或形成前后，政府都出台了与创新相关的大量的政策（表5-2-2）。

表5-2-2　中国原创性创新模式提出时间及其前后主要创新政策汇总

创新模式	提出时间	鼓励创新的政策名称或计划名称
自主创新	1994年	1988年"火炬"计划
		1988年《国家重点新产品试产计划》
		1990年《国家重点科技成果推广计划》
		1991年《国家重点新技术推广计划》
		1991年《关于深化高新技术产业开发区改革、推进高新技术产业发展的决定》
		1991年《国家高新技术产业开发区税收政策的规定》

表5-2-2（续）

创新模式	提出时间	鼓励创新的政策名称或计划名称
全面创新	2001年	1995年《关于加速科学技术进步的决定》
		1996年《科学技术成果转化法》
		1998年《中国科学院实施知识创新工程全面启动》
		1999年《国家中长期科学和技术发展规划纲要（2006—2020年）》
		1999年《关于加强技术创新，发展高科技，实现产业化的决定》
		1999年《国家科学技术奖励条例》
协同创新	2012年	2006年《国家中长期科学和技术发展规划纲要（2006—2020年）》
		2008年《关于促进自主创新成果产业化的若干政策》
		2009年《国家产业技术政策》
		2009年《关于促进生物产业加快发展的若干政策》
		2010年《关于加快培育和发展战略性新兴产业的决定》
		2011年《关于进一步支持企业技术创新的通知》
		2012年《贯彻实施质量发展纲要2012年行动计划》
整合式创新	2017年	2013年《关于强化企业技术创新主体地位全面提升企业创新能力的意见》
		2014年《关于国家重大科研基础设施和大型科研仪器向社会开放的意见》
		2014年《关于促进国家级经济技术开发区转型升级创新发展的若干意见》
		2014年《关于加快科技服务业发展的若干意见》
		2015年《深化科技体制改革实施方案》
		2015年《关于新形势下加快知识产权强国建设的若干意见》
		2015年《关于加快构建大众创业万众创新支撑平台的指导意见》
		2015年《关于积极推进"互联网+"行动的指导意见》
		2015年《关于促进云计算创新发展培育信息产业新业态的意见》
		2015年《关于创新投资管理方式建立协同监管机制的若干意见》
		2016年《国家创新驱动发展战略纲要》
		2016年《"十三五"国家科技创新规划》
		2016年《关于支持返乡下乡人员创业创新促进农村一二三产业融合发展的意见》
		2016年《关于完善产权保护制度依法保护产权的意见》
		2017年《关于强化实施创新驱动发展战略进一步推进大众创业万众创新深入发展的意见》
		2019年《国务院关于推进国家级经济技术开发区创新提升打造改革开放新高地的意见》
		2020年《国务院关于促进国家高新技术产业开发区高质量发展的若干意见》

中国情境下，创新政策、创新实践和创新理论呈现"三螺旋"式协同演进的特征。此外，虽然企业是创新的核心主体，自下而上的探索也是市场经济环境下科技创新的主流模式，但在中国由计划经济向市场经济转型的过程中，自下而上的创新探索常常会遭遇旧的体制机制限制，或者同时面临市场调节失灵和监管指导政策缺失的两难处境，需要国家在政策和制度方面的变革来厘清难题、激励创新并对重点产业和重点方向的创新予以引导。如中国高铁产业和新能源产业的快速发展与全球竞争力的提升就主要得益于国家政策与企业创新的联动。当然，企业创新实践积累的经验和遭遇的新问题、新挑战，则有利于创新理论的发展与完善。然而，旨在促进企业和产业创新的各项政策也存在时代局限性，需要因时因地加以调整。例如中国汽车和集成电路产业的产业政策相对于高铁产业政策而言，在制定实施和调整方面就存在显著的局限性，中美贸易摩擦又进一步凸显了重点产业和重点领域技术创新政策体系优化以及知识产权完善的必要性与紧迫性。创新理论的提出和完善，不但对创新政策的优化和完善提供了理论指导，也对企业有效开展创新管理、提高创新能力提供了实践启发。

第二节　中国创新模式研究的趋势

纵观中国原创性创新模式，从早期的自主创新为主，到如今的全面创新、协同创新和整合式创新，这一系列创新模式的提出和完善体现了中国学者从微观到宏观、从局部到全面、从国内到国外、从战术到战略的思路历程，也标志着具有中国特色的多层次、多情境、多维度的创新理论体系正在逐步形成，中国学者立足中国，面向全球的创新理论研究也正迎面赶上甚至引领国际同行的创新研究。

一、多种创新模式的融合是未来企业技术创新的发展趋势

在文献的梳理中，我们发现面向中国情境的交叉融合是创新模式发展的一个明显趋势。比如知识创新与渐进式/突破式创新的结合；开放创新与渐进式/突破式创新的结合；开放创新与利用式/探索式创新的结合；持续性

创新与渐进式/突破式创新的结合；开放创新与自主创新的结合；原始创新与自主创新的结合；二次创新与渐进式/突破式创新的结合；渐进式/突破式/持续性/破坏性创新的关系研究等。在技术创新实践中，企业往往在不同发展阶段采取不同的创新模式，在同一发展阶段对不同的技术采取不同的创新模式，甚至在同一技术的创新中采取融合不同的创新模式。这也表明，在面对中国特殊的发展情境下，不管是引进国外的创新模式，还是发展中国原创性的创新模式，单一的创新模式在解决中国企业创新过程中面临的复杂现实问题都存在不足。因而，将不同的创新模式进行融合以有效解决中国创新问题成为中国学者研究创新模式的趋势。

二、中国原创性技术创新理论的加速发展逐步呈现出引领世界创新理论趋势

印度的包容性创新模式的产生是基于其对解决贫困人口的福祉研究，日本的知识创新和精益创新的提出是源于其国内资源匮乏的对策研究，各国原创性创新模式的提出都源自于各国的创新实践。近年来，中国进行了大量创新实践且取得了令人瞩目的成就，如阿里巴巴、华为、中车、海尔以及中国商飞等企业取得的创新成就，既是中国创新理论的成功应用，也为中国创新理论的发展提供了持续的实践源泉。

反观国际创新模式的提出时间，主要集中在1980—1990年间以及2000年前后，2005年后就鲜有新的模式出现。从时间轴来纵观中国改革开放以来的创新模式研究，发现中国原创性创新模式的提出时间呈现出一定的时间规律性：1994年陈劲提出自主创新模式，2003年许庆瑞提出企业全面创新管理规律，2012年正式形成协同创新理论，2017年陈劲提出整合式创新模式，中国原创理论的提出时间间隔越来越短。这与中国近年来大量的创新实践和学者们长期专注创新理论以及贴近实践有着紧密的关系，基于此，中国原创性的理论才得以产生并进一步指导中国的创新实践。全球聚焦下的中国，由创新驱动走向创新引领，正是中国原创性创新理论产生及引领的最佳地和最佳时（陈劲等，2020）。

三、实践挑战和传统智慧为中国创新模式发展提供动力

创新的发生和创新理论的发展并非一蹴而就，创新理论的创新更是民族精神力量的传承和发展，需要付出持续的努力，进行无畏的探索。中国原创性创新模式的提出及完善，也是在传统智慧基础上和前期学者积累上的绽放。例如自主创新的提出与学者们模仿创新的研究基础是分不开的。学者们发现，加强引进零配件国产化和进口设备的翻版仿制，以及技术引进政策的完善都不能有效形成国家竞争力，特别是一些关键的元器件和辅助配件不得不向国外采购而受制于人，从而产生了以打造自主品牌、赢得持续竞争优势为目标的自主创新模式理论。整合式创新模式更是针对中国创新挑战和全球创新研究的不足，汲取传统哲学精华而提出的，对理解中国重要科技领域和典型企业的创新实践，助力企业和国家实现可持续的创新具有重要的实践价值。

四、原创性创新理论的发展离不开创新政策的导引

通过对中国原创性创新模式产生或形成时间前后的创新政策的检索（考虑政策对实践传导存在时滞性，往前推了5年左右），发现每次原创性创新模式的提出都与国家创新政策的密集出台有相应的关联。如1994年提出自主创新模式前颁布的政策有《国家重点科技成果推广计划》以及《国家重点新技术推广计划》等；2001年形成全面创新理论前颁布的政策有《科学技术成果转化法》《关于加速科学技术进步的决定》等；2012年协同创新模式形成前的政策有《加快培育和发展战略性新兴产业的决定》以及《国家中长期科学和技术发展规划纲要（2006—2020年）》等。而2017年提出整合式创新前的政策更为密集，如《深化科技体制改革实施方案》和《国家创新驱动发展战略纲要》等。一般来说，国家对创新的政策扶持作用于创新实践，创新实践中的经验总结与提炼则有利于创新理论的进一步丰富与完善。可以说有中国特色的创新模式的产生和发展，与国家政策体系完善和落实紧密关联，但其中的内在机理有待于进一步检验。

参考文献

[1] Benner J, Tushman L. Exploitation, exploration, and process management: the productivity dilemma revisited[J]. Academy of Management Review, 2003, 28(2):238-256.

[2] Bower L, Christensen M. Disruptive technologies catching the wave [J]. Harvard Business Review, 1995, 1:43-53.

[3] Chesbrough H. The Logic of open innovation: managing intellectual property[J]. California Management Review, 2003, 45(3):33-58.

[4] Christensen M.The innovator's dilemma: when new technologies cause great firms to fail[M].Boston, MA: Harvard Business School Press, 1998.

[5] Dosi. Sources, procedures, and microeconomics of innovation[J]. Journal of Economic Literature, 1988, 26:1120- 1171.

[6] Dosi. Technological paradigms and technological trajectories[J]. Research Policy, 1982, 11(3):147-162.

[7] Dewar D, Dutton E. The Adoption of radical and incremental innovations: an empirical analysis[J].Management Science, 1986, 32(11):1422-1433.

[8] Duncan R. The Ambidextrous organization: designing dual structures for innovation[J]. Management of Organization, 1976, 1:167—188.

[9] Ettlie J E, O`Keefe B R D. Organization strategy and structural differences for radical versus incremental Innovation[J]. Management Science, 1984, 30(6):682-695.

[10] George G, Mcgahan M, Prabhu J. Innovation for inclusive growth: towards a theoretical framework and a research agenda[J]. Journal of Management Studies, 2012, 6: 1-23.

[11] Goldenberg J, Mazursky D, Solomon S. Templates of original innovation: projecting original incremental innovations from intrinsic information[J].

Technological Forecasting and Social Change, 1999, 61(1):1−12.

[12] HellströmT. Systemic innovation and risk: technology assessment and the challenge of responsible Innovation[J]. Technology in Society, 2003, 25(3):369−384.

[13] Henderson M, Clark B. Architectural Innovation: the reconfiguration of existing product technologies and the failure of established firms[J]. Administrative Science Quarterly, 1990, 35: 9−30.

[14] Henry W, Chesbrough H, David J. when is virtual virtuous[J]. Organizing for Innovation Harvard Business Review, 1996, 8:21−23.

[15] Kim L. Stages of development of industrial technology in a developing country: A model[J]. Research Policy, 1980, 9(3):277.

[16] Linsu Lim. Stages of development of industrial technology in a developing country: a model Segerstrom P S. Innovation, Imitation, and Economic Growth[J]. Journal of Political Economy, 1991, 99(4):807−827.

[17] March G. Exploration and exploitation in organizational learning[J]. Organizational Science, 1991(2):71−87.

[18] Nonaka I, Takeuchi H. The Knowledge-creating company: how Japanese companies create the dynamics of innovation[M]. Oxford University Press, 1995.

[19] Prahalad K. Strategies for the bottom of the economic pyramid: India as a source of innovation[J]. Reflections the Sol Journal, 2002, 3(4):6−17.

[20] Tang H K. An integrative model of innovation in organizations[J]. Technovation, 1998(18):297−309.

[21] Von Hippel. Lead users: A Source of novel product concepts[J]. Management Science, 1986, 32(7):791−805.

[22] 白春礼.原始性创新基础研究之魂[J].中国基础科学, 1999(1) : 8−9.

[23] 陈劲.突破性创新及其识别[J].科技管理研究, 2002(5):5−9.

[24] 陈劲.集成创新的理论模式[J].中国软科学, 2002(12):23−29.

[25] 陈劲,王方瑞.中国本土企业自主创新的路径模式探讨[J].自然辩证法通讯, 2007, 29(3):49−58.

[26] 陈劲,阳银娟.协同创新的理论基础与内涵[J].科学学研究,2012, 30(2):161-164.

[27] 陈劲,尹西明,梅亮.整合式创新:基于东方智慧的新兴创新范式[J].技术经济,2017,36(12):1-10.

[28] 陈京民.大型企业科技创新管理方法研究[J].高科技与产业化,1999(6): 32-36.

[29] 陈雅兰.原始性创新的理论与实证研究[M].北京:人民出版社,2007.

[30] 戴凌燕,陈劲.产品创新的新范式:用户创新[J].经济管理,2003(12):16-20.

[31] 党兴华,李莉.技术创新合作中基于知识位势的知识创造模型研究[J].中国软科学,2005(11):143-148.

[32] 傅家骥.技术创新学[M].北京:清华大学出版社,1998.

[33] 付玉秀,张洪石.突破性创新:概念界定与比较[J].数量经济技术经济研究,2004(3):73-83.

[34] 高良谋,马文甲.开放式创新:内涵、框架与中国情境[J].管理世界, 2014(6):157-169.

[35] 高忠义,王永贵.用户创新及其管理研究现状与展望[J].外国经济与管理,2006,28(4):40-47.

[36] 郭斌,许庆瑞.企业组合创新研究[J].科学学研究,1997(1):12-17.

[37] 耿新.知识创造的IDE-SECI模型——对野中郁次郎"自我超越"模型的一个扩展[J].南开管理评论,2003,6(5):11-15.

[38] 葛秋萍,辜胜祖.开放式创新的国内外研究现状及展望[J].科研管理, 2011,32(5):43-48.

[39] 桂黄宝,张君,杨阳.中国情境下企业包容性创新影响因素探索与实证研究——基于21省市的调查分析[J].科学学与科学技术管理,2017, 38(7):73-89.

[40] 仝允桓,周江华,邢小强.面向低收入群体(BOP)的创新理论——述评和展望[J].科学学研究,2010(2):169-176.

[41] 官建成,张爱军.技术与组织的集成创新研究[J].中国软科学,2002(12): 57-61.

[42] 何郁冰.产学研协同创新的理论模式[J].科学学研究,2012,30(2):165-174.

[43] 何郁冰, 张思. 技术创新持续性对企业绩效的影响研究[J]. 科研管理, 2017(9):4-14.

[44] 和金生, 熊德勇, 刘洪伟. 基于知识发酵的知识创新[J]. 科学学与科学技术管理, 2005, 26(2):54-57.

[45] 江辉, 陈劲. 集成创新：一类新的创新模式[J]. 科研管理, 2000, 21(5):31-39.

[46] 姜彤彤, 吴修国. 产学研协同创新效率评价及影响因素分析[J]. 统计与决策, 2017(14):72-75.

[47] 柯伟, 陈衍泰, 司春林. 开放源代码创新社群中的激励机制研究[J]. 科技进步与对策, 2006, 23(7):13-16.

[48] 克莱顿·克里斯坦森, 迈克尔·雷纳.《创新者的解答》[M].北京：中信出版社, 2013.

[49] 林春培, 张振刚, 薛捷. 破坏性创新的概念、类型、内在动力及事前识别[J]. 中国科技论坛, 2012(2):35-41.

[50] 乐婉华, 略论亚洲新兴工业化国家和地区的技术引进、消化和创新[J]. 经济与管理研究, 1987(6):58-61.

[51] 厉以宁. 技术创新经济学——它的由来和当前研究的问题[J]. 中国科技论坛, 1988(6):6-10.

[52] 李柏洲, 苏屹. 大型企业原始创新模式选择研究[J]. 中国软科学, 2011(12):120-127.

[53] 李剑力. 探索性创新、开发性创新与企业绩效关系研究[M]. 北京：经济管理出版社, 2010.

[54] 李文博, 郑文哲. 企业集成创新的动因、内涵及层面研究[J]. 科学学与科学技术管理, 2004, 25(9):41-46.

[55] 李忆, 司有和. 探索式创新、利用式创新与绩效：战略和环境的影响[J]. 南开管理评论, 2008, 11(5):4-12.

[56] 〔美〕彼得·德鲁克. 大变革时代的管理[M]. 周干诚, 译. 上海：译文出版社, 1999.

[57] 〔美〕托马斯·S·库恩.必要的张力：科学的传统和变革论文选[M]. 纪树立, 译. 福州：福建人民出版社, 1987.

[58] 马文甲, 高良谋. 开放度与创新绩效的关系研究——动态能力的调节作用[J]. 科研管理, 2016, 37(2):47-54.

[59] 彭灿, 陈丽芝. 突破性创新的战略管理：框架、主题与问题[J]. 科研管理, 2008, 29(1):34-40.

[60] 彭纪生, 刘春林. 自主创新与模仿创新的博弈分析[J]. 科学管理研究, 2003, 21(6):18-22.

[61] 曲冠楠, 陈劲, 梅亮. 有意义的创新：基于复杂系统视角的交互耦合框架[J]. 科学学研究, 2020, 38(11):2058-2067.

[62] 饶扬德, 唐喜林. 市场、技术及管理三维创新协同过程及模型研究[J]. 科技进步与对策, 2009, 26(13):5-8.

[63] 盛济川, 吉敏, 朱晓东. 内向和外向开放式创新组织模式研究——基于技术路线图视角[J]. 科学学研究, 2013, 31(8):1268-1274.

[64] 孙启贵, 邓欣, 徐飞. 破坏性创新的概念界定与模型构建[J]. 科技管理研究, 2006, 26(8):175-178.

[65] 苏楠, 吴贵生. 领先用户主导创新：自主创新的一种新模式——以神华集团高端液压支架自主创新为例[J]. 科学学研究, 2011, 29(5):771-776.

[66] 苏屹, 林周周, 李新. 微小改变的累积：原始创新成果的产生——以屠呦呦诺贝尔奖为例[J]. 科技进步与对策, 2016, 33(23):1-1.

[67] 施培公. 模仿创新与我国企业创新战略选择[J]. 科技导报, 1995, 13(4):49-51.

[68] 司春林, 陈衍泰. 开放你的思维, 开放你的公司《open innovation》述评[J]. 研究与发展管理, 2005, 17(1):125-126.

[69] 吴贵生, 谢伟. "破坏性创新"与组织响应[J]. 科学学研究, 1997(4):35-39.

[70] 吴素文, 成思危, 孙东川, 等. 基于知识特性的组织学习研究[J]. 科学学与科学技术管理, 2003, 24(5):95-99.

[71] 吴晓波, 许庆瑞. 二次创新竞争模型与后发优势分析[J]. 管理工程学报, 1995(1):7-15.

[72] 温兴琦, David Brown. 开放式创新模式拓展与治理研究[J]. 中国科技论坛, 2016(4):5-10.

[73] 王墨玉, 王鹏, 赵荣哲, 等. 基于SEM的企业TQM与TIM整合研究[J]. 科

技进步与对策, 2007, 24(6):109-111.

[74] 王铜安, 赵嵩正, 罗英. 知识转化灰箱模型与企业知识管理策略的研究[J]. 科研管理, 2005, 26(5):86-89.

[75] 汪寅, 王忠, 刘仲林. 基于知识螺旋的原始创新过程与机制研究[J]. 科学学与科学技术管理, 2007, 28(8):42-47.

[76] 解学梅, 刘丝雨. 协同创新模式对协同效应与创新绩效的影响机理[J]. 管理科学, 2015(2):27-39.

[77] 熊彼特: 经济发展理论[M]. 北京: 商务印书馆, 1990.

[78] 夏保华. 论企业原始技术创新[J]. 科学学研究, 2012, 30(6):923-929.

[79] 许庆瑞, 顾良丰. 中美企业全面创新管理模式比较——海尔模式与惠普模式[J]. 科学学研究, 2004, 22(6):658-662.

[80] 许庆瑞, 郑刚, 喻子达, 等. 全面创新管理(TIM): 企业创新管理的新趋势——基于海尔集团的案例研究[J]. 科研管理, 2003, 24(5):1-7.

[81] 薛捷, 张振刚. 基于市场侵入模式的持续性创新和破坏性创新研究[J]. 中国科技论坛, 2010(9):28-33.

[82] 向刚. 企业持续创新: 重要性和基本概念[J]. 经济问题探索, 1996(6):6-10.

[83] 肖希明. 知识创新与知识信息管理[J]. 图书情报知识, 1999(1):7-9.

[84] 邢以群. 企业在技术引进中的行为分析[J]. 科学管理研究, 1988(1):60-65.

[85] 邢小强, 薛飞, 涂俊. 包容性创新理论溯源、主要特征与研究框架[J]. 科技进步与对策, 2015(4):1-5.

[86] 游达明, 孙洁. 企业开放式集成创新能力的评价方法[J]. 统计与决策, 2008(22):179-181.

[87] 韵江, 马文甲, 陈丽. 开放度与网络能力对创新绩效的交互影响研究[J]. 科研管理, 2012, 33(7):8-15.

[88] 雍灏, 陈劲, 郭斌. 技术创新中的领先用户研究[J]. 科研管理, 1999, 20(3):57-61.

[89] 阳银娟, 陈劲. 技术创新管理: 来自亚洲企业的贡献[J]. 科技进步与对策, 2015(13):33-36.

[90] 尹西明, 等. 中国特色创新理论发展研究——改革开放以来中国原创性创新范式回顾[J]. 科技进步与对策, 2019, 36(19):1-8.

[91] 张春辉, 陈继祥. 渐进性创新或颠覆性创新: 创新模式选择研究综述[J]. 研究与发展管理, 2011, 23(3):88-96.

[92] 张洪石, 陈劲, 付玉秀. 突破性创新: 跨越式发展之基[J]. 自然辩证法通讯, 2005, 27(1):69-78.

[93] 郑刚, 朱凌, 金珺. 全面协同创新: 一个五阶段全面协同过程模型——基于海尔集团的案例研究[J]. 管理工程学报, 2008, 22(2):24-30.

[94] 甄晓非. 协同创新模式与管理机制研究[J]. 科学管理研究, 2013, 31(1):21-24.

[95] 张洪石, 付玉秀. 影响突破性创新的环境因素分析和实证研究[J]. 科学学研究, 2005, 23(51):255-263.

[96] 赵明, 司春林. 突破性技术创新战略决策与实物期权[J]. 科技导报, 2002(12).

[97] 赵明剑, 司春林. 通过突破性技术创新实现我国企业技术跨越[J]. 科学管理研究, 2003, 21(6):23-27.

[98] 赵武, 孙永康, 朱明宣, 等. 包容性创新: 演进、机理及路径选择[J]. 科技进步与对策, 2014(6):6-10.